日本労働法学会誌124号

高年齢者雇用の課題と方向性
日韓比較労働法研究の意義と課題
「就労価値」論の理論課題

日本労働法学会編
2014
法律文化社

目　次

《特別講演》
労使関係と「社会的対話」について……………… 渡辺　　章　3

《シンポジウムⅠ》　高年齢者雇用の課題と方向性
シンポジウムの趣旨と総括………………………… 水町勇一郎　19
高年齢者雇用に関する日本法の解釈をめぐる問題… 原　　昌登　25
高年齢者雇用政策…………………………………… 柳澤　　武　35
　　──年齢差別禁止アプローチの可能性──
高年齢者雇用をめぐる法政策……………………… 櫻庭　涼子　46
　　──米国・EUの年齢差別禁止法から得られる示唆──
高年齢者雇用をめぐる人事上の課題と方向性…… 高木　朋代　55

《シンポジウムⅡ》　日韓比較労働法研究の意義と課題
シンポジウムの趣旨と概要………………………… 矢野　昌浩　67
韓国労働法における日本法の影響………………… 宋　　剛直　72
　　──個別労働法分野について──
韓国労働法における日本法の影響と発展………… 趙　　翔均　82
　　──集団的労働関係法の分野を中心に──
韓国労働法の何に注目できるのか？……………… 脇田　　滋　92
　　──日韓交流発展の意義と課題──

《シンポジウムⅢ》　「就労価値」論の理論課題
シンポジウムの趣旨と総括………………………… 唐津　　博　103
「就労価値」論の意義と課題……………………… 有田　謙司　111

i

「就労価値」の法理論………………………………………… 長谷川　聡　121
　　──労働契約アプローチによる「就労価値」保障に関する一試論──
「就労価値」の法政策論………………………………………… 神吉知郁子　130

《個別報告》
ドイツにおける公的部門の事業・業務再編と
　労働者保護………………………………………………… 松井　良和　143
ドイツ労使関係の変化と協約法制の現在……………………… 榊原　嘉明　154
韓国における期間制勤労者（有期契約労働者）
　に対する差別的処遇の禁止及びその是正…………… 徐　　侖希　168
フランスにおける労働組合の代表性の機能と
　その正統性………………………………………………… 小山　敬晴　181
兼職をめぐる労働時間の通算制・契約上の
　兼職避止義務のあり方…………………………………… 河野　尚子　195
　　──ドイツ法との比較法的研究──

《回顧と展望》
障害者雇用促進法の改正………………………………………… 所　　浩代　211
パートタイム労働法8条違反該当性の
　判断と救済の方法………………………………………… 緒方　桂子　220
　　──ニヤクコーポレーション事件・大分地判平25・12・10労判1090号44頁──
裁量労働制（専門型）の対象該当性…………………………… 天野　晋介　231
　　──レガシィほか1社事件・東京高判平26・2・27労判1086号5頁──

日本学術会議報告………………………………………………… 浅倉むつ子　241
日本労働法学会第127回大会記事……………………………………………… 245
日本労働法学会第128回大会案内……………………………………………… 252
日本労働法学会規約……………………………………………………………… 253
SUMMARY………………………………………………………………………… 257

《特別講演》
労使関係と「社会的対話」について

渡 辺 章

《特別講演》

労使関係と「社会的対話」について

渡　辺　　章
（筑波大学名誉教授）

I　問題への関心

1　Industrial Relations in Europe, 2004; 2012

(1)　2004年労使関係報告書

　私は，中労委の公益委員を務めていた2005年3月に10日間ほどの海外研修の機会を得てベルギーにある ETUC（欧州労働組合連盟）本部の日本事務所を訪ね，そこで 'Industrial Relations in Europe, 2004. Employment and social affairs' をいただいた（以下，2004年報告書）。欧州委員会 European Commission が2000年から2年毎に刊行して3回目に当たる。冒頭に，欧州雇用社会委員会コミッショナーが序文を寄せ，6章構成（全体177頁）で，1章は「欧州労使関係の型と変容」，2章は「労使関係の質」と表題され，第1節序文には「なぜ『質』なのか？」'Introduction: Why quality?' のタイトルがあり関心をそそられた。3章は「欧州社会的対話の発展」とあり，〈社会的対話〉'social dialogue' の目的，活動と課題，展開，EU のより良好なガヴァナンスとしての機能と近年のトレンドといった趣旨のヘッドラインで構成されている。4章は2002～2004年の EU 制定法の概要である（5・6章の紹介略）。

　社会的対話とは，当時の私には新鮮なターミノロジーであった。欧州域内でセクター（産業）横断的に組織された欧州レベルの大規模組織の労働組合（前出の ETUC が代表格）と使用者団体（嘗ての UNICE，現在は BusinessEurope および中小規模事業者団体の UEAPME が代表格）との間に行われる社会的対話は cross-sectoral social dialogue，同様に欧州レベルのセクター（産業）別組織の労働

特別講演

組合と使用者団体との間で行われるそれは sectoral social dialogue と言われ，その actor になる労使団体は〈社会的当事者〉social partner と呼ばれている（社会的当事者の労使団体は，Ⅱ1(3)で述べる）。

　社会的対話が団体交渉 collective bargaining と区別されているのは，私見によれば，EU が健康安全，労働条件，社会保障・保護，雇用終了からの保護，反差別，非排除，労使関係その他の〈社会政策〉social policy の課題事項（後出の EU 運営条約153条1項）に関連する EU 法制定に当たって，労使自治を尊重し，公式の手続として条約に定め，運営しているシステムであるからであろう。社会的対話は，自由な取引ないし交渉による利害調整と相対的に別個に，社会政策規範（法的規範および行為規範）の形成と実践を労使団体の対話（協議）のチャンネルをとおして行うべきものと位置づける EU の基本理念とつながっている。

　私には，労使関係に関して「質」を問う視点や社会的対話の観念および実践のどれも対岸視されてきており，日本の労働法制はもとより労働法学にもほとんど未登場なだけに興味をそそられた。

　併せて，2004年報告書は，経済活動の国際化が主原因になって，現状は労使関係と労働市場の諸問題の団体的解決 collective solutions への関心が低下しており，社会的当事者の一方の労働組合の組合員の減少，組織率の低下，団体交渉事項および権限の下部組織への組織化された開放（分権化）organised decentralisation，加えて労働協約の適用範囲下に置きつつ opening clause, hardship clause, inability clause, opt-out, drop-out など協約規制の〈個別化〉を容認する特別条項の増加傾向など，組織と行動の両面の変化の進行状況が報告された（この点の詳細は触れない，2004年報告書10頁・17頁）。

(2)　2012年労使関係報告書

　このたび，和田肇日本労働法学会代表理事はじめ理事会のみなさんの重ねてのおすすめを受け，2013年時点の最新版 'Industrial Relations in Europe, 2012'（以下，2012年報告書）を取り寄せ，先の問題意識を基に読み比べてみようと思い立った。2012年版は2004年版より相当分厚い（全体251頁）。2つの報告書とも社会的対話に相当の頁数を割いている。

2012年報告書には，緊縮財政政策の影響を直接受けた公共部門労使関係の現状および構成国ごとに団体交渉を行う労使の組織レベル（1章），セクター（産業）横断的社会的当事者およびセクター（産業）別社会的当事者の環境保護問題への取組み（5章 Greening and the social dialogue），また前言した社会政策の対象事項への取組みのなかで，社会的対話が〈新世代テキスト〉new generation text と呼ばれる多様な新タイプの成果を生み出していること，そしてその法的性質や履行確保の方法なり工夫をめぐるあれこれの情報に触れることができた（7章 European social dialogue developments 2010-2012）。

2004年と2012年との間には，リーマンショック，頻繁な事業の再編，若年層が多い長期の高い失業率，国民の所得格差の一層の拡大など世界的な経済危機の時代があり，他面 EU にとってはこれまでの EU 条約を改定再編したリスボン条約の成立（2007年12月調印，2009年12月1日発効）という重要な発展があった（正式名称は後出）。

なお，2004年報告書および2012年報告書に関係してつぎの資料を参照した（主なもののみ）。COMMUNICATION FROM THE COMMISSION, The European social dialogue, a force for innovation and change, 2002.（以下，2002年欧州委員会声明），Consulting European social partners, European Commission, 2011.（以下，2011年社会的当事者），Social Dialogue, European Commission, 2012.（以下，2012年社会的対話）[1]。

2　労使関係の質と社会的対話について

(1)　社会的対話の法制度の運営と強化

社会的対話は，欧州の経済的，社会的モデルの核心 heart, あるいは〈隅の首石〉'cornerstones' と言われ，EU の社会政策分野の法形成に不可欠の役割 an essential role を果たしている（2004年報告書7頁，2008年7月2日委員会声明 Renewed social agenda: Opportunities, access and solidarity in 21st century Europe, p. 16）。

---

[1]　これらの EU 関係資料の収集について，濱口桂一郎教授，中窪裕也教授のお二人にご教示をいただくことができた。此処に記して深く感謝を申し上げる。

特別講演

　この場でやや先走って社会的対話の実際の運びを言えば，労使を代表する組織と認められた〈社会的当事者〉が，欧州委員会から雇用，労働条件，健康安全その他の社会政策事項（前出）に関して諮問を受け，あるいは自ら対話の課題を選択して，協議し，その結果を書面（テキスト）化し，併せて傘下の組織への周知，傘下の組織の具体的履行状況の共同モニタリングと影響評価，最善の事例 best practices の情報交換などによるフォロー・アップ，実施報告書のとりまとめ，そして勧告など必要な措置をとる一連のプロセスで構成されている（その一部を欠くケースもある）。

　今日のEU条約は改正を重ね，構成国は中欧および東欧の諸国に拡大した。しかし，社会政策法の形成に当たって社会的対話を重視する基調および法制度の枠組みに変化は見られない。特に，現行EU運営条約は，従前の社会的対話法制を継承しただけでなく，新規に1ヵ条を追加し，欧州委員会は社会的対話関係の促進，助成の責務を負うことを明確にした（152条）。労働組合および使用者団体は，社会的対話を通じて，これまでに増して欧州レベルに限らず，構成国内の社会政策の形成，発展に必須の役割なり，期待を担うことになった。

(2)　労使関係の質

　2004年報告書は「労使関係の質」の問題に関連して，その一構成規準に労使が共同し合意したルールに基礎を置く〈公正〉と〈信頼〉の生成および労働者と企業の双方に利点のある当事者主義 partnership の観点を挙げている。当事者主義は，大多数の使用者および労働者を代表することが可能な社会的対話の当事者 partners able to represent most employers and employees によって担われるものとされている（59頁・61頁）。

　7回目の刊行になる2012年報告書は，特にセクター（産業）別の労使団体の間にそれぞれに常設の〈社会的対話委員会〉standing social dialogue committee を組織する動きが拡がり，セクター（産業）ごとの社会的対話のテーマ，対話の成果，その類型および内容（要約）を事細かに綴っている。巻末の1999～2012年までの14年間に欧州レベルで設立されたセクター（産業）別の社会的対話委員会のリストによれば，鉄鋼セクター（産業）から最新の食品飲料セクター（産業）まで41セクター（産業）で社会的対話委員会が存立している。プ

ロ・サッカー界にも2008年社会的対話委員会が設立され，2012年4月標準的選手契約 standard player contracts の最低基準に関する自治的合意を成立させた（同231頁・Table 7.1）。2012年中にはスポーツ・野外活動，絵画印刷，港湾の3セクター（産業）で同委員会の設置が見込まれ，合計44セクターになる（同204頁）。併せて，2010～2012年の3年間に欧州レベルの社会的当事者が合意に漕ぎつけた成果である共同テキスト joint texts は87例に及び，対話のタイトル，トピックス，共同テキストのタイプなどを社会的対話委員会ごとに一覧することができる（同報告書232－236頁）。この点は，2012年報告書の2004年報告書と比較した場合の際立った特徴である。

　セクター（産業）別社会的対話で取り組まれた主題例を示すと，①経済危機に直撃された事業再編への対応，②労働者の employability，③雇用産業政策，④技能向上訓練，⑤健康安全，⑥企業の社会的責任，⑦ハラスメントおよび暴力，⑧労働条件，⑨平等処遇，⑩移動および移民，それに⑪社会的対話能力の形成などである。

　おおよそ以上の輪郭をもつ社会的対話は，紛れもない集団的労使関係の営みであり，EU かぎりの特別の動きに過ぎないと片付ける見方もあろうが，私にはそうは思えない。日本の労働法学の研究者のなかに日本の労使関係の運営 functioning や労使関係法の法的構造の発展の方向性を意識して学ぶ方がいて欲しい，私には最早荷は重く力は及ばないが，真にそう念っている。

3　労使の対話関係のバックグラウンド

　EU 条約および欧州委員会の発する雇用，労働条件および労使関係等に関係する各種文書には，いわゆる社会権の保障を謳う憲章に繰り返し相当に念入りに言及するものが多く，2004年，2012年報告書も同様である。そこで，社会的対話関係の法的基礎であるそれら憲章に簡略に触れておく意味があろう。

　現行の欧州連合条約 Treaty on European Union（TEU）は，自由，民主主義，人権の尊重，基本的自由の原理および法の支配（前文4項）と並べて，1961年「欧州社会憲章」European Social Charter（1996年改訂）および1989年「基本的社会権に関する共同体憲章」Community Charter of Fundamental

特別講演

Social Rights of Workers の定める基本的社会的権利への構成国の「愛着」を確認する confirming their attachment と明記する（同5項）。同条約本文は，これと別に，2000年「欧州連合基本的権利憲章」Charter of Fundamental Rights of the European Union の規定する自由，権利および諸原則は，本条約と同一の法的価値 the same legal value を有すると定める（6条1項）。

以上3つの憲章には，使用者および労働者の団結（結社）の権利，労働協約の締結を含む団体交渉の権利および争議権を含む団体行動の権利を政治的宣言として，あるいは法的保障を受けるべきものとして定められており，欧州連合運営条約 The Treaty on the Functioning of the European Union（TFEU）は特に先出の2つの憲章と関係づけ，同条約の主目的のひとつに労使間の対話 dialogue between management and labour を可能にすることを挙げている（151条）。これら憲章は，社会的対話をそれ自体として労使関係法上の独自の権利として構成していない。しかし，TFEU 第X篇「社会政策」は社会的対話関係の法的構造を詳細に定め，〈社会的当事者〉および〈社会的対話〉はEUの社会政策に関する法制度的概念として揺るぎないものとなっている。

II　社会的対話

1　意義および法制度の内容

(1)　意　義

社会的対話の法制度は，団体交渉のように自成し，法律が後を追って権利構成したのと異なり，欧州連合の条約規定（最初は，1992年マーストリヒト条約の議定書付属文書）により，高度の政策判断に基づいて生み出されている（同付属文書の前史は略）[2]。EU運営条約は，社会的対話の定義規定を置いていない点を含め，改正前の規定内容を基本的に受け継いでいる（151条～156条）。委員会は，社会的対話を社会的当事者たる労使の団体の二者構成で行われ，ときにEU，

---

2) 本稿の以下に述べる部分を含めて，濱口桂一郎『EU労働法の形成』（日本労働研究機構，2001年）14—21頁，川口美貴『国際社会法の研究』（信山社，1999年）318頁以下の先駆的研究がある。

構成国内の公的機関をまじえて三者構成で行われる相互的接触 interactions であり，協議，審議もしくは単に諸情報の交換と概念規定している（2012年社会的対話105頁）。

　EU は，民主主義，個人の権利，市場経済などの原則と並べて労使間の自由な団体交渉を社会政策に内在する価値のひとつに掲げる点で一貫し（1990年代中頃の社会政策白書 White Paper on social policy（COM(94)333），この原則の下で，社会政策（具体的対象事項は前出 TFEU 153条）の遂行の道筋に，自由な団体交渉の一方式として社会的対話のシステムを組み込んだことになる。それは，EU 法制定の手続きに EU 機関のみが関与してきた以前の手法を改革する大きな転換 radical change であった。

　(2)　法制度のあらまし

　　(a)　社会的当事者間の協議　　欧州委員会は，社会政策への取組みに当たって，社会的当事者に対し，はじめに提案の方向性 the possible direction を，次いでその内容 content を諮問することを義務づけられている。労使は，協議（対話）し，提案の方向性（第1次協議）または内容（第2次協議）のいずれかのステージで公式協議を要請でき，原則9ヵ月の期間内に結論を得る（同154条）。内容に関して合意が達成された場合，その後の取扱いについて2筋の途を選択できる。その1は，〈自治的合意〉autonomous agreement として契約的関係 contractual relations に入る場合である。労働協約関係とすることも認められる（同155条1項）。この法的関係は『使用者，労働者および構成国に特定の手続と慣行に従って』，履行される（同条2項）。言い換えれば，〈自治的合意〉が通常の契約関係の場合は，成立にコミットした社会的当事者の傘下の労使団体が相互に，合意内容に即して履行（実行）義務を負い，〈自治的合意〉が労働協約のかたちをとるときは構成国の制定する労働協約法の適用下に入るものと解される（私見）。

　〈自治的合意〉は，成立後も完全に EU の手を離れるわけではない。理事会，委員会は自治的合意の実施のプロセスでさまざまな支援 support を行う。すなわち，その影響評価のために関係労使の対話を促進し，実施に必要な最下限の規準要件 minimum requirements for gradual implementation を定めるなど，

自治的合意を補充 complement する権限を行使できる（同153条2項参照）。

　その2は，社会的当事者が対話の成果を〈自治的合意〉にとどめず，共同署名して委員会を経由し理事会に提出する方法である。理事会がそれを EU の法的拘束力ある命令とした場合，構成国は実施義務を負う（同155条2項。EU の規制権限は2条2項・4条）。委員会は，構成国が自国法化した手続をモニターし，必要な措置を講ずる（概要は，2012年報告書203頁）。

　(3)　社会的当事者および社会的対話委員会

　　(a)　社会的当事者　　EU 運営条約（154条）に基づいて委員会が諮問の相手にできる社会的当事者（労使団体）の資格要件は特に定められていない。その正統性の基礎は代表者性 representativeness を具えることにある。委員会は，社会的対話を EU の法形成の過程にはじめて組み込んだ1992年マーストリヒト条約後にその審査規準 criteria を定めた（COM(93)600final, 14 Dec 1993）。セクター（産業）横断的社会的当事者と認められる主要規準は，欧州レベルで組織され，協議能力を有し，可能なかぎり多数の構成国の代表組織によって構成され，諮問手続への参加が可能であることなどである（詳細は略）。委員会は，定期的に〈欧州社会的当事者の組織リスト〉を公表している。セクター（産業）別の社会的当事者の代表者性に関しては，委員会は2006年以降 Eurofound に検証を委ね，実際の作業はベルギーのルーバン・カソリック大学研究室が毎年3〜4のセクター（産業）について順次行っている。結果は，EIRO（European industrial relations observatory）のオンラインで公表される（2004年労使関係報告書91頁[3]）。現在のところ，セクター（産業）別使用者組織は62，労働組合は17存在している（2011年社会的対話巻末）。

　　(b)　社会的対話委員会と専門的助言委員会　　セクター（産業）別の社会的対話は，それぞれ自前の〈社会的対話委員会〉を設置して行われている。2002年時点で27セクター（産業）に設立されており，2012年時点で欧州のほぼ全域の44セクター（産業）に普及した。EU は，専門的助言委員会を設けてそ

---

[3]　セクター（産業）横断的およびセクター（産業）別の〈社会的当事者〉たる労使団体の詳細リストは，社会的対話委員会を含め，2002年委員会報告書，2004年報告書24頁，2012年社会的対話8頁・巻末参照。約10年間の拡がりが注目される。

の対話活動をサポート（助言，資料提供など）している。その中のひとつに 'Advisory Committee on Safety, Hygiene and Health at work'（ACSHH）がある（2011年社会的当事者15頁）。

2 社会的対話の進展・転換および定着・多様化
(1) 進展と転換

社会的対話は，前出マーストリヒト条約で法制度として成立し，途中アムステルダム条約（1997年10月）で条約本体に組み込まれ，約10年の経験を重ねて，EUの社会政策法制にどのように貢献し，または貢献することに失敗したのか。2002年欧州委員会声明によれば，EU 運営条約の規定（154条）に基づいて委員会の諮問を受けた社会的当事者は，①育児休業，②パートタイム労働および③有期労働をめぐる社会的対話で合意を実現し，それぞれ①1996年12月14日，②1997年6月6日，③1999年3月18日理事会命令として，すなわちハード・ロー方式によって構成国の雇用社会に新しい法的ルールをもたらした。①は「労働と生活の均衡」，②，③は「労働時間の柔軟性と労働者の安定」という委員会の諮問主題に応えた社会的対話の成果である（②，③と同一の諮問主題である temporary work の派遣労働部分に関しては協議不成立）。このように，社会政策の諮問主題に関し，労使が主役を担うべきものとされ（規範形成の実質的主体），社会的対話を行い（手続），合意（法的規整内容の枠組み）を実現する道筋は，労使関係の質の深刻な彼此の対照問題であると私は思う。

他面，1995年「性的差別に関する立証責任の適用」，1996年「職場のセクシャルハラスメントの防止」，1997年「労働者に対する情報の提供および協議」，2000年「使用者の破産と労働者の保護」，同「アスベストに暴露される労働者の保護」，同「業務委託労働者の安全および健康」など多くの諮問主題について，当時，労使はいずれも異なる意見を提出するにとどまった。その他，2001年「労働者の個人情報保護」ほかの重要諮問主題に関して労使協議がまとまらないまま継続していた。2000年前後は社会的対話の重苦しい停滞期にあったと言ってよい。

こうした状況に転機がもたらされた。2002年7月16日欧州レベルのセクター

特別講演

（産業）横断的社会的当事者が委員会の諮問に応え，「在宅労働の規整に関する枠組み合意」A framework agreement on the regulation of telework を実現したのである。使用者の側は在宅労働を労働組織の現代化 modernise の一方法として受け入れ，労働者の側は work-life balance 向上と労働者の裁量性を強める有力な作業態様として受け入れた（2004年報告書80頁以下）。

(2) 定着と多様化

(a) 枠組み合意の生成　在宅労働に関する合意は framework agreement と言われるように，対話のトピックスについて一般的，基本的に重要な原則的事項を定める合意である。それは，社会的対話の成果に理事会命令が法的強制力を付与するハード・ロー方式を求めない。合意に関与した当事者自身が履行責任を受け持つ〈自治的合意〉の法形式を選択している。このような合意は社会的対話の法制度下ではじめてであり，その影響の大きさから〈時代を画する合意〉landmark agreement と言われた（2004年報告書93頁）。

在宅労働の〈枠組み合意〉が引き金になって，社会的当事者の労使団体が自ら履行責任を受け持つ〈自治的合意〉の様式で著名な3つの〈枠組み合意〉が成立をみた。その1は労働関連ストレスに関する枠組み合意 A framework agreement on work-related stress, 2004，その2は労働関連ハラスメントおよび暴力に関する枠組み合意 A framework agreement on harassment and violence at work, 2007，その3は非排除的労働市場に関する枠組み合意 A framework agreement on inclusive labour market, 2010 である。こうした〈枠組み合意〉の方式は，今日の EU 社会的対話の生み出す〈自治的合意〉の主流と言って大過なく，特別の意味および内容が伴う。

他方，欧州レベルで最低規準を生み出すハード・ローの方式を採る労使の合意も姿を消してはいない。医療器具による刺傷事故防止，海上，鉄道，民間航空の労働者の労働時間の編成など特定のセクター（産業）に固有の事項に関して重要な理事会命令が存在する（2004年報告書92頁以下，詳細は略）。

(b) 開放型調整方式の手法　TFEU の定める雇用政策遂行の段取りは，一般に〈開放型調整方式〉Open Method of Coordination と呼ばれる特別のシステム（以下，OMC）によって行われている（148条1〜5項）。要約すれば，

欧州理事会が毎年度雇用状況を確認して「政策目標」を定め，理事会が雇用政策の「年次指針」を構成国に示し，構成国はその指針の「実施報告」をEUに提出する。委員会は，それを検証ないし監視し monitor，評価し evaluate，理事会が必要な場合は構成国に勧告 recommendation を行う方式である。
　開放型とは，その仕組みから理解できるように，構成国の雇用政策をEU規準に斉一化しようとせずに，構成国が労働市場の固有性を踏まえて行う多様な雇用政策に開かれた方式だとの意味と解される（私見）。この方式には，EUの司法裁判所や欧州議会が関わる余地はほとんど存在しない，政策目標達成のための柔軟な手法として〈ソフト・ロー方式〉と言われる。[4]

　(c)　社会的対話の法制度と OMC　　2002年欧州委員会声明は，当時停滞期にあった社会政策フィールドで雇用政策フィールドの〈開放型調整方式〉を活用することを強く訴えた。この呼びかけは，以後セクター（産業）横断的レベルおよびセクター（産業）別の社会的対話のあり方に強い影響を与え，社会的当事者は，すべてとは言えないまでも，多くの重要な〈自治的合意〉を〈枠組み合意〉の形式と内容でとりまとめる方向に舵を取った。前出の3つの〈枠組み合意〉がそのリーデイング・ケースであると言ってよい。〈開放型調整方式〉は，2008年欧州委員会決議（7月2日ブラッセル）でも社会的対話の重点政策として確認された（決議第4項）。このようにして，同方式は構成国の行う社会政策の多様性を前提にし，EUの政策基準にその内容を緩くはあっても一定の方向に束ねていく（convergence の用語が使用されている）システムと観念されている。
　〈開放型調整方式〉で成立した〈枠組み合意〉の実施の段取りは，前言した雇用政策の立案から実施までの仕組みとほぼ同様である。〈枠組み合意〉は，

4）　OMC については，公開調整方式（中野聡「西欧コーポラティズムと欧州社会的対話」Bulletin of Toyohashi Sozo Uni. 2010. No. 14, p16），開放型整合化方式（福田耕治「リスボン条約に至る機構改革と民主的正統性」日本EU学会年報31号（2011年）51頁），あるいは「裁量的政策調整」（庄司克宏『欧州連合』（岩波書店，2007年）19頁）との邦訳もある。「公開」は非公開の対語として意味に乏しく，「整合化」は条約自体が排除している「調和化」とつながりかねず，意訳としては「裁量的」が相当であろうが，open の原語とつながりにくいので本文のような訳語を充てた。

その「政策目標」および「指針」に相当し，セクター（産業）横断的に，またはセクター（産業）別に労働協約を含む「契約的関係」を労使間に生み出す。労使団体は，社会的当事者の一構成組織として自らその実施（履行）に責任を持つ。他方，EU の諸機関は，条約の手続に乗って成立した〈枠組み合意〉については依然一定の役割を分担し，実施状況を「検証」examine or monitor し，不相当と評価するときは，委員会が発議して関係労使団体に「勧告」を行うプロセスが用意されている。自治的合意に基づく社会的当事者の行動枠組み framework of action に関し，OMC のプロセス（ソフト・ロー方式）がはじめて適用された〈自治的合意〉は，セクター（産業）横断的社会的当事者が合意した「労働者の生涯学習と移動」lifelong learning and mobility に関するそれである（2004年報告書61頁・77頁以下）。

　(d) 'new generation text' の普及　　今世紀に入り，社会的対話は，その結果に敢えて「合意」と明記せず，共同意見 joint opinion，宣言 declaration，共通対応 common response，共同声明 joint statement，行動準則 code of action，あるいは単に報告 report などのタイトルを使い，対話に取り組んだ課題と協議内容を公表する新路線を生み出し，次第に多用されている。2004年報告書は，これらを〈新時代のテキスト〉と呼んでいる（90頁以下）。[5]

　2008年のリーマンショック以降の経済危機の時代（2008～2010年）は，労使関係にとって試練の時代であったことは周知のとおりである。その時期を経て，2012年報告書（第7章社会的対話）には，労使団体が取り組んだ対話の内容とともに，非常に多数のセクター（産業）において上記のような〈新世代テキスト〉が〈枠組み合意〉と並んで多数成立している状況が見られ，その実情が主要主題の区分ごとに伝えられている。労使の社会的対話は危機の時代にも途切れることはなかったことを伺うことができる。

---

5)　〈新時代テキスト〉は，2012年から EU SOCIAL DAILOGUE LAISON FORUM 発行の Newsletter で広報されている（同年10月第1号発行）。Newsletter は，広報の上で合意 agreement と区別し，これら社会的対話の成果文書（テキスト）をメッセージ massages として扱っている。

Ⅲ 結　語——学ぶこと

　〈枠組み合意〉には，影も射しつつあり，構成国が自国の政策にマッチしない部分に重要な変更を加える傾向が指摘され（2012年報告書227頁），2004年労働関連ストレスの合意も実施に向けて実質的努力をしたと見られる構成国は2011年段階で11ヵ国にとどまり，OMCのやり方を改めて権利義務構成へ転換する必要を説く労働側（ETUC）トップの発言も出来している（2012年社会的対話24頁以下）。また，英国での職場のハラスメントに対する対話方式の取組み partnership approach は被害者にとっての救済策を提供しておらず，経営者側の意向に偏っているとの批判的指摘もある（ヘルゲ・ホーエル「イギリスにおける職場のいじめ」Business Labor Trend, 6. 2013, p. 4）。

　しかしながら，労働者および使用者を正当に代表する団体を〈社会的当事者〉と呼び，社会政策のステークホルダーと位置づけ，規範形成の公式のプロセスに確かな位置を与えて団体的自治を尊重し，促し，内容の協議を先行させる現行制度の基本的理念は変更されていないし，今後変更するとも考えられない。社会的当事者主義 social partnership あるいは当事者主義的取組み partnership approach による規範形成の仕組みの基礎は，彼らが労働の世界を最もよく知る者であり，その専念する生活 professional life のなかに起きる諸問題について，信頼に値し，可能な解決方法を生み出し発展させる最良の位置に在るという労使関係感である。そのような理念は，少なくとも EU 域内には広く受け入れられていると見てよいであろう（同報告書230頁）。

　私たちは，社会的対話という労使関係の一側面から何を学ぶことができるだろうか。日本には，雇用，労働条件，健康安全，反差別，公正処遇などに関し労使関係を運営し，〈責任ある自治〉を担うセクター（産業）ごとの使用者組織が見当たらない。奇異なことである。しかし，対話の方向に試みの糸口がないわけではない。EUが社会政策を健康安全の問題から切り開いたように，労使および社会公共の安全につながるこの問題について，実質的に労使（日本生産性本部と連合総研）が共同調査プロジェクトを組む現実的意欲と可能性いか

ん？　そして，それへの独立行政法人労働政策研究・研修機構の専門的支援は？

　要求と回答，妥結か紛争か，紛争は第三機関の調整・命令・判決による結着という戦後一筋の単線型枠組みから，日本の労使関係（法制および法理論）が一歩踏み出すために。労働者，国民に共通する健康安全の問題が最も深刻かつ喫緊に，どこにどのようなかたちで問われているかを敢えて言う必要はないであろう。

（わたなべ　あきら）

《シンポジウムⅠ》
高年齢者雇用の課題と方向性

シンポジウムの趣旨と総括　　　　　　　　　　　　　　　　　水町勇一郎
高年齢者雇用に関する日本法の解釈をめぐる問題　　　　　　　原　　昌登
高年齢者雇用政策——年齢差別禁止アプローチの可能性——　　柳澤　　武
高年齢者雇用をめぐる法政策　　　　　　　　　　　　　　　　櫻庭　涼子
　　——米国・EU の年齢差別禁止法から得られる示唆——
高年齢者雇用をめぐる人事上の課題と方向性　　　　　　　　　高木　朋代

《シンポジウムⅠ》

シンポジウムの趣旨と総括

水 町 勇一郎
(東京大学)

Ⅰ 趣　　旨

　高年齢者の雇用を法的に考えるうえでは，大きく3つの視点がある。
　第1に，年齢差別禁止の要請に内在する人権保障的な視点である。アメリカの1967年雇用における年齢差別禁止法（ADEA），EUの年齢差別禁止を含む2000年指令（2000/78）とそれらの展開のなかでなされた議論には，この視点が強くみられる。
　第2に，社会保障政策，雇用政策としての視点である。例えば一方では，年金財政がひっ迫するなか高年齢者にも雇用延長を促す要請がはたらいているが，他方，失業問題（とりわけ若年者の失業・無業問題等）が深刻化するなかで，高年齢者の早期引退を促す要請もある。このように政策的には，必ずしも一貫しない多様な要請がはたらいている。
　第3に，実際の企業のなかでの人事労務管理の視点である。例えば，高年齢者の雇用延長の政策的要請が強まるなかで，企業の人事労務管理として退職や処遇のルールをいかに再設計するかが問われている。この点は，単に高年齢者層のルールの見直しにとどまらず，中間年齢層も含む雇用ルール全体の見直しに波及しうるものである。
　日本でも，2012年の高年齢者雇用安定法改正を契機として，これらの3つの視点が絡みあいながら，高年齢者雇用をめぐる問題が理論的にも政策的にも人事労務管理上も重要な問題として論じられている。
　本シンポジウムのねらいは，これらの問題と視点を幅広く射程に入れながら，

シンポジウムⅠ（報告①）

高年齢者雇用をめぐる問題の議論の発展と活性化を図るための議論の土台を提供することにある。

Ⅱ　報告の概要

各報告の詳細は後掲の各論文に譲ることとし，ここではその概要を示すことにしたい。

原昌登報告「高年齢者雇用に関する日本法の解釈をめぐる問題」では，現行の日本法の解釈をめぐる問題に焦点をあて，これまでの判例・学説の理論的な整理を行ったうえで，今後の議論の発展を促すための基礎となる見解が提示された。重要な争点として，①継続雇用拒否の可否，②継続雇用における処遇（労働条件引下げ）の2点が取り上げられ，前者については解雇権濫用法理（労契法16条）の類推適用，後者については就業規則変更法理（同10条）の類推適用によって，妥当な解決を図ることができるのではないかとの提案がなされた。

櫻庭涼子報告「諸外国の高齢者雇用に関する法政策」は，高齢者雇用をめぐる法と政策が諸外国においてどのような展開をみせているのかについて，アメリカ法とEU法を対象に分析を行った。そのうえで，年齢差別禁止法の核心部分（アメリカ法でもEU法でも共通している部分）は，加齢によって能力が低下するという偏見に基づく不利益な取扱いを禁止することにあるとし，この点は日本でも同様の議論が成り立ちうるが，その他の外延部分（高年齢者への有利な取扱い，勤続年数による処遇など）については，日本で直ちにその禁止を導くことができるわけではないとの提言がなされた。

柳澤武報告「高年齢者雇用政策──年齢差別禁止アプローチの可能性」は，アメリカにおける年齢差別禁止法（ADEA）の約50年にわたる変遷とそれを踏まえた現在の「エイジズム」研究の状況について考察した。この「エイジズム」の視点からみると，日本のこれまでの雇用政策や判例法理には問題が多いことが指摘され，日本への示唆として，①労働者の退職決定における自発性を保障するための手続的規制の導入，②統計的差別モデルを克服するための情報提供を促進する法政策の重要性，③年齢差別禁止と衝突する日本の雇用システ

ムを漸進的に見直していくことの必要性について，それぞれ提案がなされた。

人事労務管理研究の分野での高齢者雇用問題の第一人者である高木朋代氏による報告「高年齢者雇用をめぐる人事上の課題と方向性」は，まず，高年齢者雇用問題の現状は，一般的にいわれる労働力人口の減少と技能継承問題にあるのではなく，真の問題は企業が希望者全員を雇用できる状況にないことにあることを指摘した。そのうえで，2012年の高年齢者雇用安定法改正によっても高年齢者雇用が急速に進むことにはならないこと，行き過ぎた高年齢者雇用の圧力は，60歳前の現役世代の雇用を不安定化させ，賃金カーブの見直しにより労働者間の格差が拡大するおそれがあるとの警鐘が鳴らされた。

III　議論の概要

まず，日本の現行法の解釈をめぐり，多数の質問が寄せられた。

継続雇用拒否の可否をめぐって，川口美貴会員（関西大学），鎌田幸夫会員（弁護士）から，①事業主が高年法9条の措置をとっていない場合にも，継続雇用（地位確認請求）は認められるか，②継続雇用が労働協約，就業規則または個別契約で定められている場合，解雇権濫用の類推適用はあるのかが問われた。これに対し，原会員（成蹊大学）は，①高年法上の措置がとられていた津田電気計器事件判決の枠組みは同法の措置がとられていない事案にはそのままはあてはまらず，労使慣行などを含む労働契約の解釈の問題となる，高年法に私法上の効力が認められていないのは高年法の限界でもあり，その実効性確保措置をいかに講じるかという政策的な問題といえる，②継続雇用制度が労働協約等によって設けられていても当然継続雇用が認められるわけではない（継続雇用拒否の問題は生じうる）ため，解雇権濫用法理の類推適用により問題解決を図ることが望ましい，そのうえで継続後の契約内容については契約の補充的解釈を行うことが考えられるとの見解を示した。また，③成績・能力不足を理由とした継続雇用拒否の合理的理由（労契法16条類推適用）に関する鎌田会員の質問に対し，原会員から，事案に応じた個別具体的な判断になるが，定年まで解雇しなかったからといって定年時の継続雇用拒否に合理的な理由がないとは直ちに

はいえないとの見解が述べられた。

　継続雇用における処遇（労働条件引下げの可否等）について，①労契法10条の類推適用の射程と効果を問う川口会員，森戸英幸会員（慶應義塾大学）からの質問に対し，原会員は，60歳以降の労働条件が設定されておらず新たに就業規則でその労働条件を設定する場合でも，労働契約関係の継続性を考慮し労契法10条を類推適用する，その「合理性」が否定された場合には契約の補充的解釈によって契約内容を定めることが考えられるとの見解が示された。②「合理性」の判断の内容に関する廣石忠司会員（専修大学），森啓治郎会員（社会保険労務士）の質問に対しては，定年後継続雇用の際に職能給から職務給に変更することも考えられる，継続雇用時の年金の額や種類を考慮して労働条件を設定することも合理的と考えられる，前例のない小規模の会社等について遵守すべき最低の基準等の指針を作ることも考えられるが，法的なポイントは合理的な労働条件か否かである旨の回答がなされた。③継続雇用後に就かせる仕事の内容に関する廣石会員の質問について，原会員は，労働者の希望通りの仕事に就かせる義務は使用者にはなく，その裁量の範囲内で仕事に就かせればよい，しかし仕事がないから継続雇用はできないとの対応をとることは許されないとの見解を示した。

　アメリカの年齢差別禁止法（ADEA）をめぐり，年齢と職務遂行能力の減退との関係を問う森戸会員からの質問に対し，櫻庭会員（神戸大学）は，明白な年齢による不利益取扱いは，加齢に伴う職務遂行能力の減退というステレオタイプに基づく場合には禁止され，これを例外として正当化することは困難な状況にあるという回答がなされた。また，日本の現状では会社の取引先，顧客等のなかに年齢に対する偏見が根強く残っており，使用者が定年を廃止したり引き上げたりすることは難しい状況にあるという金綱孝会員（社会保険労務士）による指摘に対し，櫻庭会員は，アメリカの差別禁止法によっても国民のなかにある差別意識を払拭するのは難しいといわれており，国民の意識改革はそう容易なものではないとした。

　柳澤会員（名城大学）からは，日本の有期契約労働者への雇用確保措置（高年法9条）の適用をめぐり，定年前に雇止めする事例も出てきているため，立法

的な手当も含めて有期契約労働者の雇用確保を図っていく必要性があること，継続雇用後の有期労働契約の更新拒否については，雇用確保措置の趣旨や継続雇用前からの労働契約関係の連続性などを考慮すると継続雇用の期待（労契法19条）はより強いと解釈できるとの見解が示された。また，高年齢者雇用の実態が地域ごとに大きく異なる状況にあることに鑑み，政策的にも地域ごとに柔軟に対応することが考えられないかという金綱会員の質問に対し，柳澤会員は，アメリカでは州ごとに異なる法規制が展開されており，日本でも地域ごとに異なる政策を展開することは理論的にはありうるが，日本の都道府県で異なる法政策を展開すべきかについては留保が必要であるとの意見が述べられた。櫻庭会員からは，EUでは各国で各国の実態にあった形で法規制が講じられており，スペインのように労働協約によって例外を設定するという手法も考えられることが示された。

髙木氏（敬愛大学）は，日本における地域別の高年齢者雇用政策の展開可能性について，地域によって雇用情勢が異なることは既に確認されていることであり，政策的に異なる法政策を展開するかどうか，現在，調査研究が進められていることを明らかにした。また，金綱会員から，大企業において役職定年制，定年前OB化，さらには高年齢者の「追い出し部屋」という実態がみられるが，これらの問題に対しどのような対策を講じることが望ましいかとの質問がなされたのに対し，髙木氏は，人事労務管理の視点からは，入社時から長期的に労働者を育成する責任を企業が自覚し，能力が劣る（キャリアから外れる）労働者が出てくることが不可避だとしても，企業としてその人数を少なくする努力をしたり，それらの人たちに適合する職務開発（新規産業の立ち上げ等）を行うことによって，企業として長期的に対応すべきとの見解が示された。

Ⅳ　ま　と　め

今回のシンポジウムにおける報告と議論のなかで，年齢差別禁止の核心的な部分は年齢による能力低下というステレオタイプに基づく差別は禁止されるべきであるという点にあり，この点は日本でもアメリカやEUと同様に要請され

シンポジウムⅠ（報告①）

うるものであることが，ある程度共通の認識として確認された。これは単に，日本で年齢差別禁止法を立法化する際に中核となる部分であるというだけでなく，現行法の解釈（例えば就業規則の合理性，解雇権濫用法理における客観的合理性など）においても考慮されるべき点であるといえる。

　この核心部分を超えた外延部分（高年齢者への有利な取扱い，勤続年数による処遇など）について，エイジズムの観点から厳格に判断すべきか，他の様々な考慮要素を勘案し柔軟に対処すべきかは，国や論者によって結論の異なる，今後に残された検討課題である。日本でこの問題を考える際には，大企業と中小企業や，各地域での実態の違いを考慮に入れるとともに，高年齢者の雇用・処遇の問題だけでなく，広く雇用システム全体を視野に入れ，雇用政策や社会保障政策等との関連性も考慮しながら議論する必要がある。

　本シンポジウムにおける報告と議論は，高年齢者雇用問題をめぐる今後の議論を活性化させる一つの礎となるだろう。

　　　　　　　　　　　　　　　　　　　　　　　（みずまち　ゆういちろう）

高年齢者雇用に関する日本法の解釈をめぐる問題

原　昌　登

(成蹊大学)

I　はじめに

　本稿では，高年齢者雇用に関する日本法の解釈をめぐる様々な問題の中から，今後，特に重要な意味を持つと思われる①雇用保障（継続雇用拒否），②処遇（継続雇用の労働条件）の２つの問題に絞って検討を行う。

II　継続雇用拒否の問題

1　問題関心

　検討の前に，前提となる基本事項を簡単に確認する。高年齢者等の雇用の安定等に関する法律（以下，高年法と略記）は，８条で60歳を下回る定年を禁止した上で，９条において65歳までの高年齢者雇用確保措置を事業主に義務づけている。この義務は継続雇用制度の導入，定年引き上げ，定年廃止のいずれかを行う義務であるが，実際には継続雇用制度を導入する企業が８割以上である。

　継続雇用制度において，特定の労働者の継続雇用を使用者が拒否することは適法なのか，拒否が違法とされた場合に労働者が雇用の継続を求められるのかが争われており，裁判例も多く見られる。継続雇用の労働契約は，定年でそれまでの労働契約が終了した後，新たに結ばれる契約であるため，使用者が継続雇用を拒否したとき，継続雇用が成立するのかが問題となる。

　高年齢者雇用確保措置は，平成16年高年法改正で企業に義務づけられた。た

---

1) 整理解雇において年齢を人選基準とすることの問題については，後掲柳澤論文を参照。
2) 厚生労働省「平成25年『高年齢者の雇用状況』集計結果」（平成25年10月30日発表）参照。

だ，16年改正では，労使協定による継続雇用基準を設定し，基準に満たない定年退職者を例外的に継続雇用の対象外とすることが認められていた。それが，平成24年高年法改正で，この例外，つまり，継続雇用基準を使って対象者を選別することが認められなくなった。平成24年改正の目的を一言でいえば，厚生年金の支給開始年齢の引き上げに伴い，65歳までは雇用で，65歳からは年金で収入が得られるようにという「雇用と年金の接続の強化」である。労働者が希望する限りは継続雇用が受けられるようにするため，基準によって「そもそも対象外」と扱うことはできなくなり，希望者全員が対象となりうるように変更されたものである。

以上をふまえ，Ⅱでは，①平成24年改正法の下で，希望者に対して企業が定年後の継続雇用を拒否する場合，いかなるルールによってその可否が判断されるべきなのか，及び，②平成24年改正前の判例（津田電気計器事件等[3]）が改正法の下で持つ意義について，それぞれ考察する。平成24年改正法の下で継続雇用拒否について争われた裁判例はまだ見られないので，これらの考察は理論的にも実務的にも重要といえる。なお，以下の検討では，問題の本質について考えるため，改正の経過措置については考慮に入れないこととする。[4]

2 判例及び学説の分析

(1) 継続雇用拒否に関する判例の整理

以下，津田電気計器事件最高裁判決（前掲），フジタ事件[5]を中心に検討する。その前にこれまでの裁判例を簡単に整理すると，3つに分類できる。[6]平成16年改正前（高年齢者雇用確保措置の義務化前）は，①契約解釈型というべき，慣行や労使間の合意など，労働契約の解釈によって継続雇用の労働契約の成否を判断するタイプ[7]が多かった（継続雇用制度が高年法上の義務と直接結びついていなかっ

---

3) 最一小判平24・11・29労判1064号13頁。
4) 水町勇一郎『労働法〔第5版〕』（有斐閣，2014年）195頁などを参照。
5) 大阪地判平23・8・12労経速2121号3頁。
6) 水町勇一郎「津田電気計器事件判批」ジュリスト1451号（2013年）112頁以下，池田悠「津田電気計器事件判批」法時86巻3号（2014年）124頁以下，原昌登「高年法に基づく継続雇用制度をめぐる判例の整理とその課題」季労236号（2012年）113頁以下を参考にした。

た以上、当然ともいえる)。16年改正後は、大きく２つに分けられる。②高年法性質型というべき、高年法の私的効力を否定して継続雇用の成立を否定するタイプ[8]、そして、③解雇類推型というべき、解雇権濫用法理を類推適用して継続雇用の成否を判断するタイプである。津田電気計器事件やフジタ事件も③に当たる[9]。

②の事案は、継続雇用制度への申込みがなかった、あるいは、継続雇用基準を満たしていなかったというもので、解雇権濫用法理を類推適用する前提を欠いていたといえる。したがって、継続雇用基準を満たす労働者が希望したのに拒否された、という事案については、主に③を検討すればよいことになる。

なお、②の類型に関連して、高年法９条の私的効力の有無という論点がある。しかし、この論点は、継続雇用制度の導入がない場合に、９条を直接の根拠として労働者や使用者に権利や義務が発生するのかという問題であり、制度を導入している場合に、その制度に基づいて権利や義務が発生するのはいわば当然のことといえる[10]。

(2) 解雇権濫用法理（労契法16条）の類推適用という法律構成

津田電気計器事件は、継続雇用を希望した労働者が、継続雇用基準を満たしていないとして拒否されたため、継続雇用の地位の確認等を求めた事件である。本稿で注目すべき最大のポイントは、最高裁として、解雇権濫用法理の類推適用を行う理論的根拠を明らかにした点にある。というのは、前記２(1)の③解雇類推型では、フジタ事件を除き、なぜ解雇権濫用法理を類推適用できるのか、その根拠が明確には説明されていなかったからである。

津田電気計器事件の具体的なポイントは、次の３点にある。ⓐ継続雇用制度が導入されている企業において、労働者が継続雇用基準を満たしていたことから、ⓑ雇止め法理を確立した東芝柳町工場事件[11]、日立メディコ事件[12]を引用・参

---

7) 大栄交通事件・最二小判昭51・3・8労判245号24頁など。
8) NTT西日本（高齢者雇用・第１）事件・大阪高判平21・11・27労判1004号112頁など。
9) 東京大学出版会事件・東京地判平22・8・26労判1013号15頁など。
10) 濱口桂一郎「フジタ事件判批」ジュリスト1443号（2012年）116頁も参照。
11) 最一小判昭49・7・22民集28巻5号927頁。
12) 最一小判昭61・12・4労判486号6頁。

シンポジウムⅠ（報告②）

照しつつ，ⓒ「雇用が継続されるものと期待することには合理的な理由があると認められる」とした上で，使用者が継続雇用を拒否することは，特段の事情がない以上，「客観的に合理的な理由を欠き，社会通念上相当であると認められない」として，継続雇用の労働契約の成立を認めた点である（なお，継続雇用の労働条件は，継続雇用規程に従うと解釈した）。

要するに，会社に継続雇用制度があり，労働者が継続雇用基準を満たしている場合は，雇用継続の期待に合理的な理由があり，法的保護に値するということである。ただし，無条件に継続雇用が導かれるわけではなく，客観的合理性・社会的相当性があれば，継続雇用拒否も認められるという枠組みである。

フジタ事件も同じ枠組みであると考えられる。同事件では，経営悪化を理由として，定年退職者の継続雇用拒否，及び，期間1年でいったん継続雇用された労働者の更新拒否がなされた。判旨は，「定年退職した労働者としては，自らが継続雇用を希望した場合には，一定の要件を充たせば継続して雇用されるという合理的な期待があ」り，有期契約における「雇い止め（ママ）の適否が問題となる利益状況に類似している」と述べている。

まとめると，津田電気計器事件もフジタ事件も，解雇そのものでも雇止めそのものでもない継続雇用拒否という局面が，解雇に似ているというよりは，雇止めに似ていると考えている，と理解するのが適切である。

まず，労働者に生じた雇用継続の期待が，法的保護に値する合理的なものであることが出発点となる。そのうえで，雇止め法理を直接適用しているのではなく，雇止め法理を「転用」したという理解である[13]。言い換えれば，雇止め法理によく似た新しい判例法理ということである。転用と考えることによって，厳密にいえば契約の「更新」ではない，継続雇用の成否の場面に解雇権濫用法理を類推適用することが，無理なく説明できる。また，契約の内容も，それまでと同じ内容が繰り返される雇止め法理とは異なり，継続雇用規程など事案をふまえた解釈，決定ができることになる。すぐれた枠組み（ルール）であるといえよう。

---

13) 同旨を指摘するものとして，三井正信「津田電気計器事件判批」新・判例解説 Watch 13号（2013年）239頁，濱口・前掲注10) 評釈116頁がある。

さらにいえば，津田電気計器事件では，60歳定年の後，61歳までは労働協約に基づき嘱託として雇用され，その後の継続雇用制度における拒否について争われており，有期契約の純粋な「更新」に近い部分もある。しかし判旨は，「期限の定めのない雇用契約及び定年後の嘱託雇用契約により」雇用されていた労働者は，という表現を用いており，純粋な契約更新に近い事案であるから雇止め法理を使う，と言っているわけではないため，雇止め法理の転用と理解するのが適切である[14]。理論的には，継続的な労働契約関係において，信義則に基づき契約の補充的解釈を行ったものであると説明できる。

(3) 継続雇用拒否の可否に関するルール

　次に，平成24年改正高年法の下で，継続雇用基準による対象者の選別ができなくなった後の，津田電気計器事件の先例としての意義について検討する。

　学説には，大きく2つの見解がある。まず，改正後の継続雇用制度に対しても，「（同事件の）立場は，その理論構成からすれば，この改正法の下でも基本的に同様に及ぶものと解される」[15]として，その射程が及ぶとする見解である。反対に，射程が及ぶかどうか疑問とする見解も見られる。「高年法9条が希望者全員の継続雇用を義務づけていることを根拠に，継続雇用基準を充足した場合と同様の合理的期待を認めるのであれば，高年法9条を根拠にして，いわば法定の合理的期待を認めるに等しく……高年法9条について，私法的効力を否定する裁判例の一般的解釈と相容れない」として，同事件が平成24年改正後の継続雇用制度に「及び得る射程を当然に有しているものではないと解される」[16]とする立場である。

　私見は，次のとおりである。確かに，高年法9条に基づき直接的に雇用継続の合理的期待を認めることは難しい。しかし，津田電気計器事件の立場は，要するに，高年法9条に基づき導入された「継続雇用制度を通して，労働者側に

---

14) なお，同事件の判旨は，「解雇権濫用法理の類推適用」という文言自体は一度も用いていない。しかし，雇止め法理を確立した判例を引用し，雇用継続の合理的期待，客観的合理性・社会的相当性というキーワードを用いていることからすれば，解雇権濫用法理の類推適用を行ったことは明らかであるといえよう。
15) 水町・前掲注6）評釈115頁。
16) 池田・前掲注6）評釈127頁。

(定年後も継続雇用してもらえるという)『期待』が生じていると解釈」できるもの[17]で，期待を導く根拠は，9条そのものではなく，あくまでも継続雇用制度にある。したがって，基準による選別がなくなった以上，平成24年改正後は，継続雇用制度に申し込むことで，労働者に雇用継続の合理的期待があると判断されるのはむしろ当然のことであり，同事件の枠組みは改正後も基本的なルールとしての意味を持ち続けると考えられる。

なお，行政の指針[18]では，就業規則の解雇事由または退職事由に該当し，かつ，客観的に合理的な理由があり社会通念上相当であれば，継続雇用しないことができるとされている。これはまさに，同事件と理論的に同じ枠組みであると解される。継続雇用制度が存在するために定年後の雇用継続に合理的な期待が生じ，労働者が希望したとしても，合理性・相当性があれば，使用者は拒否してかまわないという枠組みをとっているからである。

Ⅲ 継続雇用の労働条件の問題

1 問題関心

高年法は，継続雇用の労働条件について，具体的な規制を行っていない。労使で話し合うなどして，その企業の実情に合った制度を導入しうるメリットはあるものの，労働条件を定年前より下げる場合，どの程度まで下げられるのか，という問題が生じる。具体的には，継続雇用の労働条件（賃金等）を定年前に比べ低下させる場合，労契法7条，10条のいずれを適用（ないし類推適用）すべき問題といえるのか，検討が必要になる。

2 判例及び学説の分析

(1) 定年延長後の労働条件に関するこれまでの事例

検討の素材として，55歳から60歳への定年延長の事例のうち，特徴的な3件[19]を見ていく。事案の詳しい紹介は省き，共通点をざっくりまとめると，延長さ

---

17) 原・前掲注6)論文120頁。
18) 平成24・11・9厚労告560号第2の2を参照。

れた55歳以降の賃金が従来の定年時の賃金のおおよそ6割から7割に設定されたため，その差額などを請求できるかが争われた。言い換えれば，労働者の同意なしに延長後の労働条件を適用するためには，何が必要か，という問題である。

　結論からいえば，判例は，定年延長後の労働条件が何らかの意味で「合理性」を持つことを求めている。しかし，要求するレベルとしては，労契法でいえば10条の合理性，10条の緩やかな合理性，7条の合理性と分かれている（なお，念のため確認しておくと，7条の合理性とは，「労働条件の合理性」で，よほどおかしな条件でなければ肯定される例が多く，10条の合理性とは，「労働条件の変更の合理性」で，不利益の程度など複数の判断要素を総合して判断されるといった違いがある）。

　まず，第四銀行事件[20]では，現在の労契法9条・10条に当たる就業規則の不利益変更法理を適用した。つまり，10条にいう変更の合理性が必要であるとした。

　次に，日本貨物鉄道事件[21]では，「55歳以上の労働者について，労働条件を設定することは，形式的には……労働条件の不利益変更には当たらないものである」としつつ，「新たな労働契約関係が創設されるわけではなく，従前の労働契約関係が契約期間を延長されることになるものであることを考慮すると」，「合理性判断の基準については幾分緩やかに解する必要があるとしても，就業規則の不利益変更の場合に準じた合理性が必要である」と判断した。いわば10条の緩やかな合理性が必要という判断である。

　最後に，協和出版販売事件[22]では，定年である55歳以降は，それ以前の賃金と同等の条件で就労できる権利がなかったことを大きな理由として，就業規則の不利益変更法理の適用を否定した。ただし，定年延長部分の労働条件について，どのような条件でもよいというわけではなく，（延長した定年までの）「労働条件

---

19)　平成6年の高年法改正で，定年年齢は60歳を下回ってはならないことが義務化された（平成10年4月に全面施行）。
20)　最二小判平9・2・28民集51巻2号705頁。
21)　名古屋地判平11・12・27労判780号45頁。
22)　東京高判平19・10・30労判963号54頁。

が極めて過酷なもので……定年まで勤務する意思を削がせ……多数の者が退職する等高年齢者の雇用の確保と促進という同法〔高年法〕の目的に反するものであってはならない」と述べて，現在の労契法7条にいう「合理的な労働条件」である必要があると判断した。

このように，判断は分かれており，どれか1つのタイプが正解というわけではない，というのが判例の状況である。

(2)　継続雇用の労働条件の設定に関するルール

以上をふまえ，継続雇用の労働条件の問題について検討する。定年延長と継続雇用を比較すると，それまで設定のなかった労働条件を設定するという点は共通しているが，労働契約をそのまま延長する定年延長と，新しく結び直す継続雇用という違いがある。[23]

継続雇用の労働契約は，形式的には新規の契約であるから，形式面に注目すると，労契法7条の問題となる。例えば，労働条件が定年前と比べて大きく下がったとしても，継続雇用の条件としては合理的である（おかしいものではない）といえれば，それでよいということになる。これに対して，実質面に注目し，定年前と継続雇用で契約が継続していると考えると，労契法10条の問題となる。労働条件が低くなることに同意しない労働者に対しては，10条の合理性がないと，継続雇用の労働条件を適用できないことになる。

この点，学説には，「基本的には，7条の問題と把握しうる[24]」という見解，希望者全員が雇用されることが要請される継続雇用制度の下では，継続雇用への期待も高く，実際に労働関係が継続することが予測されるなどとして，10条の「類推適用が可能であると考える[25]」とする見解が見られる。

---

23)　また，多くの場合，労働契約を締結した後に生じた変化である（新卒等で採用された時には定年延長の話は出ておらず，継続雇用制度も設けられていなかった）という点も共通している。例えば，新卒採用で労働契約を締結するとき，（約40年後の）定年後の継続雇用制度について就業規則で規定され，周知されていれば，その制度は，労契法7条にいう合理性を備えてさえいれば，当初から労働契約の内容になっていると解する余地があるといえる。

24)　山下昇「継続雇用制度とその対象となる高年齢者に係る基準をめぐる法的問題」日本労働法学会誌114号（2009年）26頁。

25)　山川和義「高年齢者雇用安定法の改正」法学教室388号（2013年）53頁。

どう考えるべきか，私見は次のとおりである。結論としては，労契法10条の合理性が必要であるが，合理性がより肯定されやすい，10条の緩やかな合理性が必要であると考えられる。また，形式上は新しい契約なので，10条の直接適用ではなく類推適用と構成する。

継続雇用が形式上は新規の契約であるにもかかわらず，私見で7条ではなく10条を基盤に考える理由は2つある。1つは，継続雇用はまったくの新規契約ではない点である。平成24年改正後，実質的な継続性はいっそう強まっているといえる。もう1つは，10条のほうが様々な判断要素を考慮に入れやすい点である。7条で考えると，他の要素をおよそ考慮できないとまではいえないものの，基本的には労働条件そのものの合理性の問題となってしまう。10条で考えれば，定年前との比較つまり不利益の大きさや，変更の必要性，労使の話し合いの状況といった具体的な判断要素を活用できる点が大きなメリットになると解される。

具体的な合理性判断においては，次の3点がポイントになると思われる。第1に，雇用と年金を接続するために継続雇用が必要であるという法的・社会的要請を無視することはできないので，継続雇用制度を維持・運営するために労働条件を低く設定するということであれば，変更の高度の必要性，及び，変更後の就業規則の内容の相当性が基本的に肯定されると考えられる。第2に，不利益の程度については，雇用保険の給付などを加味しても多数が退職を選択するような，低すぎる条件の場合は，合理性を否定する方向で評価することになる。第3に，労働組合等との交渉の状況については，継続雇用の労働条件の内容や，その水準に設定した理由などについて，使用者が労働者にしっかりと説明しているかどうかを重視すべきである。

以上のように解せば，むやみに継続雇用の労働条件が10条の合理性を欠くとされることはなく，労使の対話を促しつつ，条件が低すぎる場合や，使用者側が説明を怠った場合には合理性を否定することで，妥当な結論を得られると思われる。

Ⅳ　おわりに

　本稿では，これからの高年齢者雇用のあり方について，継続雇用拒否，継続雇用の労働条件の2つの問題に絞り，日本法の解釈として判例・学説について検討し，今後の議論のたたき台として私見を示した（紙幅の関係で，学会報告時にはⅢで言及した労契法9条，同20条等の問題については省略することとした）。後掲の各論文が示す様々な視座も取り入れつつ，引き続き検討を深めることとしたい。

（はら　まさと）

高年齢者雇用政策
――年齢差別禁止アプローチの可能性――

柳 澤　武

(名城大学)

I　はじめに

　年齢差別規制の先進国であるアメリカでは，1967年の雇用における年齢差別禁止法（ADEA）の制定から50年を迎えようとしており，ADEAの雇用社会における役割や同法の影響について，様々な角度からの分析がなされるようになった。これらの議論や分析は，日本で高年齢者雇用政策として年齢差別禁止アプローチを検討するうえで，あるいは政策そのものの方向性を探るうえで，参考に値しよう。本稿では，まず，アメリカの労働者の引退過程について，ADEAがどのように関わり，かつ，いかなる影響を与えたのかについて，法政策としての側面に着目しながら分析する（II）。続いて，偏見や差別としてのエイジズムについて，どのような理解と位置づけがなされるようになったのか，ネオ・ジェロントロジーの知見もふまえながら検討する（III）。最後に，日本の高齢者雇用政策・労働判例にみられる年齢規範について，いかなる状況にあるのかを確認の上で（IV），日本の高年齢者雇用政策の方向性について考察する（V）。

II　年齢差別禁止法（ADEA）と引退過程――法政策としての側面

1　ADEAの変遷――引退過程に関わる部分を中心に

　ADEAの全体像や同法の下における判例法理については，櫻庭論文にゆず
り[1]，ここでは引退過程における意義に絞って検討する。ADEA立法当時，同

法が適用される年齢は，40歳から65歳までとなっていた。65歳という上限年齢は，当時の標準的な引退年齢であるとともに公的年金の受給年齢であった。その後の判例法理では，定年退職とともに十分な金銭的代償が行われる限りにおいては，たとえ65歳未満での強制的な退職であっても，ADEA 違反とはならないとの裁判例もみられた。さらは1977年の最高裁判決も ADEA 制定前の退職制度について有効と判示した[2]。すなわち，60歳を過ぎてからの退職については，かなりルーズな ADEA の適用を行っていたといえる。

　同最高裁判決が出た翌年，年金などによる金銭的補償が行われた場合であっても，労働者の意に反する退職は ADEA 違反となる旨が，法改正で付記された。ADEA が定年制度に対して，実質的な法規制を始めたのは，同年からとみることもできる。また，ADEA が適用される上限が70歳へと引き上げられる。背景には，高齢者圧力団体によるロビー活動や，早期退職の風潮への歯止め，将来の人口構成の変化への対応，高齢者の失業対策の必要性，があったとされる。

　そして，1986年の ADEA 改正により，ついに適用年齢の上限はなくなり，いかなる年齢においても定年制度は禁じられることになった。その当時の議論においては，「強制的な退職制度を撤廃することで，社会保障制度の支出を抑えることができ，年間70万ドルの節税が可能である」といった，まさに法政策としての側面も含まれていた[3]。

2　訴権放棄契約の横行──自発的退職の強要？

　定年制度が禁じられるようになった際に，いかなる影響が及ぶのかについては，既に様々な分析がなされている。あまり影響を与えないだろうという見解として，随意的雇用原則の存在や，70歳どころか65歳に達する前に自発的に退

---

1) ADEA や年齢差別について，より詳しくは，柳澤武『雇用における年齢差別の法理』（成文堂，2006年）14頁，櫻庭涼子『年齢差別禁止の法理』（信山社，2008年）79頁などを参照。
2) United Air Lines, Inc. v. McMann, 434 U.S. 192 (1977).
3) 当時の議論について，石橋敏郎「アメリカにおける年齢差別禁止法」学会誌70号（1987年）133頁，櫻庭・前掲注1）書107頁，柳澤・前掲注1）書33頁。

職する労働者が多いことなどが指摘されている[4]。

　ただし，本当に労働者が「自発的に」退職していたとは限らない。定年制度が撤廃された後も，一定年齢で退職するように誘導すること自体は禁じられないため，1980年代後半から，使用者が対価（退職金の上乗せ等）の支払いと引換えに，年齢差別訴訟を提起する権利を労働者に放棄させるという実態が横行した。労働者が権利放棄を行う意味を十分に理解していれば良いが，良く分からずに書面にサインし，年齢を理由に退職・解雇された疑いがあるにもかかわらず，訴訟を起こすことができない事態に陥ることもあった。これは，ADEAの実効性を骨抜きにしてしまうことにもなりかねず，議論を巻き起こした[5]。

3　手続き規制による自己決定の実現

　これらの打開策として行われたのが，1990年の高齢労働者給付保護法の制定によるADEA改正である[6]。同改正では，訴権放棄契約についての具体的な手続的要件として，当該契約が①通常の労働者が理解できるようにかかれた書面によって，②法律上の権利や請求権について明言され，③当該退職日以降に生じ得る権利または請求権については放棄せず，④退職金の上乗せといったインセンティブと引き換えに，⑤弁護士との相談を書面で勧められ，⑥21日以上の契約考慮期間と，⑦7日間の解除可能期間を求めた。これらを全て満たした場合に限り，労働者は「知っていて」かつ「自発的に」権利放棄したことになる。

　これらは，労働からの引退過程において，労働者の「意思」による引退の自己決定を，客観的・具体的な「手続的規制」によって保障する法システムとみることができる。また，使用者にとっても，一定年齢で多くの労働者に退職してもらえる制度設計を行いつつ，ADEAが求める手続きを満たすことにより，労働者から訴訟を提起されるリスクを回避できるというメリットがある。定年制度の廃止をめぐる紆余曲折を経た末に生まれた法規制ではあるが，退職年齢の自己決定という観点からは，その手法自体に普遍性があるように思われる。

4）　櫻庭・前掲注1）書109頁，同書が引用する各文献も参照。
5）　柳澤・前掲注1）書100頁。
6）　Pub. L. No. 101-433, 108 Stat. 978 (1990).

4　引退過程における ADEA の役割

　以上より，引退過程における，ADEA の政策的な役割として，一点目に位置づけられるのは，引退過程における，使用者の人事労務管理と労働者の自己決定との均衡である。会社毎に異なる退職制度を設計することを可能としつつ，年齢を理由に強制的な退職や配転・降格などを行うことはできないため，労働者の自己決定も尊重される。また，これらの制度設計を行う際には，労働協約の制定を通じ，労働組合が重要な役割を果たすことが考えられ，多様な労働者の引退過程を生み出すことに繋がる。

　二点目は，ADEA の高齢者に対する生活保障という役割である。「age-quake」あるいは「silver tsunami」といった言葉が示すように，急速な高齢化に対応できるか不安視されており，高齢者の生活保障は喫緊の課題として浮上している。ADEA により，高齢者が金銭的対価を得る機会が増すことは確かである。

Ⅲ　エイジズムと法──偏見や差別としての側面

1　エイジズムの展開

　年齢差別禁止法は，あくまで「差別」禁止法であり，同法についての議論を行う際には，年齢の特質やエイジズムに関する研究の発展にも十分に留意すべきであろう[7]。エイジズムという明確な概念が登場したのは，ADEA 制定の 2 年後であり，アメリカ国立加齢研究所の所長であった Butler が提唱した。労働の場面におけるエイジズムについての言及もなされており，エイジズムとは「ある年齢グループから，他の年齢グループへ向けられた，偏見」であり，個人の職業能力とは無関係な認識がなされることだと述べている[8]。以降，年齢差

7）エイジズムと社会法政策を考察したものとして，関ふ佐子「高年齢者雇用法制」清家篤編『高齢者の働き方』（ミネルヴァ書房，2009年）214頁。年齢という要素の特質（例えば，「不可逆性」，「相対性」など）については，柳澤・前掲注1）書2頁，櫻庭・前掲注1）書308頁のほか，山川和義「年齢差別禁止の特徴と規制の方向性」日本労働法学会誌117号（2011年）49頁など。

8）Rubert N. Butler, *Age-ism: another form of bigotry*, 9 The Gerontologist 243 (1969).

図1　エイジズム類型と年齢差別禁止法

	否定的		肯定的	
偏見	ステレオタイプ	態度	ステレオタイプ	態度
区別	個人への差別的取扱い	差別的な制度	個人への差別的取扱い	差別的な制度
	ADEAモデル（実線，太・細）		若年者差別規制モデル（破線）	

＊Palmore, AGEISM p19の図を改変したもの

別は，人種差別や性差別に続く，第3の差別として捉えられるようになる。

その後，エイジズムについては，複数の研究者によって種々な定義がなされるとともに，一般の辞書にも掲載される用語となった。近年における学術的な展開として注目すべきは，Palmore による定義である。それは，「エイジズムとは，特定の年齢層に対する，否定的あるいは肯定的な偏見・差別である」と，その両面性と構造を明確に指摘した点である[9]。否定的・肯定的とは，高齢者への不利益や優遇措置という意味合いで使われている。否定的な区別としては，定年退職，自動車運転免許の高齢者講習などがあり，肯定的な区別としては，税制上の優遇，高齢者医療保険（メディケア）などが挙げられる。これは，当然のように認められてきた高齢者を優遇する法政策の再検討を意味している。

この構造をマトリックスにしたものが，図1である。肯定的・否定的という両面性を持つ年齢への「偏見」は，ステレオタイプ的なものと当該年齢グループに対する態度に分けられ，また両面性を持つ年齢「区別（差別）」は，個人への差別的取扱いと差別的な制度に分けられる。この構造は，高齢者雇用政策あるいは年齢差別禁止法を考える上での手がかりも与えてくれる。ADEA を当てはめてみると，個人への差別的取扱いを禁止し，差別的な制度も禁止するという特質は，太い実線で示される。また，高年齢者へのステレオタイプについては「説得・教育の手法を用いることが重要である」と述べた Wirtz レ

---

9) ERDMAN B. PALMORE, AGEISM: NEGATIVE AND POSITIVE 19 (1999).

シンポジウムⅠ（報告③）

ポートの見解は，細い実線で囲んだ問題として捉えることができる。別の立法モデルとして，若年者への差別を禁止するタイプの立法もあり，その場合は，雇用において高齢者を優遇するような取扱いや，若年者に対する差別的な制度についても禁止の対象となる（破線部分）。年齢差別禁止法に様々なモデルが成り立ちうるという知見は，エイジズム研究による概念整理とも整合的である。

2 法システムに組み込まれたエイジズム

これらエイジズム研究の延長線上にありつつ，現在注目のネオ・ジェロントロジー（新老年学）の先駆けともいえる研究が，年齢差別研究の第一人者であり法律学者でもある Eglit の手による『裁判における高齢者』である。同研究では，高年齢者の人口増とともに，高年齢者による訴訟の数も増えるが，その内実は異なった様相となると述べている。高年齢者は，30年前と比べて，知識があり，財産があり，地域社会との関わりも深くなっている。また，自分自身の法的権利を確立することにも慣れており，高年齢者が司法救済を求める場面は増えるだろうとみている。

そして，高齢者のニーズが現れやすい民事法の4分野として，①差別訴訟，とりわけ職場における年齢差別，②成年後見をめぐるトラブルあるいは高齢者に対するネグレクトを含む虐待，③資産の管理や医療保険の支払いをめぐる紛争，④老人ホームでの不適切なケアに対する不法行為，を挙げている。このうち，雇用における年齢差別の問題は，60年代や70年代と比べ，依然として問題になっていることを指摘する。

ところが，これらの紛争が法廷に持ち込まれた際に，あるいは持ち込まれようとした際に，法に関わる人々や法システムにエイジズムが内在することで，

---

10) 同レポートについて，櫻庭・前掲注1）書84頁。
11) 柳澤・前掲注1）書168頁。
12) Howard C. Eglit, Elders on Trial: Age and Ageism in the American Legal System (2004).
13) EEOCへの年齢差別の申立件数は（当時）2万件を超えており，全ての差別事件の申立数の合計が9万件のうち2割前後となる。2013年度でも22％を占める。ただし，理由は重複カウントで，例えば性差別と年齢差別を訴えた訴訟は，各々に加えられる。

不平等な裁判が行われる危険性を指摘している。例えば，刑事事件の目撃者として高齢者が出てきた際に，若年者よりも信頼できないのではないか，との偏見が出てくることがある。これは，陪審裁判において顕著で，当該裁判の陪審員が，年齢をどのように見ているか，年齢に対する偏見が存在しないか，といったことが訴訟の結論に大きな影響を与える。

また，裁判官の重要性は改めて述べるまでもないが，まず州の裁判所では，裁判官に定年年齢があり，自身は定年によって強制退職させられてしまう状況にある。かかる裁判官が，様々な年齢差別訴訟の判決を書くことになるのである。さらに，労働事件であれ，刑事事件であれ，エイジズムの考えに染まった裁判官が予断を抱いてしまうことは，訴訟の結論を左右する危険性がある。たとえ「高齢の犯罪者は，再犯率が少ない」といった，高齢者に対する肯定的なエイジズムであっても許されるべきではなく，年齢という要素を，裁判における代理変数として用いることが誤りだという主張である。

3　代理変数としての年齢——統計的差別モデル（statistical discrimination）

現代の雇用社会において，高齢労働者が受ける否定的な偏見の例として，生産性がない，競争性がない，創造性がない，野心がない，仕事に熱心ではない，といったものが挙げられる。もっとも，このような労働者は，どの年齢層にも存在するし，仮にそのような傾向があったとしても，それは，長期間同じ職場で働くことによって生じた弊害なのかもしれないし，個々の労働者には全く該当しない可能性がある。

にもかかわらず，差別が生じてしまうメカニズムの説明として，統計的差別モデルが用いられることがある。[14]これは，個々の労働者の質・能力について，企業は限られた情報しか持たないため，年齢などの要素が生産性を示す代理変数となり，年齢を用いた選別を行うことが合理的な行動となるという説明である。つまり，その選択を行う真の原因がどこにあるにしても，企業にとっては単一の指標（年齢）を用いて選別を行うことが，統計的には合理的ということ

---

14) 同モデルについては，飯田高「経済学からのアプローチ」（森戸英幸・水町勇一郎編『差別禁止法の新展開』所蔵）（日本評論社，2008年）74頁を参照。

になる。同理論は，日本の雇用対策法10条の効果を分析する際にも言及されており，これを克服するための政策も含め，Ⅴで述べることにする。

Ⅳ 日本の雇用社会における年齢規範

1 雇用政策と年齢

ここでは，日本における高年齢者雇用政策の推移について，年齢規範との関係に限定して概観する[15]。その嚆矢は，1966年に国・地方公共団体・特殊法人を対象としてスタートした職種別雇用率制度であり，35歳以上を対象とし，各職種について雇用率を超えるようにとの努力義務を定めた。その趣旨は，中高年齢者がその能力に適する職業に就くことを促進することにあったのだが，エイジズム的な観点からは問題となりうる制度であった。その後，1971年に民間企業・45歳以上の年齢層を対象とし，1976年には対象を55歳以上・企業全体で6％以上との努力義務となり，1986年には廃止される。1980年代前半には，野党から年齢差別禁止法案が複数出されたが，いずれも本格的な検討がなされずに廃案となり，定年延長を軸とした政策へと進んだ。

年齢に対する雇用政策が本格的に動き始めるのは，1990年代の終わり頃からである。その象徴が，経済企画庁の「雇用における年齢差別禁止に関する研究会」であり，ここで登場した年齢差別禁止アプローチが，一部具体化されたのが2001年の雇用対策法旧7条といえる。同条は努力義務であり，指針によって10類型もの例外が許容されており，実効性という観点からは骨抜きであった。その後，2004年の高年法改正により，高年齢者雇用確保措置が求められるとともに，年齢制限の理由説明義務（18条の2第1項）が課された。

そして，2007年の雇用対策法10条によって，募集・採用時における年齢制限の禁止が義務規定化され，例外として許容される場合も6類型に限定された。

---

15) 継続雇用制度や定年については，原論文にて検討される。中高年雇用政策の推移を論じるものとして，濱口桂一郎『日本の雇用と中高年』（筑摩書房，2014年）114頁。日本における年齢差別禁止政策の是非について，森戸英幸『いつでもクビ切り社会』（文藝春秋，2009年）。

ただ，同条制定の直接的な契機は，年長フリーター問題への対応であり，強力な政治的後押しによって，従来は中高年を念頭に置いていた努力義務を義務化するという，法政策としてアンビバレントな構造を孕んでいた。それでも，法政策として，募集・採用段階の差別規制を図ったという方向性は，妥当であった。まずは入口での年齢差別が規制されるべきことが，比較法的な観点からも（櫻庭論文参照），理論的にも[16]，支持しうるからである。

2　判例法理における年齢規範

整理解雇基準として年齢を用いることは，それが「より高い」年齢であれ，「より若い」年齢であれ，概ね認められてきた[17]。ただし，ヴァリグ日本支社事件（東京地判平13・12・19労判817号5頁）では，年齢を理由とする基準自体を是認しつつも「幹部職員で53歳以上の者」という人選基準について，「高齢になるほど業績の低下する業務であることを認めるに足り」ないとも述べており，職務遂行能力と年齢との関連では，年齢基準に疑問を呈している。

次に，年齢を理由とする賃金減額について，日本貨物鉄道事件（名古屋地判平11・12・27労判780号45頁）は，一定の年齢に達した者に対して賃金を減額する就業規則について，「たとえ年齢を理由としても，差別すべき合理的理由なくして労働条件について差別することは許されないというべきである」として，労働基準法3条違反となりうると判断した。日本鋼管事件（横浜地判平12・7・17労判792号74頁）は，55歳以上の労働者に対する賃金減額を行う労働協約について，「雇用関係において，年齢による取扱いの差が合理性を欠くならば」憲法14条1項の定める平等原則に違反しうると判示している。いずれも結論とし

---

16) ここでいう理論的とは，統計的差別モデルを克服するためには，募集・採用段階での法規制が重要であるという趣旨である。

17) 高田製鋼所事件（大阪高判昭57・9・30労判398号38頁）は，「入社歴の浅い年齢の若い」という基準について，先任権制度に類似するもので，恣意が入る余地が少ないとして，不合理とはいえないと判示している。エヴェレット汽船事件（東京地決昭63・8・4労判522号11頁）では，「45歳以上あるいは余剰人員となる者」という基準について，三井石炭鉱業事件（福岡地判平4・11・25労判621号33頁）では，「満52歳以上」という基準について，合理性ありと判断されている。近年でも，明治書院（解雇）事件（東京地判平12・1・12労判779号27頁）は，年齢基準を是認している。

シンポジウム I（報告③）

ては違法性を否定したが，整理解雇基準の場合とは異なり，「年齢差別」を意識した判断が散見されることには留意すべきであろう。

以上の類型以外にも，例えば，有期雇用における年齢を理由とする雇止め，出向者を選ぶ基準として年齢を用いる場合，高年齢者の雇用については特別な健康配慮義務があるのかなど，年齢の取扱いが問題となるケースは存在し，これらにも目を配った立法政策が求められる。

V おわりに——高年齢者雇用政策の方向性

以上をふまえ，私見では，長期的な視点からは，年齢差別禁止アプローチの可能性はあると考えている[18]。以下，二つの観点から述べたい。

1 政策的な観点から——引退における自己決定

生産年齢人口の減少が急激に進むなか，あらゆる年齢層の就労を促進することが求められ，そのことを否定する論者は少ないであろう。留意すべきは，労働者の自由意思による引退を妨げる施策とならないようにとの点である。あくまで就労への意欲を持つ労働者が，主体的な意思によって，年齢に関わりなく働くことを実現すべきであり，かかる自己決定を実現するために差別禁止法のアプローチが有効であると思われる。労働からの引退過程や年金との接続において，労働者自身が引退を決定できるような「手続的規制」は，既にみたように，年齢差別の禁止という法政策と，親和的なのである。

もっとも，高木論文も指摘するように，労働者の自己抑制も起こりうる。人事労務管理や社会保障制度の見直しも併せて検討することになろう[19]。

---

18) もっとも困難な課題として，年功的な人事管理制度との関係が挙げられる。例えば，年功的な賃金カーブや，定年制度と雇用保障を前提とした後払い賃金制度は，年齢差別禁止アプローチと衝突するものであり，かかる制度設計の修正が求められる場合も出てくる。また，「年齢＝賃金」というシステム，いわゆる「年齢給」であれば，年齢差別禁止の概念とは全く相いれないことから，こちらは例外としても維持することは難しい。この点については，年齢ではない要素を用いた生活給的な賃金に変更するなど，年齢基準に依拠した人事制度を徐々に改めていくほかない。

2 差別禁止の観点から―統計的差別モデルの克服

統計的差別モデルを克服するためには，前述したように，募集・採用段階での法規制が重要である。中高年齢の求職者に対しては，人事担当者が「この年で労働市場に出てくるのは，能力が低いからではないか」あるいは「採用しても，すぐに再転職するのではないか」といった，労働者と企業間の情報の非対称性によって，労働契約の締結が回避される蓋然性が高いという経済学者らの指摘もある。[20] こうした傾向を無くすための法政策は，雇用対策法10条のような直接的な手法もあるが，それだけには限らない。

例えば，近年では，厚生労働省が「好事例集：労働者の募集・採用における年齢不問のススメ」といったパンフレットを作成するなど，年齢制限に関わりなく働くことを実現するための啓蒙活動を行っている。その内容は，タイトルが示す通り，年齢不問の採用を行った結果，能力の高い人材を確保できたという事例を，様々な業種ごとに紹介するもので，これまでの高年齢者に対する否定的な偏見がなくなり，他の労働者や顧客への好影響があったことが示されている。これは，本稿でも言及した，情報の非対称性がもたらす「統計的差別」を克服するための手段として有効となりうる。すなわち，年齢制限を取り払うことによる成功事例（肯定的な効果）を，情報として企業間で共有することで，否定的なバイアスを減少することができる。

また，これも既に実現しているが，高年法が定める年齢制限の説明義務についても，やはり同じ文脈でとらえることができる。今行っている年齢制限について，たとえ6項目の例外規定に該当するかどうかを説明させるという消極的な形だとしても，そもそも年齢制限が必要なのかを見直す契機とはなりうる。年齢差別禁止アプローチのなかには，いわばソフト・ロー的な手法も含まれていることを指摘しておきたい。

（やなぎさわ　たけし）

---

19) シンポジウムの質疑においても，高木論文とは異なった観点からではあるが，同旨の指摘があった。社会保障法との関係については，関・前掲注7）論文232頁。
20) 佐々木勝・安井健悟「2007年改正雇用対策法の政策評価――経済学的アプローチ」日本労働研究雑誌642号（2014年）33頁。

高年齢者雇用をめぐる法政策
―― 米国・EU の年齢差別禁止法から得られる示唆 ――

櫻　庭　涼　子

(神戸大学)

I　は じ め に

　年齢差別禁止法は，先進諸国では，高年齢者雇用をめぐる法政策の中心的テーマになりつつある。米国では，1967年に，「雇用における年齢差別禁止法 (Age Discrimination in Employment Act; ADEA)」が制定され，募集・採用，労働条件，解雇等の雇用の全段階における年齢差別が禁じられた。EU 加盟国でも，2000年に，宗教・信条や障害，年齢，性的指向による差別を禁止するよう各加盟国に求める EU 指令 (2000/78指令) が採択されたため，雇用の全局面において年齢差別が禁止されている。日本でも，今後，こうした世界の潮流を受けて，年齢差別禁止法制定を求める声が高まることが予想される。年齢差別禁止法の是非は，少子高齢化のさらなる進行により，高年齢者雇用促進の手段としても検討課題の一つになろう。

　諸外国の年齢差別禁止法については，政策的な側面をめぐる分析[1]など，すでに相当の研究の蓄積があるが[2]，本稿は，年齢差別はなぜ「差別」として扱われたのか，差別はどうやって認定されるのかといった年齢差別禁止法の中核的部分を明らかにし，将来的に年齢差別禁止法の導入の是非・あり方を議論する際の検討の素材を提供する。年齢差別禁止の中核的部分の分析は，年齢差別禁止

---

[1]　櫻庭涼子『年齢差別禁止の法理』(信山社，2008年)，山川和義「年齢差別禁止の特徴と規制の方向性」日本労働法学会誌117号 (2011年) 49頁等。

[2]　近年の研究として，前掲注1) の文献および森戸英幸「雇用政策としての『年齢差別禁止』」清家篤編『生涯現役社会の雇用政策』(日本評論社，2001年) 85頁，柳澤武『雇用における年齢差別の法理』(成文堂，2006年) 等がある。

の周辺的部分，すなわち，どのような取扱いであれば年齢差別禁止の適用対象外ないし例外とされるのか，その趣旨を明瞭にすることにも資するであろう。最も早くに年齢差別禁止法を導入した米国の立法資料・判例法理に基づきながら，EU法も対象に加えることで，より多面的な分析を行うことを試みる。

II 米国法 (ADEA)

1 立法趣旨

(1) 恣意的な年齢差別

最初に，米国はなぜ年齢差別を「差別」としたのかをみてみよう。この点については，時の労働長官Wirtzのレポートが詳細に論じている[3]。それによれば，当時問題として意識されていたのは，中高年齢者の再就職の難しさであり，企業が募集・採用において課す年齢制限がその原因と考えられていた。そこで，企業がこうした年齢制限を設ける理由を労働省が調査したところ，最も多く挙げられた理由は，身体的能力が加齢によって低下するという理由であった。レポートによれば，このような理由による年齢制限の設定は，恣意的（arbitrary）であると把握された。というのも，募集・採用時の年齢制限が身体的機能を反映したものであるならば，労働者の身体的機能に関する検討が行われているべきところ，実際にはそのような検討はなされずに年齢制限が課されていた。そのうえ，同じように身体的能力を要する職務であったとしても，募集・採用の上限年齢は様々であり，企業の多くは職務内容にかかわらず一律の年齢制限を設けていた。労働市場がタイトな状況にある場合には，年齢制限の例外として，中高年齢者が雇われたりもしていた。そして，現実に雇用されている60歳程度までの労働者の調査をみても，職務遂行能力が低下するという結果は示されていなかった。レポートによると，そもそも身体的機能には個人差があり，職務遂行能力の個人差は加齢とともに広がっていくが，ある能力が低下したとしてもそれを補うような能力が加齢によって向上することもある。レポートは，人

---

[3] W. WILLARD WIRTZ, THE OLDER AMERICAN WORKER: AGE DISCRIMINATION IN EMPLOYMENT 5-9 (1965).

種差別等においてみられるような、職務遂行能力と関係のない感情に由来する差別は年齢については生じていないということも強調している。

(2) 恣意的でない年齢差別

他方で、レポートによれば、恣意的とは必ずしもいえない取扱いもあった[4]。その一つは、雇用されている中高年齢者の利益に資する労務管理のあり方が、中高年齢者の採用を阻んでいるということである。すなわち、先に言及した労働省の調査では、年齢制限を設ける理由として、内部昇進制度や年金に係るコストを挙げる企業があった。このような制度は、在職中の中高年齢者には有利に働くものであり、先任権 (seniority) に基づいて運用されるのであれば特にそうである。しかし他方で、中高年齢者の新規採用を妨げることにもなる。内部昇進制度のもとでは、企業外からの採用は低技能の職に限定される。こうした職務は、賃金額も低く、また企業内の年齢バランスを保つ必要があるので、高齢者ではなく若年者に適切なものだと企業は考えがちである。また、企業年金の加入年齢について上限が設けられていると、その年齢を上回る労働者には企業年金を提供できないことになり、こうした労働者を雇うことを企業は回避しようとする。

さらに、中高年齢者は健康問題を抱えがちである。また、中高年齢者が新しいタイプの職に就こうとすると、これまで受けてきた教育やその有する技能が職務に適合しないことがあり、また、中高年齢者の居住地は、こうした新規の就職口が見つかる土地から離れていることも多く、結果的に中高年齢者は就職において不利になる。

以上の二つの類型の取扱いへの対処として、レポートは、人事管理制度の改善や高年齢者のための特別の訓練やカウンセリング、再教育等を勧告した。

2 法の目的に由来する限定性

このような議論を経て制定された ADEA によって、年齢差別は包括的に違法とされた。「恣意的な年齢差別を禁止すること」は、立法目的の一つとされている（2条(b)）。

---

4) Ibid. at 11-17, 22-25.

その一方で，法の適用対象は40歳以上65歳未満に限定された（12条）。適用対象年齢上限は，1978年・1986年改正を経て撤廃されているため，現在では，上級職についての例外に該当する場合か（12条(c)），あるいは，特定の職務について年齢が真正な職業資格であるといえる場合（4条(f)(1)。いわゆる BFOQ (Bona Fide Occupational Qualification)）でなければ，定年制も違法な年齢差別となる。定年の撤廃に際しては，若年者の雇用を抑制してしまうのではないかという懸念が示されたものの，そうはならないだろうと予測されていた。企業年金制度において年金受給資格年齢を定めることは適法であり（4条(1)(1)(A)），労働者の退職時期の決定は定年年齢ではなくむしろこうした私的年金や公的年金の仕組みによるところが大きいから，定年の撤廃によって高齢労働者が増加するとしても，それが労働市場全体に及ぼす影響は大きくないと予測されていたのである。[5] こうした政策的考慮は，「中高年齢者の雇用促進」を目的とした立法（2条(b)）という ADEA の特質に由来するものと解される。
　40歳という適用対象年齢の下限も，中高年齢層の雇用促進という法の目的に応じて設けられたものであり，[6] 現在もなお維持されている。40歳以上の労働者に対して若年であることを理由に不利益に扱うこと——50歳未満の労働者を50歳以上の労働者よりも不利に扱うことなど——も，同法の対象外であると解されている。[7] 連邦最高裁は，このように解する理由として，前記立法過程の議論のほか，後述する最高裁判決において，生産性と能力が加齢により減退するという考えによって中高年齢者を不利に取り扱うこと，それが年齢差別の核心であるとされていることを引用している。つまり，年齢が低いことを理由とする取扱いを違法とすることは，年齢差別禁止の中核的部分ではないと考えられ，それゆえ規制対象から外されたのである。
　このように適用対象者を限定してよいと考えられたのは，年齢差別は，感情によって生じている人種差別とは異なる性格のものだと把握されていたからで[8]

---

5) U. S. DEPARTMENT OF LABOR, FINAL REPORT TO CONGRESS ON AGE DISCRIMINATION IN EMPLOYMENT ACT STUDIES 28-29 (1982).
6) BNA, LABOR RELATIONS YEARBOOK 387-389 (1968).
7) General Dynamics Land Systems. Inc. v. Cline, 540 U. S. 581 (2004).

もあろう。ADEA が，先行する雇用差別立法（1964年公民権法第 7 編（Title VII of the Civil Rights Act））に挿入されることなく，独自の立法として制定されたことにも，このことは表れている。

3 差別の立証——年齢と区別される事由による取扱いの許容

(1) 加齢による能力低下という偏見は許されない

すでに述べたように，年齢差別が禁止された理由は，加齢とともに能力が低下するとはいえないということであった。この年齢差別禁止の中核部分が表れているのが，前記の真正な職業上の資格（4 条(f)(1)）の例外をめぐる厳格な解釈である。連邦最高裁は，航空機関士の60歳定年制の違法性が争われた事件において，業務の本質のために合理的に必要であり，その年齢以上のすべての，またはほとんどすべての者が安全かつ効率的に職務を遂行しえないこと，もしくは，個別評価が不可能であるか，または，実際的でないことを使用者が証明しなければならないとし，単に好都合であるという理由での正当化は許されないとしているのである。

(2) 年齢と異なる要素による不利益取扱いは許される——差別的取扱いの法理

これに対し，不利益取扱いが年齢以外の理由によって行われていると，違法な差別を立証することは困難になっている。Hazen Paper Co. v Biggins 事件連邦最高裁判決は，62歳の労働者が，企業年金権が確定する直前に解雇された事案である。企業年金の権利は10年の勤続で確定するものとされており，高齢労働者ほど勤続年数は長くなる傾向にあるから，陪審員は企業年金権の確定を妨げるための解雇だったことに主に依拠して年齢による差別的取扱いが行われたことを認定し，控訴裁判所はこの判断を維持した。しかし連邦最高裁はこの判断を覆し，当該事件を差し戻した。法廷意見によれば，ADEA が禁止しよ

---

8) 櫻庭・前掲注 1) 書91—92頁。ADEA は，救済面においても，懲罰的損害賠償の救済やクラス・アクションの手続きの利用が認められないという限界を抱えている。同書・149頁，156—157頁。

9) Western Air Lines, Inc. v. Criswell, 472 U.S. 400 (1985).

10) 507 U.S. 604 (1993). 同判決など以下に記す ADEA をめぐる判例法理については，中窪裕也『アメリカ労働法〔第 2 版〕』（弘文堂，2010年）250頁以下。

うとした中核的部分は，加齢に伴って生産性や能力は減退するとの考えに基づくステレオタイプによる差別である。これに対し，年齢以外の要素に全面的に依拠した決定については，ステレオタイプによる差別の問題は生じない。当該動機が勤続年数のように年齢と関連する，たとえば年金受給資格のようなものであったとしても，勤続年数と年齢は区別されるから，「高齢労働者はおそらく～だろう」というステレオタイプに基づく取扱いではなく，年金規制に違反することはあり得ても ADEA 違反ではない，とされたのである。年齢と関連するような事情と年齢とを区別するこの判断は，ADEA の適用範囲を大きく縮減することになる。

　そしてさらに2008年には，年齢ではなく「年金支給開始年齢」を理由とした取扱いについて違法な年齢差別に該当しないという判断が下された。この事件の事案は，労働者が障害を負ったことにより退職する場合には勤続年数を加算して年金を支給していたところ，通常の年金の受給開始年齢を超えている労働者については障害を理由に退職した場合であってもこうした勤続年数の加算を行っていなかったためにこれが年齢差別ではないかとして問題になったものである。連邦最高裁によれば，このような取扱いは，年金受給開始年齢を超えていることを理由とするものであり，年齢と年金とは区別される。そして，年金受給資格のない労働者についてのみ勤続年数を加算することで，障害を負った全ての労働者に対して十分な年金を支給することが意図されていたものであって，中高年齢者へのステレオタイプによる取扱いではないから，違法ではない，とされている[11]。

　これに加えて連邦最高裁判決は，2009年に，使用者の不利益取扱いについて年齢以外の動機もあり動機が競合している（mixed-motives）場合には，年齢が決定的な動機（「あれなくばこれなし（but-for）」といえる動機）として働いていなくてはならないとの判断を示した[12]。労働者への不利益取扱いについてそれが年齢を動機としたものであったことを示す証拠を原告が示したとしても，労働者の年齢にかかわりなくいずれにせよ同じ行為をしたであろうということを示す

---

11) Kentucky Retiremnet Systems v EEOC, 554 U.S. 135 (2008).
12) Gross v FBL Financial Services, 557 U.S. 167 (2009).

責任が使用者に移るわけではない。原告は，優越証拠によって，当該使用者の行為が年齢を決定的動機とするものであったことを示さなくてはならない。これにより，年齢以外の動機が認められる取扱いについてADEA違反を立証することはいっそう難しくなっている。

(3) 年齢と異なる要素による不利益取扱いは合理性さえ示せればよい
　　　——差別的インパクトの法理

以上で述べたような取扱いは，日本でいう間接差別禁止の法理である，差別的インパクト法理によって対応できるのではないかと思われるかもしれない。しかし連邦最高裁は，差別的インパクト法理による救済についてもADEAについては限定されるとし，使用者は，当該慣行が合理的であることを示すことができればよいと解している[13]。このように判断した理由の一つとして，連邦最高裁は，若年者よりも高年齢者に対してより大きな影響を及ぼすような事情が一定程度存在するという上記Wirtzレポートの議論を引用し，高齢者という集団に対して不均等なインパクトを与えるものであっても，雇用に関して一般に利用されているような基準が合理的であり得るということは，想定の範囲内である，としている。

Ⅲ　EU法

EU加盟国における年齢差別禁止法は，制定されてからまだ間もないが，米国と同様に，年齢により能力が低下するとの理由による正当化は認められにくくなっているように思われる。EU指令には，年齢が，真正かつ決定的な職業上の資格であるといえる場合には例外として認められる旨の規定がある（4条(1)）。ルフトハンザ航空の操縦士の60歳定年制が指令に違反しないかどうかが争われた事件において，EU裁判所は，この規定は，差別禁止原則からの逸脱であり厳格に解釈すべきであるとし，当該措置を採ることが目的との関係で均衡のとれたものでなくてはならないとする。そのうえで，国際的な規制等によ

---

[13] Smith v. City of Jackson, 544 U.S. 228 (2005); Meacham v. Knolls Atomic Power Laboratory, 554 U.S. 84 (2008).

る操縦士の就労可能年齢は65歳とされていること等にかんがみ、当該定年制は均衡の要件を充たしていないとしている[14]。

これに対し、加齢による能力低下という理由によらない場合、とりわけ若年者雇用への影響を理由とする場合に定年制を設けることはなお許容されている[15]。その法的根拠は、年齢差別に関する特別の例外規定、すなわち、①正当な目的によって、客観的かつ合理的に正当化され、②目的を達成する手段として適切かつ必要である場合においては、国内法に例外規定を設けることにより、年齢差別に該当しないものとすることができるという6条1項の規定である。①「正当な目的」には、雇用政策・労働市場目的が含まれることが明記されているので、若年者の雇用確保という理由によって定年制を正当化することも可能である。②の要件に関し、定年制の維持によって実際に若年者の雇用を確保する効果があるのかということも問題になり得るが、少なくとも労働協約によって65歳定年制が設定されていた事案では、この点について厳格な審査はなされず、指令には違反しないと判断されている[16]。

Ⅳ 年齢差別禁止の中核と周辺——結びに代えて

以上で概観した米国法とEU法の分析からは、年齢差別禁止の中核的部分は、加齢によって能力は低下するという偏見に基づいた中高年齢者への不利な取扱いであり、これに対して、このような偏見に基づかない取扱いは、周辺的部分を構成するものとして、規制の適用から外されるか、あるいは例外として認められやすいという示唆が得られるように思われる。

定年制については、加齢による能力の減退を理由に正当化することは米国でもEUでも容易ではない。しかしその一方で、EUではなお、若年者雇用の確

---

14) Case C-447/09 Reinhard Prigge and Others v Deutsche Lufthansa AG [2011] ECR I-8003.
15) 櫻庭涼子「年齢差別禁止と定年制」日本労働研究雑誌643号（2014年）31頁。
16) Case C-45/09, Gisela Rosenbladt v Oellerking Gebäudereinigungsges. mbH [2010] ECR I-9391.

シンポジウムⅠ（報告④）

保などの理由に基づいて定年制を設けることは許されている。米国では，年金受給資格年齢を設けることは適法であるとされており，そもそも，年齢が低いことを理由とする取扱いは，ADEAに違反しないと解されている。法の保護対象も40歳以上に限定されている。また，中高年齢者に不利益な影響を与えるけれども直接的には年齢を理由としていない取扱い，あるいは年齢を直接的な理由として中高年齢者に不利な取扱いが行われた場合であっても年金が支給されていることを考慮したうえでの取扱いであった事案では，そもそも年齢差別ではないとして，あるいは差別的インパクトは及ぼすものの合理的であればよいと解されることによって，許容されている。

このように年齢差別禁止を中核的部分と周辺的部分とに分けて考えると，日本において年齢差別禁止法を仮に導入するとしても，周辺的部分に相当する従来からの諸慣行については，年齢差別禁止法を導入する必要性から直ちにこれらを違法とすべきという結論を導くことには慎重であるべきだといえよう。すなわち，定年制は，その廃止が若年者や高年齢者の雇用に及ぼす影響にかんがみ，規制の対象外とすることが考えられる。新卒一括採用については，年齢に直接に依拠しない取扱いとして，あるいは労働市場政策的考慮によって許容するということもあり得る。年齢給についても，中高年齢者への偏見による取扱いではなく，年齢差別禁止の射程外とすることは，米国（連邦法）がそうであるように[17]，およそあり得ないとはいえない。高齢層の賃金減額についても，年齢給や勤続給制度をとるがゆえに減額の必要性が生じたものであるならば，年齢を動機とするステレオタイプに基づいた取扱いとは異なるといい得るし，間接差別の適用対象になるとしても合理性がある限り正当化され得る。これらの従来からの慣行を年齢差別規制に服せしめるべきかどうか，規制すべきだとしてもどの程度の厳格な審査を及ぼすべきかについては，規制が及ぼす副次的効果も考慮に入れた上で個別に決していくべきであるといえよう。

（さくらば　りょうこ）

---

[17] EU指令は，若年であることを理由とする差別も禁止の対象に含めている。櫻庭・前掲注1）書221頁。

高年齢者雇用をめぐる人事上の課題と方向性

高 木 朋 代

(敬愛大学)

I はじめに

　高年齢者雇用問題に関しては，これまで多くの議論がなされてきた。例えば，労働力人口減少への対処として，高年齢者雇用が社会的に必要だとする議論や，団塊世代の大量退職によって，職場から知識や技能が失われるとする2007年・2012年問題がその代表である。また雇用継続後の賃金や就業意欲の低下も，課題として取り上げられることが多い。

　しかしながら，人事管理の視点からみれば，高年齢者雇用の真の問題は別のところにある。多くの企業は定年までの雇用維持で精一杯であり，60歳以上の一律雇用延長は困難と感じている。このような実情こそが，高年齢者雇用の今日的な重要課題といえるだろう。そのため，希望者全員雇用を義務付ける2012年改正高年齢者雇用安定法の下でも，就業希望者が急増し雇用が直ちに進展することはない。なぜならば，企業の現況を鑑み，継続就業の機会が全員に拓かれてはいないことを察知し，自ら就業を踏みとどまる「暗黙の選抜」が高年齢従業員たちの間で発動されるからである。

　高年齢者雇用の促進は社会的要請であり，より多くの人々が60歳を超えて雇用されていくことが望ましい。しかし暗黙の選抜は，経営側によって強いられた高年齢従業員排除の制度というわけではない。当事者による自発的な意思決定によって生成されたのであり，就業機会の分配原理が従業員たちの公正理念に基づいている限りにおいて，選抜に伴う摩擦を回避するこの仕組みは，必ずしも否定されるべきものではないだろう。

　このような微妙な人間心理を織り込み駆動している日本企業の人事管理シス

テムと，日本の高年齢者雇用安定法もまた，否定されるべきものではないと思われる。少なくとも，他の先進諸国に比して日本の高年齢者雇用は進んでいる。このことからも，国際社会の潮流として差別禁止法は無視できないが，従前の日本固有の雇用政策や企業の人事管理を活かした制度枠組みを簡単に放棄すべきではない。だが他方で注意しなければならないこともある。近年政府が掲げている，「70歳までを生産年齢人口」と捉え直しさらなる雇用推進を目指す提言は，企業の現状に照らし合わせれば，逆に，60歳前の雇用を不安定化させる可能性がある。このことをきちんと検証すべきであろう。

労働法は企業の人事管理に直ちに影響を及ぼし，人事管理の変化は労働者の生活に直接的な影響を及ぼす。したがって，労働法の改正に際しては，現実社会にもたらす影響の深度と広がりを敏感に予見できる卓越した平衡感覚と，人間行動への理解が求められている。

以下ではこの論旨の詳細を誌面の許す範囲で述べていきたい。

II 高年齢者雇用に関する一般論と真の問題

1 労働力人口の減少と2007年・2012年問題の真偽

一般論としての高年齢者雇用問題は，労働力人口の減少と技能継承問題に集約される場合が多い。人手不足を解消するために，高年齢者，女性，外国人の労働参加が求められているという。確かに，産業や業種によっては人材の獲得合戦がすでに始まっているが，企業が獲得しようとしているのは高年齢層ではない。「高年齢者・障害者の雇用と人事管理に関する調査」(2014)では，若年齢従業員の不足を訴える企業は49.4％に達するものの，高年齢従業員の不足については僅かに6.3％であり，逆に29.3％が過剰と考えていることが示された。また高年齢者の中途採用に関しては，募集はしたものの採用を取りやめる企業も多く，68.8％の企業が，希望する職務能力を満たしていないことを理由に挙げていることが示された[1]。つまり，高年齢従業員も多い大企業では人数過多が問題視され，中途採用を検討する中規模以下の企業では能力のミスマッチが問題視されており，いずれにせよ雇用環境は厳しいといわねばならない。

一方で，団塊世代の大量退職で，職場から知識・技能が失われないよう技能継承が必要とする議論があり，これは2007年問題，2012年問題として一時期大きく取り上げられた[2]。しかしながら，知識・技能を持った人々が辞めていき，企業活動に悪影響が及ぶという状況は，引退をひきとめようとしても断られ，結果として技能が抜け落ちてしまう場合を想定すべきである。しかし日本の産業界ではそのような事態は起きない。なぜならば企業は，必要人材に関しては制度はどうであれ，戦略人事としてこれまでにも組織内に留めさせてきたからである。したがって結果的に2007年・2012年問題は起きなかった。

2　雇用継続後の就業条件の低下は本当に不条理か

　たとえ60歳以降の雇用が実現されても，賃金の低下など就業条件が問題視されることが多い。ここで前出2014年調査から，60歳以降の平均的な働き方を概観してみよう。

　まず60歳定年以降は，多くの人がフルタイム勤務でこれまでと同じ職場で働くことを望み，4人中3人がそうなっている。また約65％がこれまでと同じ仕事か少しだけ異なる仕事に就き，全く異なる仕事に従事することは稀で，これも本人の要望と一致している。次に，仕事に関する責任や役割は，大方は60歳を境に軽減あるいは退職が近づくにつれて軽減され，60歳前と同じ役割や責任を負わせられる場合は20％にも満たず，嘱託・契約社員への転換は7割近くに達している。結果として，収入は60歳前の7割前後となっている。

　雇用継続の主流は再雇用であり，再雇用とは，定年で一旦退職手続きをとり，新たな契約を結ぶことを意味する。勤務延長や定年延長ではなく再雇用である限り，企業の人事管理の見方では，働き方が変わり賃金が下がることを，契約

---

1)　この調査は「最先端・次世代研究開発支援プログラム」（研究代表：高木朋代）の一環として行われた。ちなみに若年齢従業員の過剰を訴える企業は僅かに3.1％であった。なおここでいう高年齢従業員とは55歳以上をいい，若年齢従業員とは35歳未満をいう。

2)　大戦直後の1947年から1949年に生まれたいわゆる団塊世代が，2007年から60歳定年を迎えて大量退職していくことを受け，この用語が生み出された。さらに2007年が過ぎると，高年齢者雇用安定法の施行により，団塊世代が65歳になって引退し始める時期に産業界に危機が訪れるとして，2012年問題という新しい用語が生み出された。

の途中で条件が変更されたとは見做さない。逆にいえば，そうであるが故に，多くの企業が再雇用制度を採用しているともいえるだろう。

3 人事管理からみた真の問題

雇用確保措置を義務付ける2004年改正法9条1項が施行されたのは2006年であった。直近のデータである2013年厚生労働省「高年齢者の雇用状況」調査によると，定年制を廃止している企業は，301人以上企業で0.4％，定年の引き上げは6.8％で，残りの92.8％が依然として定年を据え置いて継続雇用制度を採用していることが示されている[3]。つまり大半の企業にとっては，前回の法改正から10年近く経っているものの，未だ全員の雇用延長が困難であることが窺える。

また労働力率をみれば，周知のように日本の高年齢者雇用は他国に比して進んでいる。しかし総務省「労働力調査」（2010）を詳細に見るならば，60～64歳男性における常勤雇用労働者は，短時間勤務者を含めても僅かに45.9％でしかなく，55～59歳が69.9％であることと比較すれば，60歳前後で24％も下がっている。つまり就業意欲を持つ全ての人が，就業を実現できているわけではない。このことこそが真の問題といえるだろう。

Ⅲ 2012年改正法で雇用は増えるのか

2013年4月から改正高年齢者雇用安定法が施行され，企業は事実上，希望者全員を雇用することが義務付けられることになった。もし希望者の雇用継続を企業側が拒否する事態が起きれば，法的にも人事管理的にも大きな問題となりかねない。この時，人事管理の視点は，拒否に伴って生じうる労使間のコンフリクトを事前に最小化，もしくは回避するための手立てに向けられることになる。

3） この数値は，30人程度の小規模企業を含めても，それぞれ2.8％，16.0％，81.2％となっている。

1 たとえ法が改正されても,雇用が急増することはない

　前回の改正法施行後の2007年に行われた,労働政策研究・研修機構「60歳以降の継続雇用と職業生活に関する調査」によると,60歳以降の就業を希望している人は88.5％であるものの,実際に就業希望を企業側に表明した人は22.2％であり,調査時点で69.7％もの人が思案中であるという結果が示された。このことは,人々はたとえ働き続けたくとも,すぐに就業希望を企業側に表明するわけではないということ,法という枠組みだけでなく,企業の人事施策に揺れ動く人間行動を理解する必要があることを暗示している。

(1) 就業を諦める「自己選別」[4]

　もし深刻な経済的事情を抱える人ならば,とにかくまずは働き口にありつこうとするだろう。しかし日本の一般的な高年齢者は比較的ゆとりがあることも少なくない。[5]その場合,単に働く機会ではなく,どのような働き方ができるのか,といった「労働の質」に関心が向けられることになる。

　60歳以降の就業に関して,人々はどのように意思決定を下していくのだろうか。日本企業の人事慣行として,全社を通じて行われる異動・ジョブローテーションがあるが,この施策には,配置調整や人材育成という目的以外に,従業員たちにその企業固有の評価尺度を認識させるという重要な副次効果がある。さらに,キャリアの節目に行われるセミナーやカウンセリングなどでは,培ってきた知識や能力の棚卸しが自ずと求められることになる。こうした日々の人事管理を通じて,定年を間近に控えた従業員たちは,自分が真に企業から求められている人材なのかどうかを自己診断していく。そのため,もし企業が積極的に自分を雇用継続したいわけではないと察知した場合には,たとえ就業意欲

---

4) 「自己選別」「すりかえ合意」の議論は,高木朋代『高年齢者雇用のマネジメント――必要とされ続ける人材の育成と活用』(日本経済新聞出版社,2008年)に基づく。企業の人事担当者,雇用継続者,引退者,転職者,その職場上司,受け入れ企業の職場上司と人事担当者など,多面的なインタビュー調査による分析と,従業員人事情報ファイルをベースとするデータ解析による。

5) 高年齢層の経済生活については,年金受給年齢の引き上げや年金水準の低さ,また高齢世帯の貧困問題が度々議論されているものの,平成21年全国消費実態調査によると,30歳代世帯の平均総資産が1400万円(うち金融資産は －262万円)であるのに対して,60歳代世帯は,4925万円(1785万円)となっている。

があろうとも最終的には希望を出さないことになる。

(2) 非自発から自発的転職への「すりかえ合意」

　高年齢従業員には，他社への転職という選択肢もあるが，転職者と雇用継続者の価値観と行動を比較分析すると，転職者にはある種の特性があることが明らかになっている。社会構造と組織行動に関する先行研究は，人の行動が，社会のネットワークに埋め込まれている度合いによって異なることを指摘している[6]。この議論を出発点として分析した結果，1）転職者は組織において「弱い埋め込み」状況にあり，組織関係よりも職務に対する関心が強い，2）様々な出来事に対して敏感に反応し行動を起こす「過反応性」という特性が見られ，様々な出来事を個人的なこととして受け止め，情動的に反応する傾向があることが見出された。

　このような弱い埋め込みや過反応性という特性が，自己選別と同様に，全社的な人事異動やジョブローテーション，キャリアセミナーやカウンセリングを通じて，徐々に本人と周囲に気付かれていき，当該者を転職という意思決定に接近させていく。転職者は職務能力の面から見ても，転職を実現できる力量を持っている。本人もそのことを知覚している。そうしたことからも，当初は自発ではなかったはずの転職という意思決定は，最終的には自らの主体的意思決定として選択されていくことになる。

　これらのいわゆる「暗黙の選抜」は，高年齢従業員たちの心性に根差す組織構成員としての規範と，従前の人事管理システムによって発動されている。したがって，たとえ法が改正されても，このような人間行動は大きくは変わらない。このことは，希望者全員雇用を謳う法の下でも，就業希望者が急増し雇用が直ちに進展することはないことを示唆している。

2　雇用機会の割り当て問題と公正理念

　必要とされ続ける有用な人材であり続けたいと願い，生涯所得を極大化したいという野心は，本来的には誰もが持っており，雇用継続によって得られる機

---

[6] Granovetter, Mark, *Getting a Job*, The University of Chicago Press, 1974. 他

会，所得，自尊などの追求が誰に許されるべきなのかという課題は，社会的基本財の分配問題の一種と捉えられる[7]。

　しかし人々は原初的な野心を持つ一方で，胸中の公平な観察者によって道徳判断を下す正義の感覚と，他者に思いを馳せる同感の心を持っている[8]。たとえ働き続けたいと願っていても，就業機会が全ての人に拓かれていないことが明らかであるならば，己の野心ではなく，多くの人は自分が属する組織を運営している基本ルールに従うこととなる。つまり，正義の感覚と同感の心を備える人々は，雇用機会の分配原理を理解し受け入れる。選抜に関して皆の合意が得られている限り，そこには抜け駆けも，不満も，誰かを不幸にすることも基本的には生じえない。無論，高年齢者雇用の促進は社会的要請であるが，しかし全員にその機会を用意できない現状においては，選抜に伴う摩擦を回避する手立ては必須といえるだろう。

Ⅳ　日本は高年齢者雇用政策とどう向き合うのか

　雇用継続に伴う社会的基本財の分配問題は，多くの国々が経験する共通課題と考えられる。その中で，人と組織の関係を重んじる粘着性の高い人事管理を梃子にして，日本では，その解決は「暗黙の選抜」というかたちで比較的穏便になされてきたように思われる。これは決して悪いこととはいえないだろう。他の先進諸国と比較して自国の政策を非難し，自己反省および他国の法を見習うべきとする風潮が強いが，しかし我が国の法と政策，そして企業の人事管理は，必ずしも否定されるべきものではないと考える。

1　雇用安定法と差別禁止法の両輪を走らせるという考え

　微妙な人間心理を織り込み駆動している日本企業の人事管理システム，そして日本の高年齢者雇用安定法は，他国に比して高い労働力率を今日まで導いてきた。このことからも，国際社会の潮流として各国が採用する差別禁止法は無

---

[7] Rawls, John, *A Theory of Justice*, Cambridge: Harvard University Press, 1971.
[8] アダム・スミス（水田洋訳）『道徳感情論』（筑摩書房，1973年）。

視できないが，従前の日本固有の雇用政策や企業の人事管理を活かした制度枠組みを簡単に放棄すべきではないだろう。

差別問題に関する国際社会での主流的考えは，WHO「国際生活者機能分類（ICF）」や国連「障害者権利条約（CRPD）」以降，「合理的配慮」によって社会的包摂と社会的公正が実現されるというものであり，具体的には，ADEA やADA などの差別禁止法（米国）や EC 指令に基づく各国法規制（EU 諸国）によって，差別的扱いや差別的制度の撤廃を目指し，雇用を推進させるというものである。しかしながら，理念先行型の政策では，人々の差別意識はなくならない。「障害者・高年齢者に関する意識調査」（2013）では，高年齢者や障害者を哀れな存在と考える風潮が日本よりも英国や米国で強く，また差別をしてはいけないと思っても，実際には差別意識を持つという人が決して少なくないことが示されている[9]。このことは，おそらくは雇用差別も容易には無くなっていないことを暗示する。

しかしながら，差別という感情は人々の中に根付く固定的な思想ではないことも指摘できる。効率化や画一化を最大の価値とする工業社会が到来するまでは，高年齢者はむしろ，地域や集団の調停役であり，宗教的な役割を担い，財産権や家父長権を前提に権力を持つ，いわば畏敬の対象であった。科学的進歩と同時に，経済的剰余によって老齢年金制度をはじめとする社会保障システムが整えられるに従って，高年齢者は徐々に非生産的な社会的弱者として差別の対象となっていった[10]。また障害者に関する差別意識も一様に存在しているのではなく，当該者が属する社会圏に強く依存し，刻一刻と変化していく時代や社会環境によって揺れ動く，一時代の位相にすぎないとみられる[11]。

つまり，人々の心性に強く根付いているとされる差別意識は，実は操作可能な変数であり，政策等によって変化させることができると考えられる。だがそ

---

9) 本調査は前出「最先端・次世代研究開発支援プログラム」の一環で行われた。文芸作品に登場する高年齢者や障害者に対する意識として，日本では，高年齢者の持つ知識を評価する傾向があるが，英国・米国では「かわいそう」と考える傾向が強く，障害者に関しても，その人が持つ能力に着目するよりも，「かわいそう」と考える傾向が日本と比較して相当強いことが示されている。また日頃差別をしてはいけないと思っていても，実際には差別意識を持ってしまうという人は，英国で36.5%，米国で39.5%に達していた。

れは，差別禁止法によってではないと予見する。高年齢者雇用を着実に実現してきた日本の雇用安定法と，これを可能にした企業の人事管理システムの連携を中心に添え，差別禁止法の思想を加味する独自の高年齢者雇用政策が求められていると考える。

2　人事管理の視点からみた法の役割

　法には，企業や人の行いが正義の原理から外れることがないように見張る「監視機能」（例えば高年齢者雇用安定法）と，堅実で明るい未来を築こうとする社会の試みを見守る「下支え機能」（例えば差別禁止法）の両方があるように思われる。従来の雇用政策と差別禁止法の両輪を活かす日本の新しい高年齢者雇用政策は，この両機能のバランスを保ち，高年齢者の生活保障の観点からも，社会的包摂という観点からも，将来的に他国の手本となる可能性は大いにあるだろう。

　だが現行法は万全ではない。高年齢者雇用安定法の主眼は60歳代の雇用延長におかれるが，企業の現状を見ずして雇用圧力が強まり過ぎるならば，逆に60歳到達前に企業内では雇用調整が行われていく可能性もある。実際に，前改正法施行後3年経った2009年の労働政策研究・研修機構「高年齢者の雇用・就業の実態に関する調査」では，定年前に退職する人は38.7％に達しており，また前出2014年調査でも，過去1年間の退職者中31.4％が50歳代であることがわかっている。また増大する人件費は，全社員の賃金上昇率を抑制することで賄わ

---

10)　ここでの議論は次を参考にしている。Atchley, Robert C., "The Meaning of Retirement." *Journal of Communication*, 1974, pp. 97-100. Atchley, Robert C., *The Social Forces in Later Life: An Introduction to Gerontology*, Belmont, California: Wadsworth, 1972. Macnicol, John, *The Politics of retirement in Britain*, 1878-1948, Cambridge: Cambridge University press, 1998. Palmore, Erdman. B., "Consequence of Retirement," *Gerontology*, Vol. 39, 1984, pp. 109-116. Vincent, John A., *Inequality and Old Age*, London: UCL Press, 1995.

11)　文芸（小説，映画，ドラマ，アニメ，漫画）における，高齢・障害者差別と社会における役割の変遷分析の結果に基づく。時代の流れに則した高齢・障害者観の変遷があると考えられ，現代においては高齢・障害の境界線が曖昧になりつつあり，差別の対象から再び畏敬の対象や特殊な個性の象徴と捉えられる風潮へと変化していると考えられる。

れ，成果・業績主義が加速していく可能性もある。しかし60歳に達する前に中途退職を迫られる人がいたり，雇用継続を諦める人がいる現状においては，この問題はいずれ格差問題に発展していくだろう。

　例えば，65歳までの雇用を前提に賃金水準が押し下げられながら，結果的には60歳あるいは50歳代で退職を余儀なくされ，予定されていた賃金を受け取ることができない者も出てくる一方，評価が高く賃金水準が高い人は，有用な人材として60歳を超えて長期にわたって雇用され，生涯所得を大幅に増やすだろう。少なくとも定年までの雇用を前提とする心理的契約が労使間で取り交わせられている現在においては，中途でこの契約関係から退出するということ，また65歳までの雇用を前提に賃金水準が押し下げられながらも65歳到達前に退職に追い込まれるということは，企業側の契約不履行もしくは契約違反と見なされよう。そうしたものの見方は従業員たちの間で確実に強められ，日本の労働社会の強みであったはずの人と組織の信頼関係は，いずれ崩壊していくかもしれない。

　政府は更なる手立てとして，「70歳までを働く人（新生産年齢人口）」と捉え直し，雇用促進を呼び掛けている。しかし提言で描かれる明るい未来の蔭で，60歳前の現役世代の生活が不安定化していく可能性もある。このことをきちんと検証すべきであろう。労働法は，直ちに企業の人事管理に影響を及ぼす。そして人事管理の変化は，ほぼ全ての雇用労働者の生活に直接的な影響を及ぼす。したがって労働法の制定や改正の際には，それが現実社会にもたらす影響について，またその影響の連鎖作用について，常に敏感でなければならない。

（たかぎ　ともよ）

《シンポジウムⅡ》
日韓比較労働法研究の意義と課題

シンポジウムの趣旨と概要 　　　　　　　　　　　　　　　　　　　矢野　昌浩
韓国労働法における日本法の影響──個別労働法分野について── 　　宋　　剛直
韓国労働法における日本法の影響と発展 　　　　　　　　　　　　　趙　　翔均
　　──集団的労働関係法の分野を中心に──
韓国労働法の何に注目できるのか？──日韓交流発展の意義と課題── 脇田　　滋

《シンポジウムⅡ》

シンポジウムの趣旨と概要

矢 野 昌 浩
(龍谷大学)

Ⅰ 企画趣旨

　第2次大戦後,韓国労働法は,立法,制度,判例あるいは理論面で日本法の影響を強く受けてきた。しかし,隣国でありながら,日韓比較労働法研究は,長い間一方通行的な研究レベルに留まっていた。ところが昨今,日本側から韓国労働法に注目されるようになり,研究者や実務家の交流が活発になり,比較法研究も盛んになってきた。韓国労働法は,日本法の影響を強く受けながら,非常に高い理論レベルに,場合によっては日本法を超えたレベルに達している。立法政策では日本よりも先に進んでいるケースがある。日韓労働法研究交流は今後より高い次元で行われることが望まれているが,残念ながら日本での韓国法研究は緒に就いたばかりである。

　今回のシンポジウムは,このような問題意識から,日韓比較労働法研究の意義と課題を明らかにすることを目的として企画された。報告者たちは,2010年以降これまで7回の「日韓労働法フォーラム」を開催し,共同研究を実施している。その成果の一環として,西谷敏・和田肇・朴洪圭編『日韓比較労働法』(旬報社,2014年)が刊行された。日韓比較労働法研究を積み重ねてきたこの間の経験も踏まえて,本企画は立案・具体化された。

Ⅱ 報告者による報告等

　シンポジウムでは,最初に,脇田滋会員(龍谷大学)が,韓国労働法の歴史

的変遷の概要について簡単に情報提供を行った。つぎに，宋剛直教授（東亜大学校）と趙翔均教授（全南大学校）から，「韓国労働法における日本法の影響」をテーマとして，それぞれ報告をしていただいた。宋教授には個別労働法分野を，趙教授には集団的労働法分野を検討していただいた。最後に，お二人の報告を受けて，脇田会員が，「韓国労働法の何に注目できるのか？」というテーマで報告をあらためて行った。以上の報告等の内容については，本誌に掲載された脇田会員・宋教授・趙教授の各論稿を読んでいただければと願う。

脇田会員の報告では，韓国労働法に関する質問がいくつか提示されたが，これらについては討論の冒頭で，宋教授と趙教授から回答をいただいた。とりわけ，宋教授からは，非正規労働に関する法規制が韓国で発展した要因として，立法改革を進めた当時の「政権の色」とともに，実態の深刻さについての認識の広がりが挙げられることなどが指摘された。趙教授からは，整理解雇に関する団体交渉が正当ではないとされ，整理解雇に反対する争議行為が違法とされていることや，全国教職員組合が被解雇者数名を組合員としていることで法外労組とされてしまっていることなどについて，韓国の議論状況が紹介された。

Ⅲ　シンポジウムにおける質疑・発言

以下では，討論で参加者からどのような質問・発言がだされたのかを中心に整理しておきたい。企画趣旨にかかわっては，徐侖希会員（早稲田大学大学院）からは，どうして現在になって韓国労働法に関心が集まっているのか，従来は後進国であるから関心が向けられなかったが，現在は非正規労働規制にみられるような実験的な取組みが行われているから，注目されるようになったと理解してよいか，という疑問が提示された。

個別法の領域では，まず，非正規労働規制・雇用平等にかかわっていくつか質問がだされた。萬井隆令会員（龍谷大学）からは，韓国の派遣労働規制では1998年に「２年で派遣先直用みなし」規定が導入され，偽装請負が労働者派遣であるとして争われるようになったと理解しているが，2012年に同規定が「直接雇用義務」規定に転換したことで，労働者側の争い方はどのように変わるの

かという趣旨の発言がされた。これとの関連では，尹文熙会員（大阪市立大学院）から，日本の労働者派遣法40条の4が，現在のような規定形式になっているのはなぜかという疑問が逆に提起された。

　林弘子会員（宮崎公立大学）からは，韓国では同一価値労働同一賃金原則が短期間のうちに立法化され，韓国労働法にそれ以来関心をもってきたが，同原則に関する最近の大法院の判例の動向はどのようになっているのか，また，日本法よりもこのように先進的な立法化の取組みは，ILOやOECDへの加入の影響によるものと理解してよいかといった発言が行われた。後者の点にかかわって，斎藤周会員（群馬大学）からも，ILO等の国際基準の影響がどの程度のものなのかについて質問がされた。

　尹会員からは，最近ソウル市の非正規職が正規化されたが，日本ではこのような取組みが難しいのはなぜかという質問がされた。これに関しては，上林陽治会員（地方自治総合研究所）から，韓国の公務員法制では正規は任用であるが，非正規は契約であり，後者には2006年制定の期間制法が適用され，自治体・国に無期転換が義務づけられることになるが，公務員にしているのではなく，公務職という新しいカテゴリーをつくって対応している旨の情報提供をいただいた。

　つぎに，整理解雇規制にかかわって，塩見卓也会員（弁護士・名古屋大学）からは，整理解雇した労働者に対する使用者の3年間の優先再雇用義務について，実際にはどのように運用されているのか，使用者から労働者に通知がされるのかなどの点について質問された。

　団体法の領域では，中窪裕也会員（一橋大学）から，使用者の不当労働行為について，韓国の1953年労組法では「労働者の権利に干渉その他影響を与える行為」という広範囲にわたるものが挙げられ，アメリカ法に類似した印象を受けるが，1997年労労法では日本と同様の規定形式になっている，日本の労組法7条の4つの行為類型の関係はいかなる理念の下にあるのかをつねづね考えており，韓国ではこの間にどのような経緯があったのかを紹介していただきたいとの発言が行われた。

　徐会員からは，韓国における労働組合の設立申告制度について，同制度が問

シンポジウムⅡ（報告①）

題となっているが，それを変えようという議論にはなっていない，団体法分野の改正が個別法分野に比して，それほど行われないままとなっているのはなぜかという疑問が提示された．

従業員代表法制にかかわっては，熊谷謙一会員（国際労働財団）から，韓国では授業員代表制度がすでに立法化されているが（従業員の経営参加にかかわる労使協議会に関する法律が1997年に制定され，従業員が30名を超える企業に設置義務が課せられた），これが労使関係の確立にプラスに働いているのか，プラスに働いていないとすればいかなる改革が必要であると，労働組合の側は主張しているのかという質問がだされた．

以上の諸々の発言への報告者からの応答については，そのすべてにわたるものではないであろうが，これも本誌に収録される各論稿をみていただきたい．

Ⅳ　今後の課題

双方向での日韓比較労働法研究の取組みは，前述のようにまだ緒に就いたところである．同じようにみえるものが異なる機能を果たし，異なるものが同じような機能を果たすというのは，比較法研究の基礎的な留意点であり，その背景には社会的背景の相違が横たわる．基本的な概念や制度・仕組みについて，親近性を印象づけられることが多い日韓両国の労働法に関する比較研究を進めるにあたっても，この点はあらためて強調するまでもないであろう．

雇用・労働問題を対象とする隣接諸科学でも，韓国研究・日韓比較研究の進展がみられる．最近の業績によれば，韓国では大企業を中心とした正社員モデルが普及する前に国際化の流れを迎えたため，非正規労働者が大量に社会階層として持続的に存在していたこと，非正規労働者の雇用・生活保障（失業保障を含む）という社会問題の法的解決にあたっては，市民団体との連携や産別としての再組織化を志向する労働組合の戦略が決定的に重要であったことなどが指摘されている（横田伸子『韓国の都市下層と労働者——労働の非正規化を中心に』（ミネルヴァ書房，2012年），安周永『日韓企業主義的雇用政策の分岐——権力資源動員論からみた労働組合の戦略』（ミネルヴァ書房，2013年）参照）．

韓国社会のトータルな認識に寄与するこれらの成果を摂取しながら，韓国労働法研究・日韓比較労働法研究を深めていくのは，今後に残された課題であるといってよい。本シンポジウムがこのような取組みに向けた準備作業の一助となれば幸いである。

　　　　　　　　　　　　　　　　　　　　　　　　（やの　まさひろ）

韓国労働法における日本法の影響
―― 個別労働法分野について ――

宋　剛　直
（東亜大学校）

I　はじめに

　韓国では，朝鮮戦争の終戦の直前である1953年3月に労働組合法・労働争議調整法・労働委員会法が，同年5月に勤労基準法がそれぞれ制定された。いわば労働4法が1953年に制定されたことになるが，その内容はほとんど日本の労働3法と労働委員会規則を受け入れたものであったといえる。その後，韓国の国内の労働市場および労働運動などの諸事情の変動のなかで制定時から変化はあったものの，労働4法の主な内容は維持されている。さらに例えば，日本の1985年制定の派遣法制も1998年制定の韓国の派遣法制に影響を与え，同法の主な制定理由である違法派遣の合法化という立法政策の面においても日本の経験を受けた。日本の制定法の韓国の制定法への影響はなお続いているといえる。本稿では触れることができなかったが，請負と労働者派遣との区別の基準などをはじめ，日本の厚生労働省の多数にわたる通達（韓国雇用労働部の例規に相当する）なども韓国の有権解釈に強い影響を与えてきている。これらの影響が可能となったのは両国の間の制定法の構造，判例法理，企業別労使関係などにおける顕著な類似性と，先進国としての日本の労働問題に関する経験の蓄積などによったものと思われる。他方高齢化社会と定年延長，女性の経歴断絶[1]などという労働市場の問題の類似性もあげられよう。

1）　経歴断絶とは，妊娠・出産と家族構成員の介護のために経済活動を中断し，あるいは経済活動をしたことのない女性の中で就業を希望するものをいう（「経歴断絶女性等の経済活動促進法」（2010年6月4日制定・同年7月5日施行，第2条第1号）。

そこで韓国の勤労基準法（勤基法）を中心に，しかも重要と思われる論点に絞って，個別的労働法の領域における日本の労働基準法（労基法）の韓国への影響を紹介することにする。

II　日本の労働基準法の解釈論及び判例法理の影響

1　労働者概念と使用者概念

　勤基法上の労働者の定義規定は労基法上の定義規定と変わらない。勤基法上の労働者性の問題は韓国でも盛んに論じられてきている。韓国における労働者概念・使用者概念の議論は，1985年の日本の労働基準法研究会報告で労働者性の判断基準とされた使用従属性，すなわち，指揮監督関係・報酬の労務対償性の如何などや，判例・学説上の議論などが参考となったといえる。大法院は，勤基法上の労働者性については従属関係の下での労務の提供であったかどうかで判断すべきであり，業務の内容の使用者による決定，指揮監督の有無，労働時間および労働場所の指定と拘束性，労務の代替性の有無，原材料や作業道具の所有関係，源泉徴収の有無，労務提供の継続性，使用者への専属性の有無と程度，社会保障制度における労働者への該当性，当事者の経済及び社会性などを総合的に考慮しなければならないとしていた[2]。労務提供の多様化と期間制労働者などの非正規労働者の問題が大きな社会問題となる中で，大法院は従来の判断基準に但書を加え，基本給または固定給が設定されているのか，源泉徴収をされるのか，社会保障法上の労働者として取り扱われているのかなどの事情は使用者が経済的に優越な地位を利用し任意で定める余地が大きいことから，これらの点がないというだけで労働者性を安易に否定してはならないという基準を立てて，勤基法上の労働者の対象を広げて現在に至っている[3]。他方，勤基法上の労働者・使用者概念は，社内請負，違法派遣，親会社と子会社との関係などにおいて，日本で古くから論じられてきた偽装請負・黙示の合意・法人格否認などの法理を通じて拡大してきている。

2）　大法院1994・12・9（宣告94ダ22859判決）。
3）　大法院2006・12・7（宣告2004ダ29736判決）。

2 採用内定の取消

採用内定の法的性質について，日本では解約権留保付労働契約と解され[4]，最高裁は解約権の行使は客観的に合理的な理由が存在し，社会通念上相当であると是認することができる場合にのみ許されるべきであるという基準を立てている。

韓国の場合は，現在のところ，大法院が採用内定に関して判断した事例は存在しないが，下級審のレベルでは，解約権留保付労働契約と解し，採用内定の取消は実質的に解雇に該当するものであり，正当な理由が必要となるとした例がある[5]。ところが，大法院は試用中の者に対する本採用拒否事件において，試用期間中の労働関係の法的性質を採用内定と同様に解約権留保付労働契約と解しながら，本採用の拒否については，通常の解雇より広範に認められるという観点から，客観的で合理的な理由が存在し社会通念上相当であると認められるものでなければならないとした[6]。

3 就労請求権と安全配慮義務

まず，就労請求権について日本では学説上見解が分かれているが[7]，裁判所はそれを一般には認めていない[8]。韓国においても学説上はそれを肯定する立場と，一般的に否定する立場とに分かれる[9]。大法院は，労働者の就労請求を正面から取り扱ったことはなかったものの，使用者の就労拒否による精神上の苦痛に対する損害賠償を認めたことはあるが[10]，これをもって大法院が就労請求権を一般

---

4) 大日本印刷事件・最二小判昭54・7・20民集33巻5号582頁。
5) ソウル地裁南支部1999・4・30（宣告98ガハブ20043判決）。
6) 大法院1992・8・18（宣告92다15710判決）。
7) 肯定説として，西谷敏『労働法〔第2版〕』（日本評論社，2013年）95—96頁。一般的に否定する説として，荒木尚志『労働法〔第2版〕』（有斐閣，2013年）254頁。
8) 読売新聞社事件・東京高判昭33・8・2労民集9巻831頁。
9) 肯定説として，金亨培『労働法』（博英社，2014年）347頁。否定説として，林種律『労働法』（博英社，2014年），345—346頁。林教授は，不当労働行為または不当解雇などに対する労働委員会の復職命令がある場合，研究者・技術者など特殊な技能者である場合にはそれを認める。
10) 大法院1996・4・23（宣告95다6823判決）。

に認めたと解することはできない。下級審は就労請求権を肯定する傾向にあり，労働妨害禁止仮処分を認容するにあたり被保全権利を人格的法益の侵害中止を求める権利としている。

　次に，安全配慮義務は日本の最高裁判決により[11]，「特別な社会的接触の関係に入った当事者間」に認められるが，労働契約においてはその義務を負う主体は使用者であるとされ，労働契約法または労働安全衛生法上も安全を配慮・確保する義務は使用者または事業者に課されている。韓国の大法院も，安全配慮義務は労働契約の当事者の間で特約がなくても労働者が使用者の事業場または経営体に編入されることにより当然に生ずる義務であると解している[12]。また，産業安全保健法が労働災害の予防のための事業主などの安全配慮義務と関連する内容を定めている。

4　就業規則の不利益変更法理

　日本国の場合には，就業規則の制定の手続として過半数労働組合，それがない場合には労働者の過半数を代表する者（以下，過半数労働組合等という）の意見を聴取することが定められている（労基法第90条第1項）。その一方で，就業規則の不利益変更の場合には合理性という判断基準で処理してきたが[13]，この法理は労働契約法のなかに反映されている（第9条・第10条―第12条）。

　これに対し韓国の場合は，1953年制定時において勤基法第95条第1項で就業規則の作成の手続として，過半数労働組合等の意見を聴取することが定められ，1989年の同法の改正で過半数労働組合，それがない場合には労働者の過半数の意見を聴取することに変更し，同時に不利益変更の場合にはその同意を得ることを明示し（第95条第1項），現在に至っている（現行勤基法第94条第1項）。また勤基法も就業規則の周知義務を定めているが（第14条），韓国では，周知義務を効力発生の有効要件と解する日本とは異なって，それを効力の発生要件としては解してはいない[14]。

---

11)　陸上自衛隊八戸事件・最三小判昭50・2・25民集29巻6号557頁。
12)　大法院1989・8・8（宣告88ダカ33190判決）。
13)　秋北バス事件・最大判昭43・12・25民集22巻13号3459頁。

ところで，韓国の大法院は古くから就業規則の不利益変更において過半数労働組合，それがない場合には労働者の過半数の同意を得ることを効力発生要件と解しながらも[15)]，当該就業規則変更当時の状況から社会通念に照らして合理性がある場合には個別労働者の同意が必要でないことは勿論のこと，勤基法所定の手続である集団的な同意を得なくても有効に変更できると解した[16)]。さらに集団的な同意もなく，合理性もない就業規則の不利益変更であっても，その変更後に入社したものには変更された就業規則が適用され（これが当該事業または事業場の就業規則となる），変更前の就業規則の適用を受けていた既存の労働者には変更前の就業規則が適用されると解している[17)]。

　以上のように就業規則の不利益変更について法制度は異なっているにもかかわらず，大法院は日本の判例ないし制定法上の合理性判断と同様の判例法理を立てた。それに対しては，制定法上整備されている就業規則の不利益変更に関する明文規定の解釈において，日本の合理性判断の法理をみだりに導入したものであり，司法権の限界を超えるものであるとの批判がされている[18)]。

5　整理解雇

　日本の整理解雇の有効性判断においては，判例法理によりいわゆる4要件が課されてきた[19)]。大法院の判例法理もこの4要件を承継し維持していた[20)]。整理解雇に対し法的規制を定めている勤基法第24条は従来の判例法理を立法化したものといえる。すなわち，勤基法第24条は，緊迫な経営上の必要性を要すること（事業の譲渡・引受・合併は緊迫な経営上の必要性はあるものとみなされる，第1項），

---

14)　大法院2004・2・12（宣告2001ダ63599判決）。
15)　大法院1977・7・26（宣告77ダ355判決）。
16)　大法院2004・7・22（宣告2002ダ57362判決）。この事件の結論は，農業基盤公社の3機関の定年を一致させるために定年を不利益に変更したことが問題となったが，大法院は定年を間もなく迎える者に対する何らの代償措置または経過措置をもとっていなかったとし，原判決を破棄差戻しした。
17)　大法院1992・12・22（宣告91ダ45165判決）。
18)　林種律・前掲書，357頁。
19)　大村野上事件・長崎地大村支判昭50・12・24労判242号14頁。
20)　大法院1989・5・23（宣告87ダカ2132判決）。

解雇回避の努力義務を果たし，男女差別禁止を含め合理的で公正な解雇基準によ る被解雇者選定を行うこと（第2項），過半数労働組合等に解雇しようとする日の50日前まで通報し誠実に協議すること（第3項），1ヶ月間で従業員99名以下の事業または事業場における10名以上の解雇・100名以上999名以下事業または事業場における10％以上の解雇・1000名以上の事業または事業場における100名以上の解雇の場合には，解雇事由・解雇予定人員・過半数労働組合等との協議内容・解雇日程を最初に解雇しようとする日の30日前までに雇用労働部長官に申告をすること（第4項・同法施行令第10条。この申告は効力要件とは解されない），第1項から第3項までの要件を満たして解雇した場合には正当な理由による解雇とみなされることを規定した（第5項）。

ところが，労使の間で整理解雇は行わないといういわば雇用安定協定を結んでいる場合について，大法院は，このような協定の効力を維持することが客観的に期待不可能であり，あるいは不当である場合のような特別な事情がない限り，当該協定は規範的効力を有すると解する。[21] 付言しておくと，大法院は緊迫な経営上の必要性の判断も緩和する解釈をする傾向が強く，[22] また過半数の要件を満たしていない労働組合であっても実質的に労働者の意思を反映できる代表者であると認められる場合には，その組合との協議であっても右協議の要件は満たされるものと解する。[23] さらに大法院は整理解雇の立法化以前から過半数労働組合等との協議義務について，協議をしても効果をあまり期待できない特別

---

[21] 大法院2011・5・26（宣告2011デュ7526判決）。学説上は当該協定の締結過程，背景，客観的な意味及び内容，経営及び財政上の事情など総合的に判断すべきであり，絶対的な効力を認めるべきものではないというもの（金亨培・前掲書，951頁），判例の立場を賛成するもの（河甲来『勤労基準法』（中央経済㈱，2014年）665頁）などがある。他方，破産管財人が破産宣告により事業の廃止のために行う解雇は，整理解雇ではなく通常の解雇として取り扱われる（大法院2003・4・25（宣告2003ダ7005判決））。

[22] 大法院2002・7・9（宣告2001ダ29452判決）。同判決は，緊迫な経営上の必要性の判断を含めて4要件について総合的に判断するという立場に立っている。

[23] 大法院2002・7・9（宣告2001ダ29452判決）；同2006・1・26（宣告2003ダ69393判決）。また，事前通知・協議期間が法定基準に至らないものであっても，その期間で十分な協議が行われた場合には他の要件が満たされているとすれば正当なものと解される（大法院2003・11・13（宣告2003デュ4119判決）。

な事情がある場合には，協議をしなくてもよいと解している[24]。

6　個別紛争の解決システム

以上紙面の許される範囲内で，日本の個別的労働契約法理の韓国労働法への影響について論点を絞ってみてきた。そこで最後に個別的紛争の解決システムについてごく簡単に触れておきたい。

個別紛争の解決システムといった場合に，司法機関としての裁判所に訴えることができることが当然であるが，ここでは韓国の個別紛争の解決システム上の特徴として，労働委員会と国家人権委員会について紹介することにする。

(1)　労働委員会

勤基法第23条第1項の正当な理由のない解雇等に対して，労働者は当該解雇等があった日から3ヶ月以内に（第28条第2項），労働委員会に救済を申請することができる（第28条第2項）。労働委員会の救済申請手続は日本における不当労働行為の救済手続と同様であり（第29条―第32条），労働委員会は具体的な事案に応じた弾力的な救済を命ずることができる。また労働委員会は救済命令を受けた使用者がその履行期限までに救済命令を履行しない場合には年2回，2年を超えない範囲で1回に2千万ウォン以下の履行強制金を当該使用者に賦課することができる（第33条）。

また非正規労働者である期間制労働者・短時間労働者・派遣労働者は，期間の定めのない労働者・通常の労働者・派遣先の労働者（同種または類似の業務に従事する労働者に限定される）をそれぞれ比較対象者とし，労働条件などにおいて合理的な理由のない差別がある場合にはその差別是正のための申請を労働委員会にすることができる（「期間制及び短時間労働者保護等に関する法律」第9条・「派遣労働者保護等に関する法律」第21条―第21条の2）。差別是正の場合には，雇用労働部長官も差別処遇の是正要求権を有し（第15条の2第1項），使用者がこの命令に応じない場合には雇用労働部長官は労働委員会に通報し，労働委員会は差別是正申請の手続により救済命令を発することもできる（第15条の2第2項

---

24)　大法院1992・11・10（宣告91ダ19463判決）。

—第4項)。

(2) 国家人権委員会

このように非正規労働者の差別是正制度が設けられているが，男女差別・高齢者を含む年齢差別・障害者に対する差別などは労働委員会に救済を申請することは保障されていない。その一方で，男女差別・年齢差別・障害者差別は関連する法律により採用の段階でも禁止されている[25]。

そこで労働者に対する平等権違反の差別行為（国家人権委員会法第2条第3号）などについては，差別等の人権侵害があったと主張する者は国家人権委員会に陳情をすることができ，同委員会は差別等があったと認める場合には，使用者などに差別の是正または改善の勧告（行政処分性は認められない）を出すことができる。国家人権委員会は調停もできるが，ほとんどの差別の陳情事件は調停の段階で解決されている。同委員会から勧告を受けた場合の履行率はかなり高い。

Ⅲ　む　す　び

以下においてこれまでにみてきた内容を整理することにより結論に代えたいと思う。

第1に労働者及び使用者概念である。

日本の学説や判例法理上の労働者・使用者概念やそれらの概念の拡大の影響を受けながら，韓国の学説や判例法理が蓄積されてきた。そのうえで，韓国では前述の2006年大法院の判決により勤基法上の労働者概念がより広げられた。

しかし他方で，韓国では持ち込み運転手・保険会社の外務員・ゴルフ場キャディ・学習誌教師・宅配員・バイク便ライダーなどのいわば特殊型労務提供者は事業主と判断されているので勤基法上の労働者としては認められない。労働災害においては保険料を半分負担することで保護対象となることができるが，

---

25)　「男女雇用平等と仕事・家庭両立支援に関する法律」第7条・「雇用上の年齢差別禁止及び高齢者雇用促進に関する法律」第4条の4・「障害者雇用促進及び職業再活法」第5条第2項。

バイク便ライダーを除くと労災保険への加入率はきわめて低い。

第2に採用内定の法理である。

採用内定の法的性質を解約件留保付労働契約と解した日本の法理は、韓国の法理にそのまま適用されている。さらに解雇等の際に正当な理由を必要とする韓国と解雇権濫用法理による日本との間では法制度の違いがみられるが、その具体的な事例の判断において両者の間の実質的な内容は差はないように思われる。

第3に就労請求権・安全配慮義務である。

日本の就労請求権・安全配慮義務に関する法理は韓国労働法にもそのまま影響を与えてきている。ただし、日本の裁判例では就労請求権に対し消極的であるが、韓国の場合には大法院は明確な立場を出していないものの、下級審裁判例では就労請求権を肯定する傾向にあるといえる。

第4に就業規則の不利益変更である。

韓国の大法院は、就業規則の不利益変更に関する立法化の前から当該不利益変更に労働者集団の同意が必要であると解しながら、社会通念に照らして合理性がある場合には集団的な同意を得なくても有効に変更できると解していた。したがって、就業規則の不利益変更法理は、日本の合理性判断基準とその後の労働契約法（第9条及び第10条）とは最初からその軌道を異にしていたといえる。韓国の就業規則の不利益変更は、従来の判例法理を反映しながら手続的規制を加えて勤基法第24条に立法化されるに至った。それにもかかわらず、大法院は日本の法理である合理性という判断基準を用いて、合理性が認められる場合には立法上明示されている集団的な同意を得なくても、就業規則を有効に不利益変更できると解している。大法院の合理性という判断基準は、日本の影響を受けたものといえようが、韓国の制定法の解釈論としてその限界を超えたものと考える。

第5に整理解雇である。

韓国の整理解雇法理は日本の判例法理の影響を受けて形成され、これに手続的規制を加えた形で立法化され現在に至っている。しかし、韓国の大法院の判例法理は、緊迫な必要性などの整理解雇要件のみならず手続条項を非常に緩和

して解釈している点が顕著である。整理解雇は大規模の企業において時々生じているとはいえ，現実には労使紛争などの負担から，使用者にとってはあまり好まれているものではないといわれる。

　最後に個別紛争の解決システムである。

　韓国では個別的紛争の解決を裁判所のほかに労働委員会も担当し，さらに差別問題に関しては国家人権委員会が差別是正の勧告を出すことができる。日本では個別紛争を労働審判または労働委員会の個別紛争あっせんなどにより解決をしているので，この点で，韓国とはかなり異なっている。しかし，韓国の労働委員会による救済制度は準司法的な救済制度に転落し，弾力的な救済命令により紛争を解決するという根幹が崩れている。そこで労働委員会の専門性の向上，司法審査の限界および労働協約上の個別的紛争解決システムの導入などが課題として考えられよう。

　　　　　　　　　　　　　　　　　　　　　　　　　（ソン　カンヂク）

韓国労働法における日本法の影響と発展
―― 集団的労働関係法の分野を中心に ――

趙　翔　均

(全南大学校)

I　はじめに

　韓国の集団的労働関係法は，日本法の影響を強く受けて制定され，今日まで基本的な内容は維持しながらも，韓国の実情に合わせる形で解釈と改正を行い，その結果，日本の集団的労働関係法とは異なる労働法を形成してきた。しかしながら今でも，韓国の集団的労働関係法を研究するには，憲法で労働三権を基本的人権として保障していること，基本的な立法内容は制定当時のものを維持していること，そして企業別労働組合を中心とする集団的労働関係が形成されているという類似性から，日本の法理論は大きな影響力を持っている。

　本稿は，集団的労働関係法の分野において日本法が韓国法にどのような点で影響を与えたかについて，立法と判例法理を中心に検討したものである。この検討を通じて，両国の労働法の類似点と相違点を抽出し，お互いの労働関係及び制定法の理解と発展のための基礎的な素材を提供したい。さらに，今後の比較労働法研究の方向を模索することを試みたい。

　本稿では，韓国の集団的労働関係法の特徴を踏まえて，成立及び展開過程において日本法がどのような影響を与えてきたのかを中心に検討する。

II　韓国の集団的労働関係法の成立における日本法の影響

1　集団的労働関係法の構造

　韓国における集団的労働関係法の制定は，1948年憲法の制定と共に議論され

開始されたが，1950年に始まった朝鮮戦争によって中断された。しかし，1953年3月に，戦争中にも関わらず，労働組合法をはじめ，労働争議調整法，労働委員会法が制定された。これらの法律は，個別的労働関係法である勤労基準法より数ヶ月先行して制定されている。日本法との違いは，労働委員会法が別の法律で制定された点である。

2 韓国の労働組合法の制定(1953年)への日本の労働組合法(1949年)の影響
(1) 意　　義

韓国の53年労働組合法（以下，53年労組法という。）は後述するように，現在でもその形態，内容の面で基本的な骨格を維持している。53年労組法は，現行の労働組合及び労働関係調整法の実質的な母体である[1]。

韓国の53年労組法の制定過程については，様々な意見があるが，当時の韓国はまだ産業化を経験していなかったこと，戦争中でそれほど立法研究ができなかったことから，韓国の53年労組法は，ドイツの労働協約法理とアメリカのNLRAの一部を取り入れた日本の労働組合法をそのままの形で受け入れたとみることができる。

以下では韓国の53年労組法と日本の49年労働組合法（以下，49年労組法という。）の内容を比較し，どのような面から日本の影響を受けたのかを確認してみたい。

(2) 具体的な内容及び影響

(a) 全体の特徴　　韓国の53年労組法の具体的な内容及び日本法からの影響に関しては，53年労組法が労働組合の設立において基本的に自由設立主義を明文で規定していながらも，「労働組合は申告をしたときに設立する（第11条第3項）」という申告制をとっていたことなどを除けば，実質的に同じ内容であると言ってよい。ここでは労働協約と不当労働行為に限定して検討する。

(b) 労働協約　　韓国の53年労組法も日本の49年労組法を受け入れ，団体

---

[1] 53年労組法は，全体の条文の中で約92%がほとんどそのままで又は形式ないし内容が若干改正されて，現在まで維持されている。강성태，제정 노동법의 주요내용과 특징，노동법학，제58호，2013. 132—133頁。

交渉の成果である労働協約による労働条件の決定システムを設けた。労働組合の代表者又は組合の委任を受けた者の交渉権限（第33条），協約の効力の発生要件（第36条），労働協約の規範的効力（第38条），協約の有効期間の設定（第39条）[2]などは49年労組法とほぼ同じである。そして，一般的拘束力の効力拡張の要件が「同種の労働者の半数以上」とされていたこと（49年労組法では労働者の4分の3以上），地域的拘束力の効力拡張の要件が「一つの地域において従業する同種の労働者三分の二以上」とされていたこと（49年労組法では労働者の大部分）は，49年労組法より要件を緩和していた。ただ，協約の当事者の誠実義務（第37条），労働協約の単位を事業場単位と強制（第35条）していたことは日本法には見られないものであり，アメリカのNLRAを直接的に参考にして規定したと考えられる。さらに49年労組法では削除された労働協約の行政官庁への申告義務のような行政規制の内容も定められていた。

　(c) 不当労働行為　　韓国の53年労組法は，日本と同様に不当労働行為制度を設けた。つまり，日本の45年労組法の科罰主義をとりながら，49年労組法の不利益取扱いの禁止と支配介入の禁止など2つの使用者の行為を禁止した。[3]しかしながら，労組法は団体交渉をすることを正当な理由がなくて拒むことを不当労働行為ではなく，協約締結に関する相互義務（第34条）の違反として扱い，使用者だけでなく労働組合も使用者が労働協約の締結を求めた場合には正当な理由がなくて拒否することはできないと定めた。そして労働組合がその義務に違反する場合，刑罰が与えられることになる。このような点は直接，アメリカのNLRA，特に1947年のTaft-Hartley法の影響を受けたといえる。[4]

2）　ただ，53年労組法では協約の有効期間が1年とされていたが，49年労組法では最大3年となっていた。
3）　第一に，労働者が労働組合を組織し，組合に加入し，労働組合に関する職務を行う権利に干渉その他影響を与える行為，第二に，ある労働組合の一員とすることを促進又は奨励する目的で労働条件を差別し，若しくは労働組合に参加したことを理由として労働者に解雇その他不利益を与える行為を禁止していた。
4）　しかしながら，労働組合の団体交渉の拒否の禁止規定は1963年の改正によって削除されて，今に至っている。

3 韓国の労働争議調整法の制定（1953年）への日本の労働関係調整法（1946年）の影響

(1) 意　義

韓国における労働争議と争議行為に関して規律する法律として制定されたのが労働争議調整法（以下，労調法という。）である。韓国の労調法は，先の労組法の制定日と同日に制定され，1997年に廃止されるまで，韓国の集団的労使関係法の中心的な役割を果たしていた。韓国の労調法は，労働争議の調整を目的にしたこと，労働争議と争議行為を区別していたこと，調整制度としてあっせん，調停，仲裁など3制度を予定していたことからみると，やはり1946年に制定された日本の労働関係調整法（以下，労調法という。）の影響を受けて制定されたと考えられる。ただし，争議行為の保障と調整制度の具体的な運営の側面では微妙な違いがある。

(2) 具体的な内容及び影響

(a) 争議行為の保障　　争議行為の保障の側面では正当な労働行為を理由とする不利益な行為の禁止，損害賠償請求の制限などは同じ内容であったが，韓国の労調法には日本の労調法にはない使用者の採用の制限（第11条）[5]，労働者の拘束制限（第13条）の規定のような争議行為を実質的に保障するいくつかの規定を設けていた。

(b) 労働争議の調整制度の種類と内容　　韓国における労調法は，日本の労調法と同様に斡旋，調停，仲裁など3つの調整制度を予定していたが，内容の側面から検討してみると実質的な差がある。まず，斡旋の場合，日本の労調法は労働委員会が申請または職権によって担当すると定めているが，韓国の労調法は行政官庁の職権斡旋の方式をとっていた[6]。さらに斡旋が成功した場合，この斡旋に対して労働委員会の調停と同一の効力まで認めた[7]。そして，仲裁の場合にはもっとも問題のある規定をもっていた。公益事業の場合，仲裁の開始

---

[5] 第11条には「使用者は争議行為の期間中，争議に関係ない者を採用できない」と定められていた。

[6] 労働争議が発生したときには当事者は行政官庁に報告すべき義務があるので（第14条），行政官庁は報告を受けた直後斡旋を行うことになる（第15条）。

手続において当事者の申請だけではなく行政官庁の要求または労働委員会の職権によって仲裁が開始される職権仲裁制度をとっていた。結局，公益事業の場合この制度によって争議権を実際に行使できない状況となっていた。このような職権仲裁制度は1997年労働争議調整法の制定と共に削除されるまで長い間韓国の労働組合の団体行動権が大きく制限される手段として機能していた。

緊急調停については労調法の制定当時では日本法と同様に存在しなかったが，日本の1952年改正の労調法の影響を受けて1963年の改正時に緊急調停の手続きを新設した。

4 小 括

以上で述べたように，韓国における集団的労働関係法の根幹である53年の労組法と労調法は部分的にはアメリカのNLRAの影響もあったが，基本的な形式や内容の面から日本の労組法と労調法の影響を強く受けて制定された。ただし，日本法より労働者の権利を制限したり，逆に保護したりするものがあるし，さらに日本法やアメリカ法ではまったく見られない韓国なりの規定もいくつか設けられていた。そういう意味で韓国の労組法と労調法は，勤労基準法と比べると，相対的に独創的なものであったと評価できる。しかしながら，独創的なものはほとんどが労働組合や争議行為に対する管理および統制のために設けられたものであり，韓国の現行の集団的労使関係法がもつ労使関係に関する強い国家統制という特徴は，53年の労組法と労調法に由来するものであると言える[8]。

いずれにしても韓国の労組法と労調法は，日本の集団的労働関係法の中で流れる「労使自治の尊重」という理念の影響を強く受けて制定されたものであったことは否定しようがない。

---

7) 1963年改正によって，行政官庁が担当していた斡旋は日本と同様に労働委員会が担当することになった。その後斡旋制度は1997年「労働組合及び労働関係調整法」の制定により，廃止されることになる。
8) 강성태・前掲注1）論文161頁。

Ⅲ 韓国における集団的労働関係法の展開過程での日本法の影響

1 意　義

　韓国の集団的労働関係法である労働組合法と労働争議調整法は，1953年初めて歴史の舞台に登場してから1997年に廃止されるまで，労使関係に対する強い国家統制という傾向が一層強化されることになった。特に法制度の側面からみると，軍事政権時代を経ながら，労組法と労調法は何回か改悪され，政治活動の禁止，第三者介入禁止，複数労組の禁止など，団結権と団体行動権への過度の制限と国家介入によって，憲法上の労働基本権がほとんど行使できない状態だった。そういう意味で当時の日本法からの影響は，法制度よりも団体交渉および労働協約などに関する学説の理論と判例法理に集中していたといえる。

　このような韓国の集団的労働関係法の強い国家統制という傾向は，1988年の民主化運動を経験した労働者の意識の向上，1991年のILO加入や1996年のOECD加入をきっかけにもはや維持することができず，少しずつ緩和することになっていく。その結果として現れたのが，従来の労組法と労調法を廃止して，1997年に新しく制定された労働組合及び労働関係調整法（以下，労労法という。）であった。結局労労法の制定は形式的に集団的労働関係に関して従来，労働組合法と労働争議調整法に分離し両法の統一的な適用ができなかった点を乗り越えて，労働組合の組織と運営，団体交渉と労働協約，争議行為の手続きと調整，不当労働行為を1つの法律として体系化した点だけでなく，内容的には非民主的な制度の清算という点に意義を見出すことができると思われる。

　以下に，韓国の集団的労働関係法の展開を概観しながら，日本法の理論と判例法理からの影響，日本法と同じ規定や制度でありながら，解釈が異なるものを中心に検討する。

2 理論と判例法理からの影響

　日本の法理論と判例法理は，特に法律に定めがない制度や法理を説明するのにもっとも適当なものであった。韓国の裁判所でも，いくつかの問題について，

日本の判例理論を判断の重要な根拠とした。その中で代表的な事例として，労働組合の統制権の根拠と限界に関する法理，労働協約による労働条件の不利益変更の法理，労働協約の終了後の労働条件（余後効）の法理[9]，争議行為の正当性判断の法理，ロックアウトの法理などがあげられる。[10]

たとえば韓国においても日本の朝日火災海上保険事件の最高裁の法理[11]の影響を受けて労働条件を不利益に変更する労働協約について特別な事情がない限り，その合議の効力を認めているし[12]，さらに日本において争議行為の正当性を主体・目的・手続・態様の4つの側面から判断している法理は労労法に争議行為の基本原則として明文化されている（第37条）。

3　日本法と実際的に同じ規定と法理であるが，解釈が違うもの

こうした反面で，規定や法理そのものは日本の影響で事実上同じでありながら，解釈がまったく違うものがいくつかある。それは，ほとんどが労働基本権の制限と関係している。2つ例を挙げて説明したい。

(1) 労働組合の代表者の交渉権限

日本の労組法6条は，労働組合の代表者の団体交渉権限について定められており，明文上労働組合の代表者は交渉権限を有することになっている。しかしながら，代表者が協約締結権まで当然に有するか否かについては明文の規定がないため，解釈に委ねられており，規約などで一定の手続（たとえば組合大会に

---

9) 大法院2005・1・28（宣告2004ド227判決）。この判決では労働組合の統制権の根拠を団結権を保障する憲法に由来するものとしてみていて，選挙運動との関係で労働組合が特定の政党ないし候補者を支持することはできるが，労働組合の決議に違反して行動する組合員に対し勧告または説得の域をこえてこれを強制することはできないと判断した。

10) 大法院2000・6・9（宣告9813747ダ18584判決）。この判決では協約の規範的効力を認める立場をとっている。

11) 朝日火災海上保険事件・最一小判平9・3・27労判713号27頁。

12) 大法院2007・12・14（宣告2007ダ18584判決）。この判決では「協約自治の原則上，労働組合は……労働条件を不利益に変更する内容の労働協約を締結することができ，労働条件を不利益に変更する内容の労働協約が著しく合理性を欠く労働組合の目的を逸脱したとみなすことができる場合と同様な特別な事情がない限り労使間の合議を無効とみることができない。」と判断している

おいて承認など）が規定されている場合には，代表者の労働協約の締結権は制限されることになると理解されている[13]。このように日本の協約締結権限は交渉権限と明らかに区別されており，代表者といえども規約などによって制限されることができる[14]。

　一方，韓国でも従来労働組合の代表者の交渉権限に関して日本の労組法6条と同じように定められていたが，韓国の大法院はこの規定の解釈に際して日本と全く違う立場をとっている。すなわち韓国の大法院ではまず「交渉する権限とは事実行為としての団体交渉の権限以外に交渉した結果によって団体協約を締結する権限を含む。」ことを前提にして，労働組合の代表者が団体交渉の結果によって使用者と団体協約の内容を合意した際に労働協約案（仮協約）の可否に関して組合総会の議決を経るべきであると定められている規約の内容について，「代表者の労働協約の締結権限を全面的，包括的に制限することになり，事実上労働協約の締結権を形骸化させるので条項の趣旨に反する」と判断し[15]，交渉代表者の交渉権には協約締結権が当然に含まれているという判断をしている。

　その後，韓国の制定法は大法院の判例法理を受け入れ，現行労労法29条では「労働組合の代表者はその労働組合又は組合員のために使用者，使用者団体と交渉し労働協約を締結する権限を有する」と改正し，労働組合の代表者の協約締結権を明文として定めるようになった。

(2)　団体交渉の対象事項

　使用者が労働組合の交渉要求に応じる義務を負う事項を，いわゆる団体交渉の対象事項（日本では義務的団交事項）という。いかなる範囲の事項が交渉事項に該当するかについて，韓日両国ともに法律に具体的な定めがないことから，判例法理が形成されてきた。一般的には「憲法と労働組合法で労働者に団体交渉権を保障する目的（趣旨）に照らして判断していくべきであるため，組合員である労働者の労働条件その他の待遇または団体的労使関係の運営に関する事

---

13)　大阪白急タクシー事件・大阪地判昭56・2・16労判360号56頁。
14)　菅野和夫『労働法〔第10版〕』（弘文堂，2008年）653頁。
15)　大法院1993・4・27（宣告91ヌ12257判決）。

項であって,使用者に処分可能なもの」と解されている[16]。この点では韓国と日本はまったく同一な見解をとっているが,具体的な判断に入ると,特に使用者の経営に関する事項については大きな差が見られる。

この問題について,日本では労働条件や労働者の雇用そのものに関係ある場合に限り交渉事項となりうると判断するのが一般的である[17]。しかし,韓国の大法院では,「整理解雇,事業組織の統廃合,公企業の民営化など企業のリストラクチュアリングの実施の可否は経営主体による高度の経営上の決断に属する事項であって,原則的に団体交渉の対象にはならない」と判断し,団体交渉の対象の範囲を日本より狭く解釈している。したがって,韓国では労働組合が実質的にこうした措置の実施に反対するために争議行為をすれば,この実施によって労働者の地位と労働条件の変更が必然的に伴うといっても,その争議行為は目的の正当性が認められなくなり,結果的に労働者の団体行動権は大きく制限されることになる。

Ⅳ　まとめに代えて

韓国の集団的労働関係法は制定からちょうど60年が過ぎたが,その発展を論じるとき,日本の法律と判例法理の役割を無視することができないほど,大きな影響を受けてきた。

なぜ日本法だったのかについては,議論があまりないが,おそらく労働三権を憲法上の基本権として保障していること,労働組合の組織形態が基本的には企業別であること,法律の基本的な内容がほとんど似ていることなどから,日本法の理論や判例法理を受け入れるのにあまり抵抗感がながったからであると推測できる。

---

16) エス・ウント・エー事件・東京地判平9・10・29労判725号15頁；この判例を影響を受けて判断した韓国の判例として代表的なものは大法院2003・12・26（宣告2003ド8906判決）がある。
17) 菅野和夫・前掲注14)書655頁；ドルジバ商会事件・神戸地決昭47・11・14判時696号237頁。

現在，韓国の集団的労働関係法は制定当時の内容を基本的に維持しながらも，交渉方式において一社一交渉の原則になっていて，1つの事業または事業場において，組織形態に関係なく，労働者が設立又は加入した労働組合が2つ以上の場合，交渉代表労働組合を決めて交渉を要求しなければならないといういわゆる交渉窓口単一化制度や，労働組合の在籍専従の賃金支給を明文で禁止した代わりに，労働時間免除審議委員会が決定した労働時間免除の限度を超えない範囲で労働者が賃金を失うことなく労働組合の業務をすることができるといういわゆる労働時間免除制度（time-off制度）などの大きな変化にともなって，日本法の影響から徐々に脱している。それにもかかわらず労働協約を中心に形成された判例法理などは，韓国の集団的労働関係法の根幹を成しており，さらに最近では複数組合が並存した場合における組合間の差別の問題が新たに生じており，日本の判例法理として形成された使用者の中立保持義務の法理も新たに参照されるようになっており，このことからも分かるように，日本法との比較法研究は今でも重要性を持っている。

（ジョ　サンギュン）

韓国労働法の何に注目できるのか？
―― 日韓交流発展の意義と課題 ――

脇 田 　 滋
（龍谷大学）

I　はじめに

　近年，日本と韓国の労働法をめぐる研究交流が大きく発展してきた。既に，各大学・研究機関で，日韓の研究者や学生・院生の受入れが進み，労働法実務家の定期交流も行われている。こうした交流発展の延長線上に，日韓労働法の国際研究フォーラムが始まり，進展してきた。本稿では，これまでの日韓交流発展を踏まえて，その意義と今後の課題を要約的に提示したい。当然ながら，研究者の関心や立場によって，交流の意義と課題は大きく異なる。筆者は，主に非正規労働に関心をもって韓国労働法の動向に注目してきたが，限定された関心に基づく課題整理であることを前提に，「韓国労働法の何に注目できるのか？」を私論として提示する。

II　日韓労働法の展開（要約）

　出発時点が大きく違うが，日韓両国ともに労働法が順調に展開してきたとは言えない。第2次大戦前後の激動期を経て，困難な時期も多かった。まず，比較法の視点から両国労働法の歴史的背景をごく要約的に確認しておきたい。

1）　フォーラムの成果として，2014年2月に日韓の労働法研究者が執筆した西谷敏・和田肇・朴洪圭編『日韓比較労働法（上・下2巻）』（旬報社，2014年）が刊行された。

1　日本の労働法展開と韓国での困難

　日本では第2次大戦後，労働法制が整備され，激動期を経た労使関係が「55年体制」で安定期を迎えるに至った。労組運動を主導した「総評」は春闘を通じて，中小企業の労働条件改善など企業別組織の弱点克服を図ろうとした。「総資本」対「総労働」の対決という様相を帯びた三井三池闘争，官公労の労働基本権回復闘争などを通じて，日本の労働組合は一定の存在感を示した。賃金闘争が中心であったが，解雇，配転・出向への抵抗や，合理化に対抗する「いのちと健康」を守る闘いなど，職場における権利闘争の展開，安保条約改定反対（1960年），ベトナム反戦，公害反対，社会保障推進など，政治的・市民的課題でも労働組合が大きな役割を果たした。日本的雇用慣行が定着して，1973年には「正規雇用」が労働者全体の93％を占め，1974年には争議行為を伴う労働争議が9,581件，同参加者数が約532万5千人と，史上最高を記録した。

　これに対して韓国では，日本による植民地支配と朝鮮戦争[2]の深刻な影響があり，政治・社会・経済の自立的発展が大きく遅れた。1961年に登場した軍事政権が1980年代半まで長期に渡って継続した。この間に「日韓条約」締結や「漢江の奇跡」（経済成長）があった。その半面，市民的自由抑圧が続き，民主的労働関係形成は遅れた。当時，自主的団結活動は，独自の労働組合法によって厳しく規制される抑圧の時代が続いた。1979年，朴正煕大統領の死後，1980年，全斗煥政権が誕生した。数千人規模で労働者を集約する近代的大工場が各地に建設されていたが，労働者たちが自覚を高める中で，軍事政権下での自由抑圧と事業主の専制支配に対する反発が潜在化した。当時の労組法は，複数組合禁止を定め「一企業一組合」しか認めず，自主的労組（＝民主労組）は非合法組織として禁止された。労働法の多くは，日本法の条文をそのまま導入したものであった。しかし，最低基準を定める勤労基準法は，それを無視する事業主によって形骸化していた[3]。

2）　朝鮮戦争は，韓国では「625（ユギオ）動乱」や「韓国戦争」と呼ばれる。
3）　青年労組活動家の全泰壱（チョン・テイル）氏が1970年11月13日，勤労基準法違反蔓延に抗議して自殺した。この日は韓国労働運動の記念日となっている。

シンポジウムⅡ（報告④）

2　困難の中での韓国労働法の本格的展開開始

　1987年6月，軍事政権打倒の民主化運動が起きた。100万人規模の市民がソウルの街頭を埋め尽し，警察による弾圧への激しい抗議の意思を示した。大規模な抗議運動に直面して与党大統領候補であった盧泰愚氏が「6・29民主化宣言」を発表し，ようやく時局が収拾された。これに刺激されて各地の大工場で自然発生的に労働者大闘争が，7月から9月の3ヶ月間，全国・全産業で最大規模の広がりを示した。この間のストは3,300件，参加者は延べ200万人に達し，新たに1200以上の民主労組が結成されるなど，当時の抑圧的労働法規制を超越する，非合法「大闘争」に発展した。

　1988年，民主労組運動は「悪法条項」の改正・撤廃を求め，労働法改正闘争を開始した。さらに労働者の連帯が進み，既存の「韓国労総」とは別に95年，「民主労総」が結成された。こうした自主的・民主的労組の成長によって，従来の企業主専制でない，労使対等な民主的労働関係の基盤が生まれた。その後，96年12月，韓国は，「経済協力開発機構」（OECD）への加入が認められた。しかし，当時の労働関係法制が国際基準に反するとして，同機構から韓国政府に「①複数労組の即時許容（全国および企業単位），②労組専従者賃金支給問題の労使自律決定，③教員の団結権保障，④公務員団結権保障，⑤必須公益事業縮小および職権仲裁廃止，⑥民主労総の合法化，⑦解雇者および失業者の労組加入許容（自律決定），⑧第三者介入禁止廃止，⑨拘束勤労者問題および刑法上業務妨害罪適用の改善」が求められた。[4]

　しかし，OECD加入1年後の1997年12月，突然，韓国は深刻な「為替危機」に直面して，国際通貨基金（IMF）の介入を招くことになった。IMFは資金援助の代わりに「資本市場の開放」「労働市場の柔軟化」を求めた。韓国の経営者団体は，既に，金泳三大統領時代に，日本に倣って労働者派遣法制定などを強く要望していたが，これと符節が合うものであった。98年，経済危機によって大企業を含めて倒産が相次ぎ，97年1340万人から98年1229万人へと1年間で

4）　韓国政府は2007年まで毎年モニタリングを受けた。チャン・シンチョル「OECDの韓国労働法モニタリング」『国際労働ブリーフ』（韓国労働研究院）9巻4号（2011年4月）39頁以下（原文は韓国語）参照。

100万人以上の労働者が失職する深刻な状況に陥った。金大中政権は,「労使政委員会」を立ち上げ,労・使・政三者合意で危機に対応することを基本とし,労働者側には労働市場柔軟化や雇用調整への協力を求めた。そして,労働組合を一部自由化する一方,①要件を明記して整理解雇を容易にする「勤労基準法」改正と,②「派遣勤労者保護法」制定の二つの法改正を提案した。民主労総は,これら2法に反対して,同委員会から「代表」を引き上げるなどの抵抗をしたが,98年,2法は成立し施行された。他方,教員労組の合法化,民主労総の労働組合としての承認(99年)など,労組の団結権を認める措置もとられた。韓国では,90年代に大企業を中心に日本に類似した「正社員雇用慣行」が形成されようとしていたが,IMF危機以降,有期雇用,派遣労働,さらに個人請負形式など,多様な「非正規職」が急増することになった。

このように,韓国は長い軍事独裁時代を終えて,自由で民主的な労使関係と労働法が本格的に形成されようとした,その出発時点で深刻な経済危機という困難な状況に直面することになったのである。

Ⅲ 両国労働法の交錯・逆転

日本の雇用社会では,1970年代半ばに,雇用安定と労働条件改善が進み,それを支える労働組合の力量も極大値を示したが,80年代に入ると労働組合運動と労働法が大きく後退することになった。民間大企業では労組の協調的傾向が強まっていたが,「臨調行革」の中で官公労運動も衰退して,労働争議が急激に減少し続けた。85年,間接雇用を公認する「労働者派遣法」が制定され,「男女雇用機会均等法」制定に伴う,労基法の女性保護規定縮減など,戦後労働法体系の本格的見直しが始まり,その後約30年間,規制緩和が繰り返されてきた。とくに,80年代以降,パート労働に加えて,派遣労働や有期雇用などの「フルタイム非正規雇用」が増大し,その一方,正規雇用が減少を続け,日本の雇用社会は大きく劣化した。

日本で労組の後退が目立つようになった時期に,韓国では「民主労総」が誕生するなど自主的団結が大きく広がろうとしていた。しかし,97年—98年の

経済危機を画期として，雇用社会に多くの否定的現象が広がることになった。解雇による失業者，多様な非正規雇用（有期雇用と個人請負等）が登場し，「格差と貧困」が急激に拡大した。しかし，独裁政権時代以来，自主的労組に対する企業や公権力の敵対的態度は継続していたため，集団的労働関係では企業と民主労組の厳しい対立関係が始まった。使用者側は，団交拒否，報復的解雇，高額賠償請求などで対抗し，警察が争議介入して，労組役員を拘束することも多い。日本とは異なり，「人員整理は経営者の専権事項」，「整理解雇反対の争議行為は違法」とする経営者，政府，裁判所の立場と，「解雇は殺人だ」と抵抗姿勢を示す労働側との対立が激しく長期に及び，政治・社会問題化することが珍しくない。日本には「韓国の労組が過激である」という見方もあるが，日本でも労組が自主性をもって経営者と対峙していた時代には「首切り反対」で同様な闘争が見られた。両国の時代状況の違いと考えるべきである。むしろ，民主労総が，権力や企業と対抗し，また増大する非正規雇用組織化を意識して産業別組織への転換を目指し，一部実現していることに注目すべきである。

　2008年の世界不況で多数の労働者が解雇されたが，各国労組は争議行為でこれに対抗した。日本の争議損失日数は約1万日と世界最低であり，戦前水準にも達しなかった。同じ職場で働いていた非正規労働者が職を失っても，日本の労組は連帯した闘争ができなかったが，韓国は約80万日の損失日数の争議行為で抵抗した。日韓労組の差は大きい。そして，労働側が強い影響力を有する韓国では，政府が経営者に偏った規制緩和一辺倒の政策を選択することができない。金大中政権時代の「労働委員会での解雇救済制度」（98年），盧武鉉政権時代の「非正規職保護法」（2006年）は，日本法の影響が強かった従来法と比較して，日本よりも進んだ労働者保護の内容を有する，韓国独自の法制度と言うことができる。その後の李明博，朴槿恵政権は企業・財界に近い立場から，「自由な企業活動」を重視して「規制改革」も提起しているが，労働側を意識して企業規制を内容とする「経済民主主義」を標榜せざるを得ない。今後，日韓両国の労働法は，多くの分野で，それぞれ独自の展開を示す可能性が高いと思われる。

Ⅳ　日本から見た韓国労働法の注目点

　日韓両国は労使関係と労働法で，それぞれの展開が時期的に交錯してきたこともあり，多くの類似した状況とともに，相違点も目立つようになってきた。以下，韓国法の中でとくに注目できる点を指摘してみたい。

1　派遣労働規制

　1998年の「派遣勤労者保護法」は，日本法をモデルにしたとされるが，派遣期間を上限2年とし，それを超えたときには派遣先による「雇用みなし制」を導入している。均等待遇についても訓示規定であるが，盛り込まれたこと，違法派遣の場合，派遣先にも罰則を適用するなど，派遣先責任を重視している点でドイツ法に近く，日本より強く労働者を保護する内容を有していた[5]。日本が96年，99年，2003年と派遣規制緩和の法改正を重ねたのに対して，韓国では，逆に労働者保護を強化する2006年改正で，同種または類似の業務を行う正規職との差別待遇が禁止され，労働委員会での差別是正手続が新設された。2012年改正では違法派遣の場合，2年経過しなくても派遣先による直接雇用義務が規定された。

　そして，大法院は違法派遣や偽装請負事例で，派遣先責任を認める一連の判決を下した。請負業者が形骸的存在であれば，労働者と受入企業の間に黙示の労働契約成立を認める一方，違法派遣にも派遣法の「雇用みなし」規定を適用することを認めた。とくに，現代自動車蔚山工場事件判決（2010年7月22日）は，製造ラインで広がっていた「社内下請」が違法派遣にあたるとして，2年を超える労働者に対する派遣先の直接雇用責任を認めた。日本の最高裁が，同時期に松下 PDP 事件判決（2009年12月）で，偽装請負での派遣先雇用責任を否定したのとは対照的である。EU 諸国の法や判例に近い判断を示した韓国大法院判決は，日本の異常性を改めて際立たせるものであった。

5）　和田肇・脇田滋・矢野昌浩編『労働者派遣と法』（日本評論社，2013年）参照。

2　有期雇用規制

韓国「期間制法」(2006年) は，原則として2年以内の有期雇用 (期間制労働) を利用できるが，2年を超えるときには「期間の定めのない労働契約」を締結したとみなすことを規定する。労働側は，臨時的事由がある場合にだけ有期雇用を認める「入口規制」導入を主張したが，結局，上限2年での無期転換という「みなし制」による「出口規制」にとどまることになった。日本の改正労働契約法 (2012年) は，第18条で「5年無期雇用転換制」を定めた。韓国2006年法と比較して格段に遅れた内容であるが，同法が日本法に大きな影響を与えた。韓国では同法が2007年に施行され，既に無期転換の例が数多く報告されているが，問題点も指摘されている。無期転換が進まない日本との差を含めて，両国共同での研究が課題となっている。[6]

3　非正規差別の禁止・是正

2006年「非正規職保護法」は，差別的処遇の禁止と是正制度を導入した。すなわち，①使用者は有期雇用，短時間労働，派遣労働を理由に，当該事業・事業場で同種または類似の業務に従事する期間の定めのない労働契約を締結した労働者に比べて差別的処遇をしてはならない。②差別的処遇とは，賃金その他の労働条件などで合理的理由なく不利に処遇することであり，その他の労働条件は包括的である。③差別的処遇を受けた労働者は，労働委員会に3ヶ月以内に，その是正を申請することができ，差別の立証責任は使用者が負担する。労働委員会は，調査・尋問を経て差別と判定したときは使用者に是正命令を発する。日本の政府や経営者は，正社員が年功賃金であることを，職務給が一般的なヨーロッパとは異なって非正規労働者との「均等待遇」原則が適用できない理由に挙げてきた。しかし，韓国も職務給が支配的でないのに「業務」を基準に正規・非正規間差別をなくそうとしており，韓国で均等待遇原則がどのように適用されているかは大いに注目すべき点である。[7]

---

6) 徐侖希「韓国における期間制勤労契約 (有期労働契約) に関する法規制とその運用上の論点」労旬1783・1784号 (2013年) 32頁以下参照。

4　解雇規制

　1998年勤労基準法改正で，解雇に正当な理由を必要とすること，とくに，韓国でも日本と同様に整理解雇「四要件」が判例で確定していたが，これを同法第24条に明記した。さらに第25条では日本法にはない，解雇された労働者に対する「優先再雇用義務」を明記した。また，同法第28条では，通常の司法救済手続きとは別に労働委員会での不当解雇に対する行政救済手続きを定め，迅速かつ簡易な個別解雇救済を可能にしている。これらは日本には見られない韓国法の特長である。

5　集団的労働関係

　日本では労働争議を背景にした集団的労働関係は，ほぼ過去のものとなりつつある。これに対して韓国では集団的な労使対立が，きわめて激しい形で現れており，労働争議への公権力介入，労組役員の刑事訴追も稀ではない。集団的労使関係をめぐって ILO から韓国政府に対する要請や勧告が繰り返されている。最近では「違法」争議責任をめぐって，労組や役員への高額賠償請求が大きな社会問題になっている。日本における法解釈論が韓国の学説・判例に強い影響を与えてきたが，単純な解釈論だけではなく，両国の社会・経済・政治をめぐる具体的状況を踏まえた比較研究に基づく法理論探究が必要である。

　他方，筆者が大いに注目するのは，企業別組織から産別組織への転換をめざす労働組合運動の存在（金属労組など）である。たしかに，多くの困難を抱え紆余曲折の道を辿っているが，韓国労働運動は労働者や国民全体を代表しようとする志向を有している点で，一定の存在感を示し，労働者・市民からの期待を受けている。韓国との類似点を多く有する日本の雇用社会でも，対等で民主的な労使関係が復活し，非正規労働者を含む労働者全体の雇用安定と労働条件

---

7)　金善洙「韓国における同一価値労働同一賃金──Equal Pay for Work of Equal Value in Korea」労旬1767号（2012年）39頁以下参照。

8)　趙龍晩（チョ・ヨンマン）「改正勤労基準法上優先再雇用制の法的評価および争点検討」労働法研究（2007上半期）第22号128頁以下（原文は韓国語）参照。

9)　朴秀根「韓国における解雇紛争解決手続」野田進・野川忍・柳澤武・山下昇編著『解雇と退職の法務』（商事法務，2012年）411頁以下。

シンポジウムⅡ（報告④）

引き上げを目指す産別や地域を単位とした，新たな労働者連帯の形成が喫緊の課題となっている。こうした視点からは，韓国の集団的労働関係をめぐる動向，とくに産別組織転換上の法的問題，団結内部規制（本部・支部関係，産別と地域組織の関係，組合費，組合規約），業界団体との産別交渉・協約，さらには，産別労組のストライキなどにも大いに注目する必要があると考える。

(わきた　しげる)

《シンポジウムⅢ》
「就労価値」論の理論課題

シンポジウムの趣旨と総括	唐津　　博
「就労価値」論の意義と課題	有田　謙司
「就労価値」の法理論	長谷川　聡
──労働契約アプローチによる「就労価値」保障に関する一試論──	
「就労価値」の法政策論	神吉知郁子

《シンポジウムⅢ》

シンポジウムの趣旨と総括

唐 津 博
(南山大学)

Ⅰ　シンポジウムの趣旨

　何のために，人は働くのか？　この問いへの答えは，人さまざまであろう。生きていくためには，働かねばならない，人は生活の糧を得るために働くのである。あるいは，働くことに喜びを感じる，働くことによって自らの能力の可能性を追求する，人は働くことを通じて自己実現を図るのである。さらには，働くことによって自らが社会を構成する他の人々とつながっていること，社会の成員であることを実感する，人は社会の一員としての役割・責務を自覚し，それを果たす，社会に参画し，貢献するのである，等々。働くことには，程度の差はあれ，なにがしかの不自由さや困難，さらには負荷や苦しさが伴うにもかかわらず，人はそこに何らかの積極的な意義を見出そうとする。人は，働くことにも，またロマンを求めるのである。

　さて，労働関係を対象とする法的ルールである労働法の分野では，働くこと＝就労は，労働契約における労働者の義務と位置付けられる。労働契約は，法的には，労働と賃金の交換関係として把握・構成される。したがって，就労の第一義的意義は，賃金の対価としての意義，すなわちその経済的価値にある。しかし，就労の意義は，これにとどまるわけではない。前述したように，就労自体に，職業技能的価値，人格的価値を，さらには就労による人間関係形成，社会参加等の価値を見出す議論が展開されてきたのである。就労請求権論は，まさにその典型例であろう。ところが，現在の雇用社会は，このような議論を改めて意識させずにおかない状況を呈している。恒常的な過重労働や多様なハ

ラスメントの蔓延,さらには労働者の人格だけでなく生命の毀損・破壊をもたらすいわゆるブラック企業の横行等々,就労それ自体の意義や価値を疑わせるような例は枚挙にいとまがない。

他方,近年,雇用労働政策の観点から,障害者や高齢者の就労支援に関心が寄せられ,さらに,ヨーロッパ諸国における低所得者対策としての「福祉から就労へ Welfare to Work」,すなわち社会保障給付の受給者を労働市場に参加させる政策(雇用労働政策と社会保障制度との融合)において,就労は,重要な意味を与えられている。また,1999年ILO総会で事務総長の就任演説で表明されたディーセント・ワーク(働きがいのある人間らしい仕事)の理念は,社会的に大きな関心を集め,労働法研究者の議論にも影響を及ぼし始めている。これらはいずれも,雇用労働政策の場面での就労の意義を問いかけるものである。

そこで,本ミニ・シンポでは,このような現在的な問題状況を踏まえて,働くこと=就労の意義・価値(以下,「就労価値」という。)について,法理論的な側面(契約論的アプローチ)と法政策的な側面(政策論的アプローチ)の両面から検討を加え,論点の整理と問題提起を試みることとした。なお,本シンポは,2012年春学会のミニ・シンポ「貧困と生活保障——労働法と社会保障法の新たな連携——」(学会誌122号89頁以下)における議論・提言も含めて,学会における議論の広がりと深まりを意図していることを付言しておきたい。

II 報告の概要

1 有田報告

まず,有田会員は,「就労価値」をめぐる議論を労働法規範へ組み入れることを企図して,「就労価値」に関する労働法政策及び労働契約論を基礎づける規範的根拠としての生存権および労働権の再構成を論じた。同会員は,生存権は,もはや国民の経済的側面から把握される経済的権利としてのみ性格づけられるものではなく,人々の自由の拡大を支援する就労に対する権利としての性格を併せもつもの,換言すれば,就労機会の保障を通じた人としての存在の承認を求める権利を内包するものであり,「社会的包摂」の側面をその内容に含

むものとして把握されるべきであるとし，労働権は，このように再構成された生存権をその基底として，団結権，労働（就労）の場における平等権，人格権等を包含する，あらゆる就労の場における包括的基本権であると論じる。そのうえで，このように再構成された労働権は，立法政策の課題として，「社会的包摂」の実現，すなわち就労＝ディーセント・ワークを通じた社会的包摂を図るための法政策を推し進めていくことを規範的に要求するとして，社会的包摂の基盤を作り出すためのディーセント・ワークの創出（雇用の安定と就労にかかわる諸権利の保障），就労＝ディーセント・ワークの場から排除されない権利の保障（社会的差別の禁止，支援措置），ディーセント・ワークでない就労を強制されない権利の保障（労働の自由を確保するための就労の意思を有する者の発言，要求等を保障することによるワークフェアの立法政策の適正化），就労を通じた社会とのつながり（社会的包摂）の支援制度の整備の推進について論を進め，労働契約論の検討課題として，労働契約における付随義務論として「就労価値」の実現を図るべき使用者の就労利益確保義務という法的構成を提起した。

有田報告は，生存権と労働権とを再構成したうえで，包括的基本権としての労働権を構想し，この労働権によって「就労価値」の規範性を基礎づけようとする点に特徴がある。

2　長谷川報告

次に，長谷川会員は，「就労価値」論における契約アプローチの意義を確認したうえで，従来の「就労価値」に関わる議論の展開とその議論枠組みを整理し，この報告の目的が，近年の問題状況の変化に即して「就労価値」を再検討し，この結果に応じた労働契約法理の提言にある，とした。そして，「就労価値」の今日的特徴として，就労の社会的価値の高まり（就労を社会的包摂などの社会政策を達成する仕組みに組み込むなど，就労が社会にとっても価値あるものになっている），福祉国家の基盤的活動として法的に保護すべき「就労価値」が増えつつある，「就労価値」の意味が多様化している，さらに就労が持つ苦痛の側面を再認識させる実態の広がり（追い出し部屋や若年労働者の使い捨てのような労働者としての最低限度の利益を侵害する形態）を指摘する。そのうえで，「就労価

値」は，広く生存権および労働権を基礎として，争点となる就労からもたらされる利益としての「就労価値」の内容に応じて，平等権や教育権に根拠づけられるとしたうえで，労働契約関係という社会的関係を形成した使用者は，信義則上，労働契約上の義務として労働者の「就労価値」の実現に配慮し，不当にこれを侵害しない義務を負う，と論じた。

同会員は，この「就労価値」配慮義務を，労働契約の展開過程に即して，具体的な義務（締結・変更時の労働条件明示義務，展開過程における就労環境配慮義務等）として具体化するが，労働契約の終了においては，「就労価値」配慮義務によって解雇権濫用法理を基礎づけ，教育訓練を受ける機会の付与や他の業務に配置する可能性の検討等の解雇回避努力措置を，「就労価値」の実現に資する労働契約関係の継続を可能にする配慮を求めるものとして位置付ける。

長谷川報告は，「就労価値」の変化に対応する労働契約解釈の変化の可能性を探る，新たな使用者義務論の試みといえよう。

3 神吉報告

神吉会員は，就労の個人的・経済的価値は賃金であり，伝統的な労働法は雇用保障によってこの価値を守ることを主眼においてきたが，就労には，社会的・経済的価値（社会的な富の増大，すなわち，経済活動の担い手を増やすというプラス面を強調して，成長戦略の一つとして就労の価値を位置付ける）や，社会的・人格的（非経済的）価値（社会全体の統合，包摂，連帯という価値）があり，就労が安定的な社会の創出に資する側面を有していることから，近年の社会保障制度設計の根底には，「就労価値の社会化」という現象がみられる，として，就労の社会的価値を高める政策は，就労の義務的側面の強調やひいては就労強制につながる（就労の社会的価値の強調が就労の個人的価値を損いうる）危険性があると指摘して，両者のバランスをどのようにとっていくか，という課題があることを指摘した。

同会員は，社会保障制度の持続可能性を支えるために，戦略的に就労を奨励する必要が意識されつつあるとして，生活保護制度における「就労自立」の考え方，また生活困窮者自立支援法の定める「中間的就労」を取り上げて，その

実質的意義を検討したうえで，就労支援は就労の個人的価値を高めるだけでなく，同時に社会的価値を高めるものだという意義をまず認めてみてはどうか，と問いかけ，そのうえで，就労の主体の自己決定の余地は必須であるので，就労の個人的価値の実現と社会的価値の実現をすりあわせるために，個人の意思をどのように反映させるか，そのプロセスをどう構築していくかが課題である，と論じる。

神吉報告は，特に社会保障法政策の場面において「就労」の個人的価値と社会的価値が衝突する可能性と課題の所在を指摘するものであり，「就労価値」の新たな議論枠組みを提示するものであった。

Ⅲ　ミニ・シンポ質疑の概要

報告後の質疑では，書面で提出された質問について各報告者から回答がなされ，その後，フロアーからの質問に対して応答が行われた。

まず，改正派遣法は使用者に労働者のキャリア形成を支援することを義務付けているが，これを踏まえたうえで就労価値を論じる必要があるのではないか（安西愈会員）との有田報告への質問に対して，有田会員から，これを肯定したうえで，派遣元の支援の内容が問われるとの指摘がなされた。

有田報告と神吉報告は，「就労価値」を個人的価値と社会的価値に分けて論じたが，この区分は正しいのか（豊川義明会員），その区別の基準は何か，（清水泰幸会員），就労労働者の労働は企業を媒介とするものなので，就労の社会的価値は，企業体の活動，事業内容の社会的有用性と結びつくのではないか，企業体そのものを検討の対象とすべきではないか，協業や労働の相互依存性を，どのように考えるか（豊川義明会員），との質問があった。これに対して，神吉会員は，この区分が正しいかどうか判らないが，就労には多様な価値が認められるということを踏まえて，就労価値というものを論じる一つの視点としてこのような区分をしたと説明し，有田会員は，就労は個人にとって意味があるというだけでなく，社会保障制度の維持等を含めて，社会にとっても意味があるという理解に立つもので，企業の事業内容等については考慮していない，と答え

シンポジウムⅢ（報告①）

た。また，神吉報告に対して，社会的・人格的価値（非経済的価値）として，具体的にどのような利益を想定しうるのか，連帯や社会的包摂とは具体的にどういう意味か，社会的・非経済的価値の実現のために就労の個人的価値との間に対立が起きるのはどのような場面か（中村和雄会員），との質問があった。神吉会員は，以下のように説明した。たとえば生活困窮者支援として，「引きこもり」への就労促進が想定されているが，社会から隔絶して居場所がない人が就労を通じて社会とつながり，また，その人に社会の一員としての居場所を確保することが社会的統合を実現することになる。けれども，この場合，本人が就労を望まないのに，間接的に就労を強制することになる可能性があるので，この点をどのように調整するのかが課題である，と。

また，労働法規の適用されない「中間的就労」はディーセント・ワークと「就労価値」という観点からどのように評価されるか（奥貫妃文会員）との質問に対しては，神吉会員から，「中間的就労」が，労働法規の適用される一般就労へのステップとしてではなく，恒久的なものとなるのは問題である，有田会員からは，「中間的就労」についても一定の法的最低基準を考えることが必要であるとの見解が示された。なお，神吉会員からは，関連して，社会保障法の領域だけでなく，労働法の領域でも「就労価値」の社会化が認められるとして，改正最低賃金法では最適賃金額の決定に際して，賃金水準の妥当性だけでなく，生活保護水準との関係が考慮されている点があげられた。

長谷川報告については，「就労価値」配慮義務の履行請求について，その内容の特定に困難があるのではないか（豊川義明会員），従業員それぞれの「就労価値」が異なるために利害が対立することが考えられるが，その場合，労働者は，使用者の配慮義務の履行に協力すべき義務（対立する労働者間での受忍義務）を負うことになるのか（河合塁会員），職種や業務内容が限定・特定された労働契約の場合，「就労価値」配慮義務は，どのような義務を導き出すのか（細谷越史会員）との質問があった。これらは，「就労価値」配慮義務の具体的内容，法的効果を問うものであるが，長谷川会員は，履行請求の具体的内容は，「就労価値」が損なわれている事案によって異なる（追い出し部屋の場合は，原職が基準であり，身体の不調の場合は，法令等の内容が手掛かりになる），配慮義務は使

用者の義務として構成するので，たとえば体調不良についてある労働者の職務軽減措置を講じれば，その分を他の労働者が負担することになるとしても，その調整は使用者の負担でなすべきものであり，労働者に転嫁できるかは問題である．職種が限定されていてもその限定の範囲内での調整が可能と考えられるが，どの程度の配慮が求められるのかは，当該事情に即して判断される，との回答があり，いずれについても今後の検討課題としたい，とされた．

その後，フロアーから，有田報告と長谷川報告では，「就労価値」を個人的な法益としてとらえて，そこに就労の持つ社会的価値を反映させる議論がなされているのに対して，同じく社会的価値といっても，法政策の観点から神吉報告が論じる社会的価値とではその意味にズレがあるのではないか（毛塚勝利会員），長谷川報告に対しては，「就労価値」の実現のためには妨害排除請求や具体的措置の履行請求が必要ではないか，そうすると配慮というより積極的に考えたほうがいいのではないか，配慮義務というのは狭いのではないか（鎌田耕一会員），配慮ではなく妨害排除請求できる，というのであれば，使用者に労働受領義務を肯定するという考え方になるのか（土田道夫会員），そもそも，使用者は労働者の「就労価値」を実現する義務を負うと考えるべきなのか（濱口桂一郎会員）等の質問が出された．これらに対して，各報告者からの応答がなされたが，いずれも重要な指摘であるので，学会誌に掲載する原稿執筆に際して考慮すべき課題として受け止めることとされた．

IV　ま　と　め

本シンポでは，「就労価値」の規範的意義をディーセント・ワークという新たなコンセプトを基軸として再構成した生存権・労働権によって基礎づけ，契約論的観点から「就労価値」の現代的意義に即して使用者義務を構成し，法政策的観点から「就労価値」活用の意義と課題が論じられ，これらの試論について，多くの会員との質疑が交わされた．いわゆる就労請求権論は，「就労」は，労働者の義務であって権利ではない，との法的テーゼへの挑戦という意義をも担っているが，本シンポでの研究報告は，就労請求権論のコアである「就労」

の法的利益性（法的に保障されるべき利益性）を論証しようとする試みであり，「就労」それ自体の権利性を承認する議論への道を開くものといえよう。この意味で「就労」価値の現在的意義を問う本シンポは，今後の議論展開の可能性を強く期待させるものであったように思われる。

（からつ　ひろし）

「就労価値」論の意義と課題

有 田 謙 司

(西南学院大学)

I　はじめに——問題の背景と問題意識

　今日，人びとの働くこと・就労の価値の意義を問いかける状況がみられる。多様なハラスメント，ワーキング・プア等の労働者の生存を脅かし，人格を破壊する劣悪な就労環境という就労価値が毀損されている状況，追い出し部屋による退職強要の問題等の価値ある就労から排除される状況，そして，就労自体の価値を認める新たな立法動向（2013年の障害者雇用促進法の改正や生活困窮者自立支援法の制定等）である。

　以上に指摘した状況は，労働法における「就労価値」の意義を改めて検討する必要を示していよう。本稿は，そうした問題意識の下，「就労価値」論の労働法規範への組み入れを企図するものである。なお，本稿での「就労」は，広く「働くこと」を意味し，雇用労働に限らないものである。

II　「就労価値」をめぐる基礎理論

1　就労価値をめぐる哲学的基礎理論

　就労価値をめぐり，哲学者の大庭健が次のような議論を展開する[1]。大庭によれば，われわれが「生きるためには働かざるをえない」という必要性は，「働かないと食べていけない」という事実によるものではあるが，しかし，この必要性は，人間として互いに存在を肯定しあって生きていくための規範的な要件

---

[1]　大庭健『いま，働くということ』（筑摩書房，2008年）108—109頁・255—256頁。

でもある。われわれは、対他存在としての人間であるから、「誰もが必要とするもの・必要としうるもの」を提供しているという、自分の社会的な役割の承認なくして生きることはできない。そのつど「他者に対して―何ものかとして―ある」そうした対他存在としての自分の存在を自ら肯定できることが、われわれが生きていく上で必要である。そうであれば、働きたくても働けない、あるいは劣悪な条件で働くことを強いられることは、そうした人生／いのちの肯定の基盤が脅かされることに他ならない。

こうした就労価値の理解は、人びとが失業したときに感じるつらさを考えれば、十分認めることができよう。就労は、「人間としての社会的な存在の承認」に関わるものである。就労価値が「人間としての社会的な存在の承認」にあるとの認識は、就労価値の規範的な把握の基盤とすべきものである。

2　就労価値と潜在能力アプローチ

潜在能力アプローチ（capability approach）を展開するアマルティア・センは、人びとの自由を拡大するような社会的支援は、個人的責任と親和的という。というのも、人は、実質的な自由となにかを為す潜在能力なくして、自分が為すことに対する責任を持ち得ないからである。実質的自由と実際になにかを為す潜在能力をもつならば、人は為すか為すまいかを考える（普遍的な）責務をもつことになるから、自由は責任に対して必要かつ十分の関係にある。このセンの指摘は、就労の社会的支援が就労についての自由の尊重の上になされなければならないことを明確にし、ワークフェア（workfare）の法政策が拡大している中で、就労は強制されるものではないことを改めて認識させる。

2）　精神科医の斎藤環も、就労の意義は「食べていくため」にあるだけではなく、「他者から承認されるため」にもあるのであって、そうした就労を通じた他者からの承認により、人は「実存の不安」を解消できる、と大庭と同旨の理解を示す。斎藤環『「社会的うつ病」の治し方』（新潮社、2011年）199－200頁。

3）　阿部彩『弱者の居場所がない社会』（講談社、2011年）110頁。

4）　大庭・前掲注1）書105頁。

5）　A. Sen, Development as freedom, 1999, p. 284（鈴村興太郎・後藤玲子『アマルティア・セン――経済学と倫理学〔改装新版〕』（実務教育出版、2002年）286頁）。

3　就労の多面性

　経済学者の杉村芳美は、ハンナ・アレントの3つの活動力（activity）の区別を参照し、就労の多面性の議論を展開する。アレントは、人間の活動力を、①人間の生物学的過程、生命の維持に対応する活動力の「労働（labor）」、②人間存在の非自然性に対応し人工的世界を作り出す活動力の「仕事（work）」、③人間の多数性に対応し、人と人との間で行われる言語活動である活動力の「活動（action）」の3つに区分する[6]。杉村によれば、アレントの区分は今日の就労の多面性を表すもので、人間の就労はこれら3つの活動力の性格を併せ持つ[7]。

　また、精神科医の斎藤環は、アレントのいう「活動」が、他者との相互人格的なコミュニケーション、人間関係の網の目を通じて始めることをその本質とし、それが言論を通じて他者の中に自分を現していく行為であり、同時に「世界」に意味を与えていく行為であることから、その限りで、自己愛システムを成熟させる契機となり、「社会的うつ病」に罹患した人の社会復帰に寄与するとして、就労の「活動」の側面の重要性を指摘する[8]。就労の「活動」の側面を「就労価値」の規範論へ接合するに際し如何に位置づけるかが、重要な課題といえよう。

Ⅲ　「就労価値」の法的把握

　以上の基礎理論的検討から、就労を通じた自己の社会的役割の社会による承認によって対他存在としての自分の存在を自ら肯定できることが、人間にとって人生／いのちの肯定の基盤となっていることを確認できた。就労を通じて人生／いのちの肯定の基盤を形成することが、規範的に要請されている。そうであれば、就労は、対他存在としての自分の存在を自ら肯定できるような「ディーセント・ワーク（decent work）」であることを求められる。

---

6)　H. アレント（志水速雄訳）『人間の条件』（筑摩書房、1994年）19―20頁。
7)　杉村芳美「人間にとって労働とは」橘木俊詔編著『叢書・働くということ①働くことの意味』（ミネルヴァ書房、2009年）52頁。
8)　斎藤・前掲注2)書200―203頁。

そのような就労価値を法的に把握するに当たり、就労価値の複合的構造を検討する。就労価値には、①就労価値の哲学的基礎理論で確認したところのものを意味する「人格的価値」の側面、②個人が就労により所得を得ることという意味での個人にとっての「経済的価値」と、就労により社会に富が生み出され、それを通じて税収・社会保障財源が確保される社会にとっての「経済的価値」の2つの側面を含む「経済的価値」の側面、③社会において就労が持つ価値であり、就労を通じて個人が社会に包摂されること（「社会的包摂（social inclusion）」）により、社会の安定が図られることを意味する[9]「社会的価値」の側面が存する。

就労価値は、個々人の就労ごとに3つのそれぞれの側面に濃淡の差はあれ、それらが融合したものと把握されるべきであり、経済的価値のみに帰し得ない。このことは、雇用労働の就労に限らず、福祉的就労においても、就労価値が実現されるべきことを意味する。さらに、③における社会的包摂は、①の側面と②の側面にとっても、その実現のためには必要となる。その意味で、就労価値の実現には、社会的包摂が規範的に要請される[10]。

IV 「就労価値」の法的保障を基礎づける労働権の再構成

以上のように就労価値を法的に把握すれば、就労価値の実現の法的保障を基礎づける規範である基本権として、生存権と労働権を捉え直し、その再構成を図るべきこととなろう。まず、労働権の再構成の前提となる生存権の再構成を、その後に労働権の再構成について考える。

1 前提としての生存権の再構成

従来、生存権は、主として国民（住民）の経済的側面から捉えられ、経済的権利であるとの理解が一般的であった[11]。しかしながら、就労を通じた自己の社

---

9) 工藤啓・西田亮介『無業社会』（朝日新聞出版社、2014年）24頁。
10) 高橋賢司「労働法学における新たな法思想『社会的包摂』の可能性」山田省三・石井保雄編『労働者人格権の研究 上』（信山社、2011年）25頁以下。

会的役割の社会による承認により対他存在としての自分の存在を自ら肯定できることが人間にとって人生／いのちの肯定の基盤となっているとの理解に立って生存権を再考すれば，生存権は，もはや経済的権利としてのみ性格づけられるものではなく，人びとの自由の拡大を支援する就労に対する権利としての性格も併せ持つと理解すべきであろう[12]。生存権は，就労機会の保障を通じた人としての存在の承認を求める権利を内包する[13]。ここにおいて，生存権は，労働権との接合を図られ，労働権の基底に存し，それを支えるものとなる。このようにその性格と規範的内容を理解すれば，生存権は，「社会的包摂」の側面をその内容に含むものと把握される。

2　労働権の再構成

生存権の再構成を受けて，労働権は，あらゆる就労の場における包括的基本権と再構成される[14]。労働権は，再構成された生存権をその基底に含み，団結権，労働・就労の場における平等権，人格権等を包含する基本権である。これは，労働権が全ての就労に関わる法規範の根拠を提供することを意味する。

このような労働権の理解は，次のような考え方による。すなわち，労働権が保障すべき就労はディーセント・ワークでなければならないとの理解は，今日では共通理解となっている[15]。そして，ここでいうディーセント・ワークとは，生産的な雇用へのアクセス，仕事・所得・職場における安定・安全，核となる労働に関わる権利，それらのものを定め達成するための交渉・社会的対話の民主的な方法を構成要素とすると解されている[16]。このような内実のディーセン

---

11)　菊池馨実「貧困・差別問題と憲法学」戒能通厚ほか編『法創造の比較法学』（日本評論社，2010年）147頁。
12)　菊池高志「わが国における生存権の展開」深山喜一郎ほか編『荒木誠之先生還暦祝賀論文集　現代の生存権』（法律文化社，1986年）279頁も参照。
13)　菊池馨実「貧困と生活保障」日本労働法学会誌122号（2013年）117頁。
14)　有田謙司「労働法における労働権論の現代的展開」山田晋ほか編『社会法の基本理念と法政策』（法律文化社，2011年）27頁以下を参照。
15)　有田・前掲注14)論文を参照。
16)　田口晶子「ディーセント・ワークと労働者人格権」山田省三・石井保雄編『労働者人格権の研究　上』（信山社，2011年）71頁以下等を参照。

シンポジウムⅢ（報告②）

ト・ワークを保障する労働権は，必然的に，その内容として上述のような諸権利を含むものとなる。これが，労働権を就労の場における包括的基本権と理解すべきと考える所以である。

なお，ディーセント・ワークの内容としての社会的対話は，様々なレベルの団体交渉のみならず，個人レベルでの協議等も含むと解され，就労の意思を有する者が，発言し，要求し，協議し，交渉できる能力・権限・権利であるcapability for voiceとして，労働権の規範内容に含まれと考える[17]。

3 労働権の権利主体

労働権の権利主体は，労働者に限らず，広く「就労の意思を有する者」となる。それは，全ての国民に労働権を保障する憲法の定めからでもあり（27条1項），また，再構成した生存権が労働権の基底に存することを考えれば，雇用関係を前提としない福祉的就労においても広く就労の意思を有する者が労働権の権利主体とされるべきだからである[18]。

「就労の意思」は，自由なもので，強制されていないことを前提とする。センの自由と責任に関する議論は，その根拠となろう。このような理解では，労働の義務（憲27条1項）は，労働の自由を前提としたものと解され，労働の自由が最大限尊重されることこそが，規範的に要求される。ただ，強制と誘導との線引きは難しいが，就労の価値を強制にならない形で認識させ就労へ誘導する施策は，労働権の規範的要請といえよう。長期間の失業や無業の経験者にはそれが原因で就労意欲を失い，自らの意思のみでその状態の改善を期待できない者が多いため[19]，「就労の意思を有する者」には一時的に（期間の長短を問わず）就労意欲を失っている者も含めるべきだからである。

---

17) S. Deakin and A. Koukiadaki, 'Capability Theory, Employee Voice, and Corporate Restructuring: Evidence from U. K. Case Studies' 33 COMP. LAB. L. & POL'Y J. (2012) 427, p. 434 は，capability for voice を「自己の意見や考えを表明し，それを公的な議論（public discussion）の過程で考慮させる能力」とする理解を示している。
18) 菊池・前掲注13)論文118頁。
19) 丸谷浩介「長期失業者に対する雇用政策と社会保障」日本社会保障法学会編『新・講座社会保障法 第3巻』（法律文化社，2012年）270頁。

4　労働権と「就労価値」実現の責任主体

　労働権保障により就労価値を実現すべき責任主体は，一次的には国家である。国家は，労働権の実現へ向け立法政策を行う責務を果たすことになるが，就労が雇用による場合，雇用の一方当事者たる使用者に法律で一定の義務を課すことで，自らの責務を果たすことも多い。そもそも，雇用を通じた就労では使用者の存在抜きにその実現を図ることはできないから，使用者は，二次的に就労価値を実現すべき責任主体と解される。このことは，国家が使用者に対し法律により就労価値実現のため一定の義務を課すことを根拠づける。責任主体としての国家と使用者は，労働権の実現へ向け遺漏のないよう責任を分有する。

V　労働権と「就労価値」実現のための立法政策

　対他存在としての人間にとって「人間としての社会的な存在の承認」に関わるものであるとの就労の意義を正面から捉えて，再構成された労働権は，立法政策の課題として，就労を通じた「社会的包摂」の実現を規範的に要求する。

1　社会的包摂の基盤を作り出すためのディーセント・ワークの創出

　社会的包摂の基盤を作り出すためのディーセント・ワークの創出は，国家が労働・就労条件等を規制し，雇用・就労関係の安定と労働・就労に関わる諸権利を保障する立法政策を実施して行われる。そして，国家は，就労形態のいかんに関わらず社会保障の諸権利が保障される立法政策を社会保障法との連携の下に行う。こうして，ディーセントな雇用その他の就労の量的確保が図られる。
　また，就労の意思を有する者が，交渉により労働・就労条件の向上を図り，雇用・就労機会の創出政策へ参加することを通じて，労働権の実現に関し権利主体によるモニタリングを可能とするため，capability for voice を保障する立法政策がとられるべきである。

2　就労の場から排除されない権利の保障

　就労の場から排除されない権利を保障するため，まず，就労の意思を有する

者のディーセント・ワークの就労機会への障壁を取り除く立法政策がとられるべきである。それが差別に起因するものであれば，その除去のための差別禁止の立法措置をとり，差別禁止では十分でない場合，必要な支援措置を提供する立法政策がとられるべきである。その意味で，改正障害者雇用促進法にみられる立法政策は，基本的な方向性では評価しうる。

3 ディーセント・ワークでない就労を強制されない権利の保障

雇用保険法の「失業」認定における「労働の意思」の判断に関わり積極的な就職活動のモニタリングを強め，失業者に条件の悪い就職先への就職をも受け入れざるを得なくする動きのように[20]，所得保障給付における就労促進を強めるワークフェアの法政策が拡大している状況において，センの自由と責任の議論を想起し，ディーセント・ワークでない就労を強制されない権利を保障すべく，ワークフェアの立法政策の適正化を図る必要がある。そして，労働の自由の確保のためには，制度設計レベルから個々人の給付を受けるレベルまでのcapability for voiceの保障が必要である。

労働権と所得保障の権利は補完関係にあり，所得保障の権利の実現方法とその制度設計の仕方は，労働権の規範的に要求するディーセント・ワークの保障で担保された労働の自由の実現という法政策と整合的なものとされるべきであるから[21]，ワークフェアの法政策を適正なものに抑制するものとすべきである。

4 「就労」を通じた社会的包摂の支援制度の整備

就労自体の価値を認め，就労を通じた社会的包摂を支援する制度の整備が課題となる。これまでも高年法における「生きがい就労」（高年40〜48条）が，そうしたものとしてある。これに加え，昨年制定された生活困窮者自立支援法に「生活困窮者就労準備支援事業」・「生活困窮者就労訓練事業」に関わる規定

---

20) 矢野昌浩「労働市場への社会的包摂とディーセント・ワーク」法時85巻3号（2013年）7頁，木下秀雄「就労支援と生活保障」法時86巻4号（2013年）30頁を参照。
21) 有田謙司「労働法学における労働権論の展開」RIETI Discussion Paper Series 13-J-029（2013年）15頁。

（2条4項・6条1項・8条4号・10条）が設けられた。

　ただ，それらには，就労者の「労働者」該当性の問題があり，労基法等の適用が認められず，就労条件に関し法定最低基準の保障を欠くという問題がある[22]。この問題に労働者概念の拡張による対応が困難と思われる生活困窮者自立支援法の「中間的就労」の部分については，特別な就労条件の最低基準の法定を検討すべきであろう。労働権が規範的に要請する方向である。

　加えて，「中間的就労」は，労働市場における一般就労へ移行し得る者がそこにずっと留まることにならない制度となっているか，その実効性を検証する必要がある[23]。だからといって，これをワークフェアの方向へ持っていくべきでないことは言うまでもない[24]。

　また，capability for voice の保障の仕組みを制度の中に組み込むことは，就労の「活動」の側面と人としての存在の社会的承認の観点から，そして「中間定就労」に就く場合の個々人の状況に応じた個別的支援の内容がディーセント・ワークの観点から適正なものとなるようにするために，不可欠である。

Ⅵ　労働権と労働契約論における「就労価値」の実現

　再構成された労働権からの規範的要請により，使用者は国家とともに就労価値実現の責任主体であるとの認識の下，就労による労働者の存在の社会的承認の視点から，労働契約関係の一方当事者たる使用者の労働契約上の義務を検討すべきである。使用者は，労働契約上の信義則を介し，就労価値の実現に協力すべき労働契約上の義務を負うと解される[25]。これは，労働契約における付随義

---

22)　中村和雄「生活困窮者自立支援法案における『中間的就労』の問題点」季労242号（2013年）93頁以下，上田真理「ワークフェアの社会法学的検討」法時86巻4号（2013年）40頁。
23)　矢野・前掲注20)論文6頁。
24)　改正生活保護法55条の6の被保護者就労支援事業は，保護の停廃止を制裁に「中間的就労」を事実上強制するものになりかねない懸念がある。舟木浩「生活困窮者自立支援法の意義と問題点」自由と正義65巻5号（2014年）29頁。
25)　このような憲法規範に由来する労働契約上の義務の創出という考え方については，唐津博「労働契約試論」労旬1798号（2013年）27頁以下。

務による就労価値実現を図るもので，使用者の就労利益確保義務（不法行為における注意義務でもある）と構成しうる。

　この義務は，労働者の就労価値を損なう使用者による指揮（業務）命令権の行使の仕方に対し，これを労働契約において内在的に制約する。労働者がこの義務に反した就労価値を損なう指揮（業務）命令を行わないよう使用者に求めうるかは検討を要するが，少なくとも，就労利益それ自体が保護法益とされるので，使用者がこの義務に反したことで労働者の就労利益が侵害された場合，賃金支払いでは回復されない損害として，慰謝料請求が可能となる。

　また，この使用者の就労利益確保義務は，就労の「活動」の側面から就労を価値あるものとするため，また，就労価値に対する利益確保の前提条件となるものとして，労働者のcapability for voiceの確保義務を含むと考える。これは，労働者の就労利益の積極的確保（キャリア形成の利益の実現）を可能としよう。

Ⅶ　おわりに

　以上，本稿では，労働法における「就労価値」の意義について，就労（労働）を通じた自己の社会的役割の社会による承認によって，対他存在としての自分の存在を自ら肯定できることが，対他存在としての人間にとって，人生／いのちの肯定の基盤となっていることと捉え，これを法的に把握して規範論に取り込むべく，生存権・労働権の再構成を試み，それが立法政策論および労働契約論へ反映されるべきこと，その際の基本的課題について論じた[26]。それを踏まえた各論的議論を展開することは，これからの課題としたい。

（ありた　けんじ）

---

26)　本稿の議論内容をもう少し詳細にした別稿（労旬に掲載予定）も参照されたい。

「就労価値」の法理論
——労働契約アプローチによる「就労価値」保障に関する一試論——

長谷川　聡

(専修大学)

I　本稿の目的

　就労は，労働者にとって賃金を獲得することのほかにも自己実現や職業能力の形成等の様々な価値を持つ。こうした「働くことの価値」，本稿にいう「就労価値」を保障する必要性や方法は古くから論じられてきたが，不断に変化する社会状況は，これと不可分の「就労価値」の内容とその保障方法の見直しを常に要請する。この見直しを反映した法的視角を既存のそれに加えることは，今日一定範囲において規範的に要請されている。

　本稿は，こうした認識から，近年の社会や法理等の変化が，「就労価値」の内容とこれを労働契約法理によって保障する方法に関する既存の議論に新たに加える視角について問題提起をすることを目的としている。

II　「就労価値」に関する議論と分析の視点

1　「就労価値」への着眼

　「就労価値」は，従来様々な意味や保障方法を与えられてきた。

　当時「労働の疎外」が主張されていた実態とは逆に，就労の価値を見つめ直す必要性を指摘し，これを法的に評価した代表的論者が下井隆史である[1]。下井は，就労が，生活を支えるための手段的活動であると同時に，それ自体が目的

---

1)　下井隆史『労働契約法の理論』(有斐閣, 1985年) 116頁。

であることを指摘し，組合活動の権利の保障を意識して，就労妨害禁止の仮処分における被保全権利としたり，使用者の債務不履行による責任として賃金支払とは別に損害賠償を根拠付けたりすることを目的に，就労請求権を肯定する。

2 「就労価値」論の展開

就労自体に価値を認める視角は，就労を取り巻く社会の変化を受け，組合活動の文脈から離れてさらなる展開を見せる。

(1) 職業的能力の発現としての就労

毛塚勝利は，成果主義賃金制度の登場に伴う賃金法理の再構成を論じる文脈で賃金の社会的意味を検討し，賃金が労働者の職業的能力の価値の表現であることを指摘する[2]。この観点から，使用者は職業的能力を尊重配慮すべき付随義務を負うことを主張し，職能開発協力義務，適正配置義務，就労請求権をその内容として導き，また，職業的能力の評価に関わる賃金制度等においては適正評価義務を導く。この見解は，就労を職業的能力の発現として評価し，就労そのものに法的価値を認めるものといえる。

(2) キャリア権論

これに対し，就労そのものの法的価値を語ることなく，就労を通じてもたらされる利益の保障に着目する見解も生まれる。諏訪康雄のキャリア権論は，日本型雇用が転換期を迎え，外部労働市場も含めた労働法制のあり方を考える必要があるという認識の下，就労が人的資源を有効活用し，労働者のキャリア形成の手段としての意義を有することを指摘して，就労とその質の確保に資する理論的基礎を提供する[3]。キャリア権は，個人の主体性と幸福追求の権利を根本にして，生存権を基底に，労働権を核に職業選択の自由と教育権を統合したものとして位置付けられる。

(3) 労働付与義務論

こうした学説が展開する一方，就労の質の確保については様々な労働契約の

---

2) 毛塚勝利「賃金処遇制度の変化と労働法学の課題」日本労働法学会誌89号（1997年）5頁。
3) 諏訪康雄「キャリア権の構想をめぐる一試論」日本労働研究雑誌468号（1999年）54頁。

解釈のあり方が提起されているが，就労請求権についてはこれを例外的にしか認めない立場[4]が有力であり，判例では支配的である[5]。

　この現状をふまえて，就労請求権の目的を従来とは別の角度から達成しようとする試みとして唐津博の「労働付与義務」論がある[6]。唐津は，就労請求権論の意図は，金銭に換価することができない就労の価値・利益を保障することにあり，これを実現するために，労働者の「就労」について使用者はどのような労働契約上の義務をどのような根拠で負うと解すべきかという問題設定をする。そのうえで，「就労」は，個々の労働者にとって多面的かつ重層的な法的価値を有しており，「公正ルール」としての労働権等が規律する信義則に基づいて，使用者が，この労働者の「就労」価値・利益を尊重し，これに配慮すべき義務，すなわち「労働付与義務」を負うと主張する。ここから就労をさせない場合には合理的根拠を要すること，労働者の「就労」価値・利益を尊重し，これに配慮した「就労」機会を提供する義務を導く。

(4) ディーセント・ワーク論

　さらに近年では，西谷敏が，自己決定理念を基軸とする労働法理論の下に，就労をそれ自体価値あるものとして，ディーセント・ワークの不可欠の部分として信義則を基礎に就労請求権を肯定し，ディーセント・ワークといえる就労の質の確保を目指す立論を行っている[7]。格差社会，過重労働，雇用不安と労働条件の低下・パワハラの発生，労働への情熱の持ちにくさという問題が存在する今日の社会状況の下，就労は，仕事の「面白さ」，社会的有用性の認識，社会的関係の形成などにつながる点において，人間存在の本質と結びつき，先に指摘した実態の下で法的保護に値する権利であると指摘する。

---

[4] 菅野和夫『労働法〔第10版〕』（弘文堂，2012年）92頁。
[5] 読売新聞社事件（東京高決昭33・8・2判夕83号74頁）。
[6] 唐津博「労働者の「就労」と労働契約上の使用者の義務——「就労請求権」と「労働付与義務」試論」西村健一郎他編・下井隆史先生古稀記念『新時代の労働契約法理論』（信山社，2003年）157頁。
[7] 西谷敏『人権としてのディーセント・ワーク』（旬報社，2011年）。

3 分析の視点

以上によれば，まず就労が金銭に換価することができない価値を持ち，この価値を実現するためには，就労とその質の確保が有効であることについては，コンセンサスが形成されているといえる。

見解の相違は，就労を取り巻く現代社会をどのように認識し，どの点に問題を見て，あるべき社会を実現するために就労にいかなる意義を見出すのか，という就労の本質に関する理解の相違を反映して表れている。また，ここで着目した「就労価値」を労働契約関係において保障する際には，就労そのものの法的価値を語るか否か，使用者が「就労価値」を保障する義務を負う規範的根拠，この規範的根拠を労働契約の仕組みや特徴の中で説得的に具体化する方法などが争点となっている。

Ⅲ 労働契約アプローチによる「就労価値」の保障

1 本報告の社会認識と着眼点

(1) 就労をめぐる近年の動き

一般的に指摘されるところだが，企業環境の変化に即して日本的雇用慣行は変容し，成果・能力を処遇に強く反映する人事制度が広まった。雇用の流動化の進展が，多様な社会システムを関連付けて雇用保障の実現に接近する必要性を提起したことは，キャリア権論が指摘するとおりである。

また，社会経済の成熟化は最低労働条件を切り上げ，就労を社会的包摂の手段として社会システムの中に位置付けることを容易にした。しかし反面，ディーセント・ワーク論が意識する，「就労価値」から実質的に排除され，労働者としての最低限の尊重を受けない就労実態が拡大・再発見されている。さらには，社会保障財政が厳しくなる中で，社会保障制度の利用において就労に向けた努力をより強く求める動きが生まれている。

そして労働者像の多様化，すなわち労働者概念や正規労働者の多様化に関する議論の高まりに見られるような働き方の多様化や，女性や高齢者等の職場進出による労働者が持つ属性の多様化が進んでいる。

(2) 「就労価値」の今日的特徴

　以上の社会認識を前提とすれば，まず，前述した「就労価値」に関する議論の基盤が今日も維持された上で，就労が個人及び社会にとってより高い社会的価値を持ちつつあることを指摘することができる。就労は，社会保障制度の適用要件・負担軽減や社会制度の効率的運用など社会を維持，存続させるために不可欠な構成要素とともに，社会参加や社会とのつながりの形成など，社会に関する個人の利益の実現に必要な行為になっている。今日就労は，個人と社会の両面から，福祉国家の基盤的活動として法的に保護すべき価値を備えている。

　また，労働者像の多様化は，就労からもたらされる利益としての「就労価値」の意味を多様化させており，これの保障内容・方法の検討にあたり当事者の意思や状態を反映させる必要性を意識させる。

　さらに，労働者としての最低限度の尊厳を侵害する，就労の苦痛の側面を再認識させる実態の広まりは，労働契約関係の前提として，公序として最低限保障されるべき「就労価値」の保障の必要性を指摘する。

2 「就労価値」と信義則

　以上の近年の就労をめぐる変化は，「就労価値」の規範的根拠やこれを権利義務として具体化する必要性と方法に新たな視点を加える。規範的根拠に関する議論は，ここでは本書の有田論文に譲り，以下同論文を基礎に論述を進める。

　規範的要請を労働契約関係に反映する手段として，従来信義則が用いられてきた。信義則は，個別労働契約関係の特徴や就労実態を意識しつつ，社会と問題状況の変化に合うように法を修正，創造する機能を果たし[8]，労働契約法理を豊富化してきた。

　一定の社会的関係の下にある当事者が信義則に基づいて相互の利益を尊重し，関連する義務を負うことは，多くの裁判例や学説に承認されてきた。労働契約に基づいて労働力の処分権を取得する使用者は，同時に労働契約の円滑な履行に不可欠な義務を負う。生身の労働者と一体不可分に展開される就労の価値に

---

8) 福島淳「労働法における信義則──個別的労働関係における信義則を中心として」『社会法の現代的課題──林迪廣先生還暦祝賀論文集』（法律文化社，1983年）201頁。

配慮することはその一つといえるし，この価値の実現には，就労の具体的内容を特定し，実現する指揮命令権を持つ使用者の協力が不可欠である。そもそも労働者に一定期間，集団的に一定の作為をさせるという労働契約の特徴自体が，経済的価値以外の価値がこの契約類型からもたらされることを予定している。

こうした観点から，使用者は，労働者が使用者に誠実義務を負うことに対応して，労働契約上の義務として労働者の「就労価値」を不当に侵害しないよう配慮する義務（「就労価値」配慮義務）を信義則上負うということができる。

3 「就労価値」配慮義務がもたらす視角

「就労価値」配慮義務が使用者に義務付ける具体的内容は，場面ごとに決定される。ここでは，本稿が着目した「就労価値」の今日的特徴を意識しながら，提示可能な視角をいくつか示すことにしたい。

(1) 労働契約の締結・変更における労働条件明示義務

就労に期待される利益が多様化し，労働者が労働契約内容の決定に関与する必要性がより強調されることは，当該労働契約が労働者の意思を十分に反映して展開される必要性をより高める。この点で，既に労働条件対等決定の原則の前提として語られてきた労働契約の締結・変更における労働条件の明示義務が，「就労価値」配慮義務の観点からも基礎付けられる。明示すべき範囲は，労働契約の締結・変更の場面の具体的内容に即して，労働条件の対等決定と「就労価値」保障に必要な範囲となる。

この義務を履行しないことは，当該労働契約の締結・変更が労働条件対等決定や「就労価値」保障の前提を欠いて行われたことを意味する。この事実は，当該締結・変更された労働条件の有効性が，労働者側から争われた場合，その有効性を否定的に解する事実として評価される。

(2) 労働契約の展開過程における配慮義務

労働契約の展開過程において，「就労価値」配慮義務は，指揮命令権行使の適法性の判断要素や，「就労価値」を脅かす処遇を認めない不作為，このよう

---

9) 例えば，唐津博「労働契約と労働条件の決定・変更」『講座21世紀の労働法 3 巻・労働条件の決定と変更』（有斐閣，2000年）42頁，59頁。

な状態が発生することを防ぐ雇用管理上の作為（就労環境整備義務）を使用者に求める根拠として表れる。

　使用者が労働者を就労させない場合，労働契約において就労させないことは通常予定されていないことをふまえ，労働者は使用者に対して「就労価値」を侵害しないような指揮命令権の行使を請求することが可能となる。また，「就労価値」を損なうだろう指揮命令が行われた場合にも，「就労価値」の侵害を防ぐために必要な調整の履行請求が可能であり，さらに労務提供の前提を欠くものとして労務提供を拒否することが可能となる。いずれにおいても，使用者は「就労価値」を侵害せざるを得ない合理的な理由を示すことができなければ，「就労価値」を侵害しない取扱いを強制され，損害賠償の責任を負うことになる。

　義務付けられる配慮の内容は，当該労働契約関係に則して決定される。ここでは，本稿が着目する「就労価値」の今日的特徴を基礎に現時点で提案することが可能な二つの視角を提示したい。

　(a)　就労の社会的価値の高まりに対応する配慮　　一つは，就労の社会的価値の強調が，講じるべき配慮の範囲を拡大する部分がある点である。

　例えば，心身の不調により休職していた労働者の復職の可否の判断について就労の社会的価値を強調することは，判例法理[10]を一歩進めて，労働者の復職を容易にするための業務軽減や配置転換などの配慮の実施を，社会的に使用者に要請される合理的な負担の範囲内で，使用者により積極的に講じることを要請する，という解釈指針を提供する。復職の可否の判定において現職への復職可能性は絶対的な指標ではなく，現在の業務配分や役職配置の下だけでなく，これらに一定の調整を加える努力を使用者に求めた上で復職の可否を判定するという方法が支持される。類する解釈は既に裁判例に見られる[11]。

　(b)　労働者に対する最低限の尊重を損なう事案類型の区別　　もう一つは，労働者に対する最低限の尊重すら損なう就労実態の存在への着目である。

　契約の相手方を個人として最低限尊重することは，労働契約関係の形成と展

---

10)　片山組事件・最一小判平10・4・9労判736号15頁。
11)　JR東海事件・大阪地判平11・10・4労判771号25頁。

開の前提である。さらに就労の実現が社会的にも求められる現状をふまえれば、「就労価値」配慮義務が、個人としての最低限の尊重を保障するために機能する場合には、労働契約とその当事者が暗黙の前提とする価値を実現するものとして、「就労価値」配慮義務に当事者意思に左右されないより強い効力を認めて良いと考えられる。

　労働者が意に反して退職することがないよう職場環境を調整する義務を認める裁判例は[12]、この視角を跡づけるものといえる。この視角は、使用者が労働者に対して平等取扱義務を負うこと主張する諸学説に続いて[13]、「就労価値」を侵害する行為が無ければ得られたであろう状態に処遇することを請求する根拠を提供する。この場面での配慮義務の不履行は、高い反公序性をふまえ、より高額の損害賠償責任を導くことになる[14]。

(3)　労働契約の終了における社会的正当性の考慮

　労働契約関係の終了には、解雇権濫用法理等の規制が講じられている。「就労価値」配慮義務はこの規制を基礎付け、その解釈に「就労価値」の実現に資する労働契約関係の継続を可能にする配慮を使用者に求める視角を加える。

　例えば、解雇の適法性の判定において、従来使用者の解雇回避努力の程度が考慮されてきた。この判断方法は、就労という「就労価値」の基礎の維持に資する点で、「就労価値」配慮義務の視角に通じる。

　就労の社会的価値の強まりを意識し、多様な労働者が職場に包摂されることに価値を認める本稿の視角によれば、解雇の濫用性の判断にあたり、高年齢者の解雇には退職金を割り増しするとか、家庭責任を有する労働者の解雇については職業生活との両立支援の可能性を模索するといった、社会的な正当性を考慮することが従来よりも判断要素として強調されることになる。

---

12)　京都セクシュアル・ハラスメント事件・京都地判平9・4・17労判716号49頁。
13)　例えば、毛塚勝利「労働法における差別禁止と平等取扱——雇用差別法理の基礎理論的考察——」山田省三・石井保雄編『労働者人格権の研究・下』(信山社、2011年) 3頁、21頁以下。
14)　反公序性を有する紛争類型についてより高額の損害賠償を認める見解として、毛塚勝利「新たな個別労使紛争システムの構築」季労184号 (1997年) 23頁注12等。

Ⅳ　むすびにかえて

　本稿が前提とした社会実態は，特定の雇用類型のみを対象としたものではなく，経済環境や労働者の就労観の変化など，様々な要素を反映して段階的に形成された。本稿の視角が妥当する場面・期間も一定の広がりをもつと考えられる。

　もっとも「就労価値」の内容は可変的であり，本稿が提示した視角も，現時点の，筆者の関心を基礎とするという限定がある。今後の「就労価値」の展開を注視し，本稿の議論の内容の具体化と新たな広がりを模索することを次の課題として指摘し，本稿のむすびに代えることにしたい。

　　　　　　　　　　　　　　　　　　　　　　　（はせがわ　さとし）

「就労価値」の法政策論

神 吉 知 郁 子

(立教大学)

I 序　論

1 本稿の目的

　近年の急激な社会構造の変化は，労働者にとって就労のもつ意味の再確認を迫っている。そこで本稿は，労働法の既存の枠組みにとらわれず，社会全体の中で働くことの価値（就労価値）を位置づける試みから出発したい。その概念整理の一例が，**図表1**である。就労価値を，個人にとっての価値と社会にとっての価値とに大別し，それぞれに，経済的価値と，経済的な価値以外の価値（人格的価値）を想定する。異論はあろうが，たとえば賃金は，就労の個人的・経済的価値の中心的要素と位置づけられ，労働法はこの価値を守ることを主眼においてきたといえよう。現代では次第に，就労には労働者にとってお金以上の意味があること，すなわち個人的人格的価値が意識されるようになっている。

　本稿はさらに，就労が社会的価値をもつ場面に着目する。具体的には，経済的価値として，消極的には社会保障費用の節減を，積極的には社会的な富の増大，すなわち経済活動の支え手を増やすというプラスの側面を強調して，成長戦略の一つとして位置づけることができる。また，社会全体の統合，包摂，連

---

1) 本稿では，高齢者や障害を抱える労働者についての政策は必要な限りで触れるのみとし，原則として稼働能力自体には制限がない人をターゲットとした政策に絞ることにする。
2) 実際ヨーロッパでは，雇用促進を目的としたリスボン戦略において，EU政策の社会的側面を「生産コスト」としてではなく「生産要素」の一つとして経済政策に親和的に組み込むことにより，EUの社会経済的一体戦略のようなものを形成しているとの見方もある（関根由紀「EU社会保障法制の新展開と加盟国の国内法への影響」社会保障法28号（2013年）55頁）。

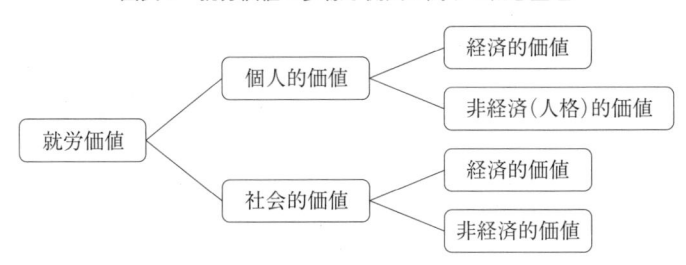

図表1　就労価値の多様な側面に関する概念整理

```
                    ┌─ 個人的価値 ─┬─ 経済的価値
就労価値 ─┤              └─ 非経済（人格）的価値
                    └─ 社会的価値 ─┬─ 経済的価値
                                         └─ 非経済的価値
```

帯といった価値もあり，安定的な社会の創出・維持は，就労の社会的非経済的価値と位置づけられる。そのうえで本稿は，就労を機軸とする労働と社会保障の連携のために，問題状況を整理する視座の提供を目的としたい。

2　就労価値の社会化の背景

就労価値の社会的側面への言及として注目されるのは，生活困窮者支援体系において，「社会的に包摂される社会」を実現するため，就労可能な層への自立支援を「社会的排除の克服」と位置づけていることである。これは，就労が社会システムの一つとして機能しうる，すなわち社会的な価値をもつという事実に着目した政策といえる。これを就労価値の社会化とすると，その背景には，未曾有の高齢社会の進展といった人口動態の変化，非正規や不安定雇用の増加という就業構造の変化，さらに，低成長や景気の低迷といった要因が複雑に絡み合っている。これらの変化によって，現在の日本社会は，稼働年齢の者に対する社会保障の必要性が高まっているにもかかわらず，支え手の脆弱さがその基盤を圧迫するというマイナスのスパイラル構造に陥っている。社会保険制度を軸とする社会保障制度の持続可能性を支えるためには，労働法によって就労の質を担保することと同時に，労働法と社会保障法の連携を構築し，戦略的に就労を奨励することが急務となっている。

II　社会保障制度における就労価値

1　就労と自立
(1)　生活保護法

　実際に，社会保障制度における稼働能力者の「就労」の扱いは変化している。生活保護法は，最低生活保障に加えて自立の援助・助長を目的とするが，近年ではとくに後者との関係で就労に焦点が当てられている。背景には，生活保護の被保護世帯のうち，稼働能力者を含む「その他世帯」が増加を続けていることがある。2005年から始まった生活保護自立支援プログラムでは，その前年に出された「生活保護制度の在り方に関する専門委員会報告書」をもとに，3つの自立概念に基づく支援プログラムを策定・実施することにした。ここでは，自立概念の1つとして「就労自立」という概念が打ち立てられている。また，2011年からは，「福祉から就労」支援事業と，ハローワークと自治体の一体的実施窓口を設ける取組みがはじまった。同年には緊急人材育成支援事業による職業訓練と訓練および生活支援給付の制度が，求職者支援制度として恒久化された。2012年に制定された社会保障制度改革推進法では，「安定した財源を確保しつつ受益と負担の均衡がとれた持続可能な社会保障制度の確立を図る」ことを目的としてあげ，生活保護受給者についても就労の促進を掲げて，「正当な理由なく就労しない場合に厳格に対処する措置等を検討する」と，制裁の強化に踏み込んだ言及をした。これを受けて，2013年には厚生労働省から，いわゆる「基本方針」[3]が出され，就労可能な被保護者に就労を促す仕組みを強化する方針が明確になった。さらに，2013年法改正では，就労自立給付金と被保護者就労支援事業が新設され，経済的にも就労インセンティブが強化された。このように，稼働能力を有する被保護者に対し，就労を推進していく流れは強まる一方である。

---

3)　「就労可能な被保護者の就労・自立支援の基本方針について」（社援発0516第18号）。

(2) 生活困窮者自立支援法

同様の問題意識から，生活保護の手前で介入する目的で成立したのが生活困窮者自立支援法である。同法における特徴的な制度が，10条1項に定められた「中間的就労」である。これは，労働法が対象とする一般就労と，これまで社会保障分野で確立されてきた福祉的就労との「中間」に位置するという位置づけで，労働法が適用される雇用型と，適用されない非雇用型の両方が混在する状態が想定されている[4]。同法の目的は生活困窮者の自立を図ることであり，とくに稼働能力者にとっては，就労が「自立」という状態の実現に不可欠であるということが示されている。しかしその就労は，最初の概念整理に立ち戻ったとき，個人的価値に焦点を当てたものなのか，それとも社会的価値に着目したものなのか。そこで次に，「自立」を謳う法における，就労の位置づけをみていく。

2 「自立支援」の理念と法的根拠

明文で「自立」という文言が使われている法律には，前述の2つの法律に加えて，障害者基本法（1970年），社会福祉法（2000年改正），障害者自立支援法（2005年）などがある。しかし，法律上は明確な定義があるわけではなく，捉え方は論者によっても異なる。その法規範性も重要な論点ではあるが，ここでは，消極的な形でのみその概念を規定しておく。つまり，これまでの法は，介助や介護を必要とする人の自立を想定しており，他者からの支援を前提とした「自立」が想定されていることは明らかだということである。そこでは，誰の手も借りずに生きられるという状態が自立ではないことが含意されている。

では，稼働能力がある人にとって就労と自立はどのような関係にあるのだろうか。前述の2013年の厚労省基本方針では，地域や行政のサポートを受けながらの日常生活自立，社会生活自立と並んで就労自立という概念が掲げられているが，就労自立という概念は経済的自立という概念とほぼ重なっている。さらに，「就労可能な被保護者については，稼働能力の十分な活用が求められる。」

---

4) 雇用型とするか非雇用型とするかは，対象者の意向や，業務の内容，事業所の意向などを勘案して，相談支援機関等が最終的に決定することとされている。

と述べ、同法4条の稼働能力の活用が、保護開始要件としてのみならず、保護継続要件として検討されるという立場をとった。従来、勤労に励む義務は「生活上の義務」（同法60条）と考えられてきたことからすれば、より踏み込んだ立場といえる。さらに、自立に向けた計画的取り組みの確認に応じず、求職活動が十分に行われていないと判断される者については、指導・指示（法27条）を行うことにより、最終的には保護の停廃止に至らしめる道筋が明らかにされた。これは、「相談および助言」（同法27条の2）に基づいて、被保護者の同意を前提として行われてきた従来の就労支援プログラムから、同意なく一定の取り組みを強制しうる方向へのシフトとも読むことができる。

このように、稼働能力者の就労自立の考え方には、日常生活自立や社会的自立のような、「他者の手を借りての自立」という考え方は影を潜めている。むしろ、自立という個人的価値を強調することが、保護の後退と結びつきうることに注意を要する。さらに、就労を本人の意思に基づかずに保護の停廃止によって間接的に強制するとすれば、自立支援の枠組みにおける「就労」は、個人の自立を促進という、個人的価値だけでは説明がつかなくなる。明示的されてはいないものの、ここで意識されているのは、就労の社会的価値なのである。制度自体および社会の持続可能性確保の要請からすれば、これを過小評価することも妥当でない。しかし、無自覚的な就労価値の社会的側面の強化は、就労の義務化、ひいては就労強制につながる恐れを内包している。ここで、長期失業者に対する様々なワークプログラムを実施し、中間的就労のモデルとなったイギリスの最高裁判決に目を転じてみよう。

3　就労の義務：イギリス最高裁判決（2013年10月30日[5]）の示唆

この訴訟は、イギリスの2011年求職者手当規則にもとづいて、失業期間に応じてプログラムを提供された2人の原告が提起したものである。原告A（大学で地学を専攻していた23歳の女性）は、行政の指示に従い、1ポンドショップでの4週間にわたる無給の労働に従事した。原告B（運転手の経歴のある40歳の男

---

[5]　R (on the application of Reilly and another) (Respondents) v Secretary of State for Work and Pensions (Appellant) [2013] UKSC 68.

性)は家具リサイクル事業への従事を指示されたが，自分のキャリアにつながらないと判断し，従わなかったことで手当の支給を打ち切られた。そこで2人は，プログラムの根拠となった規則の有効性について訴えを提起した。この事案の主たる争点は，同規則が法律（求職者手当法）の委任の範囲を超えているかであったが，本報告の問題意識からは，同規則が強制労働を禁じた欧州人権条約4条に違反するという主張に着目する。最高裁の結論は，強制労働の訴えを次のように否定した。「欧州人権条約4条は，『何人も強制されまた義務として労働させられることがあってはならない』と規定している。しかし，これには『通常の市民の義務（normal civic obligations）』の一部たる就労は含まれない。これが，強制労働の境界線を形作るのである。したがって，適法に課された市民としての義務によって要求されるものであるかぎり，強迫や制裁の下でなされた就労がすべて強制労働を構成するというのは誤りである」と。

　イギリスでは憲法上の生存権保障はないので，日本と法的状況は異なるものの，イギリス最高裁が就労を市民の義務であると明言した点は注目に値する。このような義務はときに自明のものと考えられているが[6]，制裁を伴う支援のプロセスの一環として就労を組み込む場合には，その範囲を画する試みが必要となろう。日本では，憲法27条1項の勤労の権利と義務の相克する場面であるが，本稿の整理からすると，就労の個人的価値と，社会的価値が対立する場面ということもできる。これまでは，伝統的な労働法が個人的価値のみに着目してきたことで，社会的価値は個人的価値の実現によって結果的に実現されるという，いわば従属的な関係にあった。その限りでは，個人的価値と社会的価値とに矛盾が生じることがないために，両者を区別して考える必要がなかったのが，この点に関する議論が十分に尽くされてこなかった原因である。しかし，社会保障の領域に就労可能な層が多くなってきたことで，就労価値の社会的側面が次第に大きくなっていき，個人的価値を脅かす場面が生じている。就労の個人的

---

6) アメリカの家庭援護法（Family Support Act, 1988年）の提案理由として，「自立の準備のためだけに，しかも，出来る限り短期間に限って扶助を受けるという『市民としての責任』（civic responsibility）」が挙げられたように，働ける者が経済的自立を図る義務はしばしば当然のこととして言及される（石橋敏郎「生活保護と自立」社会保障法22号（2007年）48頁）。

シンポジウムⅢ（報告④）

価値と社会的価値が接合する場面で，どのようなプロセスで両者の調整を図るかが，重要な課題となっているといえよう。

Ⅲ　労働法における就労価値

1　2007年最低賃金法改正

　労働法の分野においても，社会保障法との接点から就労の社会的価値が考慮されるようになってきている。その一例が，2007年最低賃金法改正である。

　最低賃金制度はいうまでもなく，個人的・経済的価値そのものである賃金を規制するものである。しかし，2007年最低賃金法改正は，地域別最低賃金の決定に関して，就労価値の社会的側面に踏み込んだ質的転換を図ったとみることができる。同改正では，地域別最低賃金決定に関する3つの考慮要素（労働者の生計費・賃金，通常の事業の支払能力）のうち，生計費の考慮に際して「健康で文化的な最低限度の生活」に言及し，生活保護施策との整合性に配慮すべきという文言を明記するに至った。本来，生活水準は，婚姻状況や家族状況など，世帯の賃金以外の要素に左右される部分が大きい。また，最低賃金は時間単価でしかなく，これを引き上げても生活水準が上がるとは考えにくい。それにもかかわらず「生活」に言及した同改正は，個々人の生活水準の引き上げを図る趣旨ではなく，就労の対価が不就労の場合の収入を下回るような状態は就労のディスインセンティブ化を招き，社会的に望ましくないという規範を設定したものと読めるのである。同改正は，就労の社会的・経済的価値を高める要請を反映していたものといえる。

2　理論的展開

(1)　キャリア権の「社会的」性格

　社会的価値への理論的な言及はそれほど多くないが，諏訪教授のキャリア権の提唱にすでにこれをみることができる。キャリア権の概念を下敷きとした

---

7)　諏訪康雄「キャリア権の構想をめぐる一試論」日本労働研究雑誌468号（1999年）54頁等。

2002年の厚労省報告書では，個人が「キャリアを単なる自己実現にとどまらず，社会のために貢献する方向に向けていく義務ないし責務を有すると考えるべき」とされた。そして，キャリア権が「社会的な性格」を帯びており，労働者が「自己実現を図ることを通じて，組織や社会へ貢献する」のであって，国がキャリア形成の施策的支援を行う根拠もそこにある」と位置づけられていた。ただしこの段階では，権利保障が前提とされていること以外に，「義務ないし責務」の範囲については明らかとされていない。

(2) 生活保障法

本学会においてより直接的な検討が行われたのが，2013年労働法学会122回大会ミニシンポである。ここでは新たな生活保障の枠組みの構築が提唱され，まず，宮本報告では，ワークフェア型包摂とアクティベーション型包摂という2つの包摂のあり方を提示した。そこで雇用が包摂の一つの場と捉えられていることこそが，就労の社会的価値への言及と見ることができる。もっとも，前者のタイプの包摂については，雇用へ向かう義務づけを，後者のタイプの包摂については雇用の見返りを高めることが提言されているのであるが，義務づけ・インセンティブ付与ともに，その根拠をつめていくロジックが必要とされる。

次に島田報告では，労働法学の立場からの「生活保障法」の提唱がなされ，生活保障法を以下のように定義づける。労働者の主体性を重視し，労働者が自己のライフスタイルを自由に選択できることを基調に据えた職業能力養成を基礎づける理念であり，より具体的にいうと，キャリア権を基礎に社会保障の権利を付加したものだという。自立を軸に社会保障法を再構築しようとする菊池報告とともに，労働法と社会保障法の重なる領域を生活保障法と位置づけ，その接合部分に就労支援を位置づけるものである。

---

8) 厚生労働省「キャリア形成を支援する労働市場政策研究会」報告書（2002年7月31日）は，雇用政策における政策的な根拠としてキャリア権の概念を提示している。
9) 宮本太郎『生活保障』（岩波書店，2009年）。従来の日本型生活保障の解体要因として，(a)雇用（日本型経営の終焉と非正規の増大），(b)貧困（生活保護率の増大），(c)家族（30歳代前半の未婚率の増大＋共稼ぎ世帯の多数化），(d)人口（生産年齢人口の減少），(e)貧困化と日本型社会保障の逆機能を挙げ，雇用と社会保障の包摂型連携の必要性を掲げる。

シンポジウムⅢ（報告④）

Ⅳ　就労価値アプローチの可能性と課題

　これら労働法と社会保障法の連携を考えるうえで，論理的課題を整理したい。前半で検討してきた社会保障法の就労強化の流れの根底に，就労価値の社会的価値が重視されていることは明らかである。一方で，就労イコール経済的自立という位置づけからは，社会とのつながりに価値を見いだす考え方は抜け落ちている。稼働能力者にとっての第一義的な就労価値は，未だに個人的経済的価値におかれており，そのギャップを埋めていく論理が必要とされている。

　また，労働法との連携を目指す生活保障法の考え方では，主体的な個人の目指す目的が「自立」であり，「就労」はそのための一手段として位置づけられ，経済的価値のみならず人格的価値を含む個人的価値への広がりがみられる。言うまでもなく，個人的価値が実現されれば，社会的価値は結果的に実現される関係にある。しかし，この２つの側面が対立する場面，すなわち就労の社会的価値の強調が就労強制となり，個人の自己決定を脅かすような場面で，両者をバランシングするための論理の構築が課題である。

　これらの課題をふまえて，就労支援とは，就労の個人的価値を高めるだけでなく，社会的価値を同時に高めるものだという意義を，まずは認めてみてはどうだろうか。これらを就労の権利と義務として対立的に捉えるのではなく，社会にとって就労は価値があるという側面を明示的に意識することで，たとえば就労努力をしている状態や，経済的自立には不十分でも働くことで社会とのつながりを維持できている状態などを，社会的価値の増大に資するとして，積極的に評価する仕組みを構築する可能性が拓かれる。

　このことは，就労支援の政策選択においても，影響を及ぼす可能性がある。従来の社会保障の枠組みでは，いわゆる「ご褒美型」の給付を法的に正当化することは難しいとされてきた。実際には勤労所得控除や就労自立給付金など，就労インセンティブを増加させるための制度は導入されてはいるが，その正当性は突き詰めては考えられてこなかった。就労価値の社会的側面に注目することで，インセンティブ給付を正当化する契機ともなりえ，さらに給付つき税額

控除のような，就労を条件とする給付の構築の基盤ともなりうる。

　他方で，社会的価値を強調することの問題点もある。既に制度化された中間的就労は，一般就労や，真の経済的自立へとつながりうる反面，これまで労働法が支えてきた最低基準を切り崩しかねない危険がある。この問題は，中間的就労の従事者が，一般就労へと移行せず，中間就労にとどまり続ける場合に先鋭化する。社会的価値があることで，個人的価値を満足できないレベルの就労の存在を制度化し，場合によっては本人の意思に反して就労を義務づけることが正当化できるだろうか。それは，個人的価値と社会的価値の相克の問題だが，この問題の難しさは結局のところ，社会的価値の実現を個々人のレベルでしか実現できないところにある。そうである以上，就労の主体の自己決定の余地は必須であろう。具体的な課題は，就労の個人的価値と社会的価値をすりあわせるために，個人の意思をどのように反映させるか，そのプロセスをどう構築していくかにかかっている。具体的なプロセスのあり方については，今後の課題とする所存である。

　[注]　本稿は，平成26年科学技術研究費（若手(B)）「労働法と社会保障法の連携における就労の権利と義務」（課題番号：26780034）による研究の成果である。

（かんき　ちかこ）

個 別 報 告

ドイツにおける公的部門の事業・業務再編と労働者保護 　　　　松井　良和
ドイツ労使関係の変化と協約法制の現在 　　　　榊原　嘉明
韓国における期間制勤労者（有期契約労働者）に対する
　　差別的処遇の禁止及びその是正 　　　　徐　兪希
フランスにおける労働組合の代表性の機能とその正統性 　　　　小山　敬晴
兼職をめぐる労働時間の通算制・契約上の兼職避止義務のあり方 　　　　河野　尚子
　　　——ドイツ法との比較法的研究——

ドイツにおける公的部門の事業・業務再編と労働者保護

松 井 良 和

(中央大学大学院)

I はじめに

　我が国ではオイルショック以降，行政改革が進められ，今日，ニューパブリックマネジメント（NPM）と呼ばれる改革が行われている[1]。その中で，公務の中核に当たる部分だけを残し，周辺部分をアウトソーシングする小さな政府化を進める手法が整備されている。具体的な手法としては，従来から行われている①民間委託の他，②公の施設の廃止・民間移譲，③公の施設の指定管理者，④独立行政法人化，⑤市場化テストがある[2]。

　こうした手法が用いられる際，職員の分限免職や勤務条件の低下という事態が生じ，裁判で争いになっている[3]。これらの裁判例においても行政改革の意図にある経費削減・人員削減といった側面が問題を顕在化させていることが窺わ

---

1) NPMについては，「国・自治体を企業と同視し，国民，住民，企業は顧客ないし消費者，人件費はコストと把握してコストを削減して価格に見合った品質のサービス提供をめざす，新自由主義的な行政経営手法」と説明される。城塚健之「自治体アウトソーシング——地方独立行政法人と指定管理者制度を中心に」西谷敏・晴山一穂・行方久生編『公務の民間化と公務労働』（大月書店，2004年）154頁。

2) これらの手法の整理については，小川正「公的部門の法的問題」毛塚勝利編『事業再構築における労働法の役割』（中央経済社，2013年）258頁以下参照。

3) 病院給食業務の外部委託による分限免職につき，北九州市病院局長事件・福岡高判昭62・1・29労民集38巻1号39頁，指定管理者制度の導入に伴う分限免職につき，小美玉医療センター事件・水戸地判平24・11・29労旬1797号56頁，独立行政法人化による賃金を含む職員の勤務条件の低下につき，独立行政法人国立病院機構事件・東京高判平23・3・30労旬1746号60頁等がある。

個別報告①

れる一方で、職員の法的関係が任用関係であるとして労働法上の各法理の適用が否定されており、職員の身分や勤務条件の保障が不十分であると思われる。

　本稿において検討対象とするドイツでも、オイルショックを契機に民営化が進行し、公的部門の組織再編が自治体を中心として問題になっている[4]。我が国と同じくドイツにおける民営化の手法は多様であるが、公的部門の組織再編にも、事業移転時の労働関係の帰趨を定めた民法613a条が適用され、民営化に伴う問題の解決が図られていることに特徴がある。そこで、本稿では、ドイツにおける公的部門の組織再編時に同条がどのように適用されているか、また、公務被用者の保護としてどう機能しているかに着目して検討を行う。これまでにも同条の検討を行う論稿は数多くある[5]。したがって、本稿では民営化に限定して検討を行い、公的部門の組織再編時のドイツ民法613a条による問題処理の特徴と問題点を指摘したうえで、我が国の問題解決に示唆すると思われる点を最後に指摘したい。

II　民営化の諸類型と法的問題の所在

1　民営化の三類型

　ドイツにおいて民営化とは、公的な主体がかつて遂行していた事務を民間部門に移すことをいい[6]、その類型として実質的民営化、形式的民営化、機能的民

---

4) 1980年代はごみの収集・処理、清掃等の業務の外部委託が中心であった。東西ドイツの再統一後、公的部門の組織再編が多く行われ、その後、連邦レベルでの鉄道や郵便の民営化が実施された。近年では、新制御モデルと呼ばれる行政改革が地方自治体を中心に行われている。新制御モデルを紹介したものとして武田公子「ドイツ自治体におけるNPM改革の状況「新制御モデル」を中心に」都市問題研究54巻4号（2002年）59頁がある。

5) ドイツ民法613a条を検討したものは数多くある。例えば、小俣勝治「会社分割と労働関係（西ドイツの場合）」法研論叢（國學院大学）11号（1984年）84頁、春田吉備彦「ドイツにおける企業再編と労働法」日本労働法学会誌106号（2005年）187頁、高橋賢司「ドイツ法における事業承継と企業再編法」季労222号（2008年）87頁、成田史子「企業組織再編と労働関係の帰趨——ドイツ法における実体規制・手続規制の分析」日本労働法学会誌122号（2013年）137頁等。

6) Ulrich Scheele, Privatisierung öffentlicher Unternehmen: Theorie und Praxis, Thomas Blanke/Sebastian Fedder (Hrsg.), Privatisierung, 2. Aufl., Baden-Baden, 2010, S. 73.

営化が挙げられることが多い。実質的民営化（Materielle Privatisierung）とは，公共体が組織形態を変更するだけでなく，職務の遂行及び責任を民間企業に完全に委ねることをいい[7]，その例として，ドイツ連邦鉄道や連邦郵便の民営化がある。

次に，形式的民営化（Formelle Privatisierung）とは組織的民営化（Organisationsprivatisierung）とも呼ばれ[8]，公共体が職務遂行のために，ある機関の組織形態を変更し，私法上の法人に形態を変更するものの，職務遂行の責任を公共体が維持するものをいう[9]。自治体から法人格が独立していない公立病院の法人格を独立させ，独立営造物法人や有限会社にすることがその例である。具体的手法として，地方公共団体等が事業又は財産の一部を分離独立（Ausgliederung）し，有限会社などの法人にすることを定めた組織変更法168条がある。

機能的民営化（Funktionale Privatisierung）とは，公共体に職務遂行の権限と責任をとどめたまま，業務の遂行のみを民間企業に委ねるものをいい[10]，民間委託（Contracting out）あるいはアウトソーシングを指す[11]。こうした機能的民営化は公募手続や委託手続を通じて行われ，期間満了や契約の解約により委託先が変更されることがある。これらの事情に伴う委託先の変更は，二次的民営化（Sekundäre Privatisierung）ともよばれる[12]。

2 民営化類型別にみる労働問題の特徴

実質的民営化の場合，連邦の特別法や州法に基づいて行われ，法律の中に職員の承継について定められていることが多いため，民法613a条の適用が法的

---

7) Nina Hartmann, Arbeitsrechtliche Gestaltungsmöglichkeiten bei Privatisierungen, Baden-Baden, 2008, S. 24.
8) Beatrice Fabry, Privatisierung öffentlicher Unternehmen und Einrichtung, Bearice Fabry/Ursula Augsten（Hrsg.）, Unternehmen der öffentlichen Hand, Baden-Baden, 2011, S. 183.
9) Nina Hartmann, a. a. O., S. 23.
10) Wolfgang Weiß, Privatisierung und Staatsaufgaben, Türingen, 2002, S. 36f.
11) Beatrice Fabry, a. a. O., S. 184.
12) Thomas Blanke, Personalrechtliche Aspekte, Thomas Blanke/Ralf Trümner（Hrsg.）, Handbuch Privatisierung, 1. Aufl., Baden-Baden, 1998, S. 583.

個別報告①

問題として登場する場面も限定される。例えば，ドイツ連邦鉄道の場合，一連の鉄道改革法により，ドイツ鉄道株式会社の設立とともに，労働関係の移転も併せて定めていた[13]。ただ，労働者の協約上の請求権は失われる不利益が生じること[14]や公勤務にとどまることを希望する労働者にとっては意思に反する使用者の変更となるため，異議申立権行使の可否が問題となる[15]。

形式的民営化の場合や外部委託の場合，職員の承継については従業員移行契約（Personalüberleitungsvertrag）を締結することで対応する場合が多くあるのに対し，労働者が公勤務にとどまることを希望する場合には，労働関係の移転に対する異議申立権の行使が重要な問題となる[16]。同時に，形式的民営化や外部委託化が，公的部門に適用される協約の適用回避を目的として行われることもあり，労働条件が低下する不利益変更への対応も課題である[17]。

他の民営化の類型とは異なり，二次的民営化に当たる委託先変更の場合には，労働関係の存続そのものが失われることがあり，例えば，自治体からの委託で施設の運営を担当していた旧受託者が委託契約の解約に伴って，労働者との労働関係を解消するというように，労働関係の存続が失われることが多いため，新受託者への労働関係の移転による雇用の確保が中心的な問題となる[18]。

---

13) 鉄道改革の第一段階にあるドイツ鉄道株式会社の設立時に，労働関係の移転が民法613a条に即して定められた。Cord Meyer, Arbeitsrechtliche Problem bei der Umwandlung der Bahn von einer Behörde in einen Dienstleistung, RdA 2001, S. 163f.
14) 協約上認められていた付加的年金の継続が問題になった事案として BAG Urt. vom 18. 9.2012, AP TVG §1 Tarifverträge: Deutsche Bahn Nr. 38.
15) 形式的民営化を含む複数の民営化プロセスを経て実質的民営化に至った州立病院において，労働関係の移転に対し労働者が異議申立権の行使を主張した事案に BAG Urt. vom 18. 12.2008, BeckRS 2009, 67989.
16) 組織変更法168条に基づき有限会社化した病院への労働関係の移転に労働者が異議申立権を行使した事案に BAG Urt. vom 25.5.2000, NZA 2000, S. 1115.
17) 公立病院におけるこうした現状を指摘するものとして Michael Wollenschläger/Christpher von Harbou, Arbeitsrechtliche Fragen bei Privatisierung-und Outsourcingmaßnahmen in öffentlichen Krankenhäusern, NZA 2005, S. 1081ff.
18) BAG Urt. vom 4.5.2006, NZA 2006, S. 1096.

Ⅲ 民法613a条による労働者保護とその限界

1 民法613a条の労働者保護の枠組み

　事業所有者の変更が生じた際に労働関係の存続を維持することを基本的な考え方とする民法613a条は，公法人にもその適用が認められている[19]。もっとも，同条は労働契約関係にある公務被用者に適用され[20]，任用関係にある官吏には適用されない。

　また，公法人への適用が広く認められているといっても，民間部門の場合と同様に，法律行為による他の所有者への事業又は事業の一部譲渡が存在することが要求される。同条の特に重要な要件は，事業又は事業の一部譲渡という要件で，欧州司法裁判所の先決裁定の影響を受け，譲受人の下で経済的一体が同一性を維持することが必要である[21]。この経済的一体とは，特定の目的を追求するための物的又は非物的手段，人的手段の総体をいい[22]，当該事業の中核をなす事業手段の譲渡が求められている。

　これら3つの要件（法律行為による譲渡，事業所有者の変更，譲受人の下での経済的一体の同一性維持）を満たした場合には，同条1項1文に定められた労働関係の自動移転という基本的な法的効果のほか，労働協約や経営協定といった集団法上定められた規制についての1年間の不利益変更禁止（同項2文），事業移転を主たる理由とする解雇無効（4項）の法的効果が生じる。この他，2002年の法改正で，判例法上認められてきた異議申立権（6項）と情報提供義務（5項）

---

19) Redmond 事件（EuGH Urt. vom 19.5.1992, NZA 1994, S. 207.）及び Henke 事件（EuGH Urt. vom 15.10.1996, NZA 1996, S.1279.）を受け，1998年の指令の改正において企業譲渡指令1条1項c号に経済的活動を遂行する公法上・私法上の法人に同指令の適用があると定められている。

20) Staudinger Kommentar, Neubearbeitung 2011, Berlin, §613a BGB Rn. 24（Georg Annuß）.

21) EuGH Urt. vom 18.3.1986, BeckRS 2004, 72554.

22) 企業譲渡指令1条1項b号には「主たる又は従たる経済的活動を追及する目的のための資源の組織的総体を意味する，同一性を維持した経済的一体の譲渡があれば，本指令の意味における譲渡が存在する」と定められている。

個別報告①

が明文化された[23]。異議申立権は，労働関係の存続保護だけではなく，人間の尊厳，自由に人格を発展させる権利，職場選択の自由にも配慮したものとして立法者も理解している[24]。

2　各民営化類型と適用上の問題

では，こうした基本的枠組みをとる民法613a条が各民営化の事案にどのように適用されることになるかを以下で検討する。

実質的民営化の場合，「法律行為による」という要件が問題になる。法律行為による譲渡という要件は広く解され，私法上の法律行為に限定されず，公的な性格を有する契約も含むと考えられているものの[25]，法律に基づいて事業の移転が行われる場合にはこの要件を満たさない。連邦労働裁判所も法律に基づいて行われる実質的民営化の場合には，同条の直接適用だけではなく，類推適用も否定している[26]。もっとも，連邦労働裁判所は法律に基づく包括承継の事案への同条の適用を排除する目的があるとしか述べておらず[27]，この要件が課されることは明らかではないとの指摘もある[28]。

形式的民営化の場合は，「他の所有者への」譲渡という要件が問題になる。この要件によって事業所有者の変更が要求されており，例えば，単に組織形態を変更するにとどまる場合には法主体の同一性が維持されたままであり，他の所有者への移転は生じていないと解される[29]。例えば，州立病院を独立営造物法人化するという場合，同病院を運営し，責任を負うのはなお州であることから，

---

23) 労働関係の移転に対する異議申立権を連邦労働裁判所で初めて認めた判決として BAG Urt. vom 2.10.1974, AP Nr.1 zu BGB §613a.
24) BT-Drucksache 14/7760, S. 20.
25) Erfurter Kommentar, 14. Aufl., München, 2014, §613a BGB, Rn. 62 (Ulrich Preis).
26) BAG Urt. vom 6.9.1978, AP Nr. 13 zu BGB §613a.
27) BAG Urt. vom 26.8.1999, NZA 2000, S. 371.
28) Martin Henssler/Heinz Josef Willemsen/Heinz-Jürgen Kalb (Hrsg.), Arbeitsrecht Kommentar, 5. Aufl., Köln, 2012, BGB Art. 613a, Rn. 185 (Heinz Josef Willemsen).
29) Heinz Josef Willemsen, Arbeitsrechtliche Fragen der Privatisierung und Umstrukurierung öffentlicher Rechtsträger, 50 JAHRE BUNDES ARBEITSGERICHT, München, 2004, S. 301.

同条の適用は否定される[30]。他方，組織変更法168条に基づき州や地方自治体の財産を移転させ，私法上の法形式へと変更する分離独立の場合，新たな法主体へと財産の一部が移転されていること，また，組織変更法324条が民法613a条の適用を認めていることから，連邦労働裁判所は適用を肯定している[31]。

機能的民営化の場合は，「事業又は事業の一部」譲渡という要件の充足が焦点となる。事業又は事業の一部譲渡という要件を満たすためには，事業の中核をなす事業手段が譲渡されていなければならず，特に清掃業務や警備業務などの人的労働力に依存している事業では，多くの労働者が移転していることが同条を適用する前提となる。しかし，機能的民営化の場合，業務の遂行のみを民間企業に委ねるものであるため，必ずしも事業手段や労働者の移転を伴わない。清掃，給食調理業務を民間のサービス企業に外部委託した事案において，労働者の大部分が委託先のサービス会社での継続雇用を拒否している場合，主たる労働者の承継がないため，機能承継に過ぎないとして同条の適用が否定されている[32]。

3　民法613a条の労働者保護機能

前述のとおり，実質的民営化の場合は法律に基づいて行われ，労働関係の帰趨についても当該法律の中で対応することになるため，ここでは形式的民営化や機能的民営化の事案について民法613a条の労働者保護機能を確認する。

これらの事案類型では，同条が適用され，労働関係の自動移転や公勤務にとどまることを希望する労働者の異議申立権の行使，労働協約の継続適用といった同条の法的効果によって労働者の保護が図られる。労働関係の自動移転を原則とすることで，特定の一部労働者を排除することは許されず，予め職員と労働契約を合意解約する措置は民法613a条の適用を回避する脱法的なものとし

---

30) 州立病院を独立営造物法人化した際に，民法613a条の適用が問題となった事案で連邦労働裁判所は同条の適用を否定している。BAG Urt. vom 8.5.2001, NZA 2001, S.1200.
31) BAG Urt. vom 25.5.2000, NZA 2000, S.1115.
32) 連邦労働裁判所は人的労働力に基づく清掃や警備業務では85％以上の労働者の承継を要求している。BAG Urt. vom 11.12.1997, NZA 1998, S.534.

個別報告①

て効力を否定される[33]。

このように，同条によって労働関係の存続保護を図ることは，民営化に際しても，事業の譲渡人と譲受人が労働者の承継・非承継の検討を要求することになる。民法613a条に大きな影響を与えている欧州司法裁判所の先決裁定は，公募を通じてバス運行の委託先を変更する事案において，「委託に参加する場合，利益があるかどうか，現在の受託者の特別な財産，又はその従業員の全てまたは一部を承継するのか又はこのことについて義務があるかどうか，及び指令の意味にいう事業移転の事実が存在するかどうかを評価しなければならない」としており[34]，公的サービスの新たな担い手になろうとする者は労働者の承継等を予め考慮しながら，競争に参加することが求められている。

こうして，民営化について定めた労働法は特に存在しないにもかかわらず，公的部門の組織再編問題の多くは民法613a条の適用問題として登場し，同条が労働者保護の中心的な役割を担っている[35]。労働関係の存続保護という要請は使用者が公的部門か民間部門かを問うものではない[36]。ドイツにおいても，公的部門と民間部門との溝は深いものであるが，その架け橋となるのが，民法613a条だと考えられている[37]。

しかし，同条の適用による労働者保護にも限界があることは否定できない。まず，労働者が異議申立権を行使し，旧使用者との労働関係の存続を望んだ結果，経営上の理由による解雇が行われる可能性があることである。事業移転に基づきポストが消失したことを理由として旧使用者が継続雇用をすることがで

---

33) BAG, Urt. vom 21.5.2008, NZA 2009, S.144.
34) EuGH Urt. vom 25.1.2001, NZA 2001, S.249.
35) 民営化における民法613a条のこうした意義を指摘するものにHeinz Josef Willemsen, Umstrukturierung und Übertragung von Unternehmen, 4. überbearbeitete Aufl., München, 2011, B. Gestaltungsformen der Unternehmensumstrukturierung/-übertragung, Rn. 87.
36) こうした指摘は公法人への適用に関し企業譲渡指令の影響を受ける以前からドイツではなされていた。Wolfgang Däubler, Privatisierung als Rechtsproblem, München, 1980, S. 147.
37) Johannes Schipp, Arbeitsrechtliche Probleme bei Privatisierung öffentlicher Einrichtungen, NZA 1994, S.865.

きない場合，異議申立をした労働者は経営上の理由による解雇のリスクを負うことになり[38]，連邦労働裁判所の判決においても異議申立権行使後の解雇は有効と判断されている[39]。また，事業移転後，新たな事業所有者の下で労働条件を統一する必要があり，場合によっては労働条件の不利益変更を伴うことも考えられるが，集団法上の規制について1年間の変更禁止期間を設けている他は定めが置かれていない[40]。このように，同条は事業移転時の労働関係の存続保護を図るものであり，事業移転後の労働条件変更や異議申立権を行使した後の労働関係の存続については，労働者保護という観点から限界があるといえよう。

より大きな問題点は，「事業又は事業の一部譲渡」が存在するか否かの判断から，機能的民営化や委託先変更の事案に対応していることである。たしかに，委託先変更の事案においては旧委託先と新委託先との間に直接の法的関係が存在しない場合であっても，事業又は事業の一部譲渡が存在していれば，同条の適用を肯定出来る点もあるが，民間委託や委託先変更の事案にも適用範囲を拡大したことに伴い「事業又は事業の一部譲渡」の存在をめぐる判断基準が複雑化，不透明化する事態になっている。特に人的労働力に依拠する事業において，事業の譲受人は労働者の大部分を承継しないことにより，同条の適用可能性を操作することが出来るため，労働者保護という点で問題を残すものといえる[41]。

---

38) Henssler/Willemsen/Kalb, a. a. O., Rn. 357. 異議申立権行使後の解雇の問題は，中内哲「会社分割時における労働者の異議申立権の行使」西村健一郎ほか編『新時代の労働契約法理論』（信山社，2003年）297頁や根本到「ドイツにおける事業移転に対する労働者の異議申立権」労旬1657号（2007年）28頁の論稿の中でわが国にも紹介されてきた。
39) BAG Urt. vom 25.5.2000, NZA 2000, S.1115.
40) ただし，この1年間の不利益変更禁止については3文に「新所有者の下で他の労働協約上の法的規範又は経営協定によって権利及び義務が定められる場合，2文は適用しない。」との定めがある。
41) Rolf Wank, Der Betriebsübergang in der Rechtsprechung von EuGH und BAG—eine methodische Untersuchung, 50 JAHRE BUNDES ARBEITSGERICHT, München, 2004, S. 261ff.

個別報告①

Ⅳ 我が国における公的部門の組織再編問題への示唆

　本稿で検討した公的部門の組織再編におけるドイツ民法613a条の労働者保護の枠組みは，任用関係にある官吏ではなく労働契約関係にある公務被用者を対象にしたものであり，一般的には，公務関係は全て任用関係であると捉えられている日本の議論にそのまま参考になるわけではない。この点を踏まえても，民間企業と公的部門に共通する同じルールを設定し，これが一定程度，労働者保護の機能を果たしている点は着目すべきと考える。公的部門においても民間部門と同じく労働者保護の必要性があること，また，機能的民営化，特に委託先変更の事案では民間企業間の問題であり，公務関係に特殊な法的性格が関わるものではないことから，ドイツでの議論は十分に参考に値すると思われる。将来的には我が国でも，公的部門，民間部門に共通する労働関係の承継のルールを検討することも考えられよう。

　なかでも，異議申立権の行使は民営化の類型を問わず，公勤務にとどまることを希望する労働者にとって重要となる。本稿では詳論する紙幅はなかったが，基本法12条1項は職業遂行の自由として職場選択の自由を，従属的労働においては使用者選択の自由を保障し，これが異議申立権の法的根拠となっているのに対し，日本の議論では憲法を規範的根拠とする検討は未だ不十分である。[42]

　また，民法613a条の検討課題として，同条は事業移転時の労働関係の存続維持を図るもので，事業移転後の労働条件変更や異議申立権行使後の解雇への対応に限界があるほか，「事業又は事業の一部譲渡」，すなわち，譲受人の下での「経済的一体の同一性維持」というアプローチで機能的民営化や委託先変更の事案に対応していることの問題性もある。この点につき，イギリス法のTUPEにおいては経済的一体の同一性維持を要求する事業の移転とこれを要求しないサービス供給主体の変更を分けており，同法の枠組みは我が国にも参

---

42) 日本IBM事件に対して労働者の使用者選択の自由という視点が欠けているとして批判するものに，根本到「組織再編をめぐる法的問題」毛塚勝利編『事業再構築における労働法の役割』（中央経済社，2013年）45頁がある。

考になる。かかる問題点を解決するために「事業の移転」と「業務の移転」とを分け，前者については労働関係の自動移転の法的効果を認める一方，後者には解雇の禁止のみを規定すべきとの提言もすでにあるが，その当否は今後の検討課題としたい。

(まつい　よしかず)

---

43) 長谷川聡「事業の再構築におけるイギリスの労働者保護」毛塚勝利編『事業再構築における労働法の役割』(中央経済社，2013年) 479頁以下。
44) 毛塚勝利編『企業組織再編における労働者保護——企業買収・企業グループ再編と労使関係システム』(中央経済社，2010年) 219頁以下。この提言は，官民共通の法案を示しながらも，ヨーロッパモデルとは異なるモデルを志向するものである。

ドイツ労使関係の変化と協約法制の現在

榊　原　嘉　明

（明治大学）

I　はじめに

　ドイツの伝統的な労使関係モデルは，1990年代以降の約20年間，「東西ドイツの再統一」とその後十数年にわたってつづいた高失業状態というドイツに特有な事情だけでなく，「経済のグローバル化」という日本にも共通した事情や「EU域内における市場統合」とその深化というEU加盟諸国に共通した事情などを背景として，大きくその姿を変化させてきた。

　そして，ドイツの集団的労働関係法分野においても，このような労使関係の今日的変化を前に，これまであまり（あるいは久しく）議論されてこなかった問題が，新たに（あるいは再び）議論されるようになってきている。その中で，とりわけ目を見張るのは，労働協約法分野である。なぜなら，同法分野では，長らく，ドイツ基本法9条3項にいう「団結の自由」と，1949年の制定以降，その根幹部分において変更を加えられることのなかったわずか13条ばかりの労働協約法とを前提に，その解釈論を中心とした議論が主に展開されてきたが，今日では，それにとどまらない立法論的な議論がさかんに展開されているからである。そのような議論傾向の1つの頂点が，キリスト教民主・社会同盟（CDU/CSU）と社会民主党（SPD）によって2013年末に作成・発表された「連立協定書」（以下「2013年連立協定書」）[1]と，同協定書に基づき，2014年春に大連立政府内で作成された「協約自治の強化に関する法律草案」（以下「2014年協約自治強化法案」）[2]である。これらは，これまで同国に存在しなかった全国・全産

---

[1]　Koalitionsvertrag zwischen CDU, CSU und SPD für die 18. Legislaturperiode vom 16.12.2013.

業一律の法定最低賃金制度の導入や，労働協約法上の一般的拘束力宣言制度の改正にまで，大きく踏み込むものであった。

では，このようなドイツ法における新たな議論動向は，近年，労使関係の変化を前にした集団的労働関係法のあり方が大きな検討課題となりつつある日本法の議論における場合と同様，すぐれて労使関係における労働組合の組織率低下や機能低下という変化を前提に展開されているものであるのであろうか。以下，本稿では，日本法における議論を行うための基礎的考察として，「ドイツ労使関係がどのように変化しているのか」，その諸相と背景について，近年のドイツにおける代表的な法的紛争事例を参照しつつ，その特徴づけを行った（本稿Ⅱ）上で，2013年連立協定書及び2014年協約自治強化法案を中心的な素材にしつつ，ドイツ協約法制の現在について検討する（本稿Ⅲ）ことにしたい。

Ⅱ　ドイツ労使関係の今日的変化

1　ドイツ伝統的労使関係モデルの特徴とその法的基盤

ドイツの伝統的な労使関係モデルの特徴を今日的視点から簡単に整理すると，以下の3点を指摘することができる。

2）　BR-Drucks. 147/14, BT-Drucks. 18/1558.
3）　例えば，シンポジウム「労使関係の変化と労働組合法の課題」日本労働法学会誌119号（2012年）3頁以下に所収の各論文を参照。
4）　なお，1990年代以降のドイツ労使関係の変化を労働法学の立場から検討する先行業績として，例えば，名古道功「大量失業・グローバリゼーションとドイツ横断的労働協約の『危機』」金沢法学43巻2号（2000年）55頁以下，橋本陽子「第2次シュレーダー政権の労働法・社会保険法改革の動向」学習院大学法学会雑誌40巻2号（2005年）173頁以下，榊原嘉明「EU域内比較にみるドイツ労働協約システムの不安定化の特徴と今後の法的課題」日独労働法協会会報11号（2010年）3頁以下。加えて，ごく最近，同じくドイツ集団的労使関係の今日的実態について検討するものとして，労働政策研究報告書 No. 157-1『現代先進諸国の労働協約システム（第1巻ドイツ編）』（労働政策研究・研修機構，2013年）［執筆担当：山本陽大］，また，その法理論の現在について検討したものとして，名古道功「ドイツ集団的労働法理論の変容」西谷敏先生古稀記念論集『労働法と現代法の理論』（日本評論社，2013年）427頁以下。

個別報告②

(1) 横断的労働協約を中心とした二元的労使関係

第一が,横断的労働協約を中心とした二元的労使関係である。ドイツの集団的労使関係は,団結自由に基づき組織される労働組合を一方当事者として構築される超企業的労使関係と,経営協議会などと呼ばれる法定の従業員代表組織を一方当事者として構築される企業内労使関係の2段階で構成され,前者では,双方とも産業別に組織された労使団体が締結する労働協約をつうじて,賃金・労働時間など中心的な労働条件が設定され,後者においては,企業内労使関係当事者が締結する経営協定(ないし事業所協定)をつうじて,上積み手当などその他周縁的な労働条件が設定されることが通常であった。

このような二元的労使関係における労働条件規制手段間の整序について,経営組織法ないし事業所組織法(BetrVG)は,その77条3項などにおいて,いわゆる「協約優位原則」を採用してきた。加えて,仮に,労働協約法(TVG)4条3項を通じて,経営協定が協約規範から逸脱する場合であっても,同条同項が定める「労働協約によって許容される場合」という手段(「開放条項」)を通じて協約基準からの逸脱が行われることはほとんどなく,もう一方の「労働者に有利な諸規制の変更を含む場合」という手段(「有利性原則」)を通じて行われることが通常であった。[5]

(2) 「一産業一労働組合」原則と「一事業所一労働協約」原則

第二が,「一産業一労働組合」原則及び「一事業所一労働協約」原則である。第二次世界大戦後のドイツにおける団体交渉・協約締結は,ドイツ労働総同盟(DGB)傘下にある各産業別労働組合と,ドイツ使用者団体連盟(BDA)傘下にある各産業別使用者団体とが,主導的な役割を果たしてきた。この点,労働組合の側に即して見ると,もちろん,ドイツ国内には,DGB傘下の労働組合以外にも,労働組合はいくつか存在してきた。しかし,その多くは,自らが前面に立って協約交渉を行うのではなく,より交渉力のあるDGB傘下の労働組合に協約交渉と協約締結を委任するなどの場合がほとんどであった。また,

---

5) ドイツにおける協約優位原則とその実相(当時)について検討するものとして,毛塚勝利「組合規制と従業員代表規制の補完と相克」蓼沼謙一編『企業レベルの労使関係と法』(勁草書房,1986年)213頁以下。

DGB傘下にある産業別労働組合間においても,「一産業一労働組合」の原則をもって,相互の協約管轄の調整が行われてきた。その結果,同一事業所や同一産業など,同じ適用空間には単一の労働協約しか存在しない,という「一事業所一労働協約」（あるいは「一産業一労働協約」）の原則が,実際上,妥当してきた。

そして,このような協約実態は,法的レベルにおいても,「協約単一性」原則という形で反映されてきた。もっとも,その法的承認は,法令によるものではなく,判例法理によるものであった。[6]

(3) 高い協約拘束率

第三が,労働協約が個別的労働関係に対し高い拘束率（適用率）を有してきた,という点である。労働組合の組織率という点でいえば,確かに,ドイツのそれは,長らく30％中頃を推移するなど,あくまで中程度のものに過ぎなかった。しかし一方で,使用者団体の組織率は90％近くに迫るなど,極めて高いものであった。加えて,個別使用者らも,個別労働者らに対し,団結加入の有無にかかわらず,労働契約中に「協約引照条項」を設置し,労働協約上の規定を[7]労働契約の内容に引き入れるという取扱いを行うとともに,法制度としての一般的拘束力宣言制度（労働協約法5条）も,集団的労使当事者らによって一定程度において利用されてきた。

その結果,ドイツ国内には法定の最低労働条件規制が存在しない（あるいはほとんど機能しない）中で,労働協約における規範が労働者全体の最低労働条件を保障する規範として機能するほど,高い協約拘束率が実現されてきた。

2 ドイツ労使関係の今日的変化とその背景

それでは,このようなドイツの伝統的労使関係モデルの特徴は,今日,どのように変化しているのであろうか。また,その背景には,どのような事情があ

---

6) 当時の判例法理について,簡潔な整理を行うものとして,名古・前掲注4）論文「変容」438頁。
7) この点,詳述するものとして,松井良和「労働契約における労働協約の引照条項（Bezugnahmeklausel）をめぐる諸問題」法学新報119巻5・6号（2012年）頁以下。

るといえるのであろうか。

(1) 集団的労働条件規整の「分権化」

ドイツ労使関係の今日的変化の第一は、集団的労働条件規制の「分権化(De-Zentralisierung)」である。すなわち、1990年のドイツ再統一以降に生じた大量失業問題や経済のグローバル化による企業間競争の激化などを背景に、「横断的労働協約」の硬直性に対する批判が提起され、1993年の金属産業や化学産業におけるそれを嚆矢として、「規整レベルの下降化」や「交渉事項の多様化」をともなう「労働条件の柔軟化・相違化」が、少しずつ拡大していったのである。しかし、このような二元的労使関係の枠内における柔軟化だけでなく、いわばそのような枠組みそのものから逃れようとする動きも拡大していった。その代表的なものが、使用者団体から脱退するなどして協約拘束そのものから逃れようとする「協約からの逃避」や、開放条項の有無やその許容範囲に関わらず協約基準から逸脱しようとする「不法な分権化」である。

そのような中、法のレベルにおいては、集団的労働条件規整のさらなる柔軟化の実現へ向けた解釈論的・立法論的試みが行われることになった。それが、「新たな有利性比較」論[8]と「法律による開放条項」論[9]である。これら2つの試みは、いずれも、法的議論としては、遅くとも2000年代中頃までにほぼ失敗に終わる結果となった。しかし、実態に与える影響は大きく、集団的労使関係当

---

[8] 例えば、一般に「ブルダ判決」と呼ばれる連邦労働裁判所1999年4月20日決定(BAG 20.4.1999―1 ABR 72/98)で問題となったいわゆる「事業所における"雇用のための同盟(Bündniss für Arbeit)"」ように、「雇用保障」と引き換えに「労働条件の切り下げ」を行う旨の取扱いを、労働協約法4条3項後段の「有利性原則」の法解釈を通じて適法化しようとする議論。この点、詳述するものとして、丸山亜子「ドイツにおける有利原則論の新展開(一)～(二・完)」大阪市立大学法学雑誌48巻2号(2001年)581頁以下、同3号(2001年)803頁以下。

[9] 例えば、2000年ないし2003年の当時、野党であった自由民主党(FDP)やCDU/CSUの各草案(BT-Drucks. 14/2612, 14/6548)のように、現行労働協約法4条3項前段が協約基準から逸脱する要件として求める「労働協約による許容」——すなわち、「協約締結当事者ら自身による同意」——がなくとも、一定の法定事由に該当する場合には、当該同意に代替して、協約基準からの逸脱を認める、という取扱いを適法化しようとする議論。この点、橋本・前掲注4)論文251頁以下、藤内和公「協約自治制限立法の動き」労旬1570号(2004年)26頁以下も参照のこと。

事者らは，以上のような法的議論を経て，自ら，「統制された分権化」を広範に発展させる形で，「分権化」の問題を自主的に解決することになった。

(2) 協約交渉・協約規範の「分断化」

第二が，協約交渉・協約規範の「分断化（Fragmentierung/Segmentierung）」である。すなわち，2000年ごろを中心にDGB傘下にある産業別組合相互間において組織統合が進められる中，すでに1990年代中頃から民営化が進んでいた公共サービス部門や，2000年代初頭に大きな事業規制緩和が行われた派遣業部門などにおいて，DGB傘下にない職業別組合（医師，パイロット，機関士など）や少規模産別組合（キリスト教系の派遣業労組など）が台頭し，労働組合間における「上方への競合」や「下方への競合」という事態が生じることになった。その結果，協約実態における「一事業所一労働協約」原則が後退し，たとえ同じ事業所で同じ職務に就いていても異なる賃率が適用される可能性が拡大していったのである。

このうち，後者の「下方への競合」については，連邦労働裁判所2010年12月14日決定（1 ABR 19/10）においてキリスト教系派遣業労働組合の協約能力が否定されたことにより，実質上，問題が解消される方向にあるといえる。

他方，前者の「上方への競合」については，連邦労働裁判所第4小法廷2010

---

10) この点，詳述するものとして，例えば，緒方桂子「ドイツにみる労働組合機能と従業員代表機能の調整」季労216号（2007年）66頁以下，労働政策研究報告書［担当：山本］・前掲注4）書。

11) 例えば，2001年に誕生した統一サービス労組（ver. di）は，郵便・金融・メディア・交通など5つの産別労組が統合してできた労働組合であり，ドイツ最大の労働組合であるIG Metall（金属産業労組）も，1998年に繊維労組，2000年に木材労組を組織的に併合した。これらは産業構造の転換や使用者側における「協約逃避」への対応などのために行われたものであるが，結果として，これら労働組合は量的には「組織的な力」を手に入れる一方，質的には「組合内部における利益状況の多様化」というリスクを孕むことになった。

12) 2003年改正ドイツ労働者派遣法における均等待遇原則とそれに関連して争われたキリスト教系派遣業労働組合の協約能力をめぐる議論について詳述するものとして，緒方桂子「派遣労働における均等待遇原則と労働組合の協約締結能力の有無」日独労働法協会会報12号（2011年）21頁以下，同「ドイツにおける労働者派遣をめぐる新たな動き」労旬1748号（2011年）22頁以下，川田知子「ドイツ労働者派遣法における均等待遇原則の機能と限界」季労225号（2009年）111頁以下。

年1月27日決定（4 AZR 549/08(A)）とそれを確認した連邦労働裁判所第10小法廷同年6月23日決定（10 AS 2/10）とによって，「協約単一性」原則に関する判例変更が行われ，一事業所に複数の労働協約が妥当することを認める「協約複数性」原則へと判例法理の舵が切られることになった[13]。なお，このような司法判断に対しては，すぐさま，労使団体から，立法によって協約複数性の原則から協約単一性の原則へと戻すよう求める共同声明が発表された[14]が，その発表から早くも1年後には，労働組合側からそのような立法要求活動からの離脱が表明され[15]，その結果，「協約単一性」原則の問題を立法によって解決する機運は，大きく萎むことになった。

(3) 協約拘束の「縮減化」

第三が，協約拘束の「縮減化（Schwindung/Verkleinerung）」である。

(a) 協約拘束率低下の実態　すでに1996年には旧西地区で70％，旧東地区で56％にまで下がっていたドイツ横断的労働協約のカバー率（いずれも就労者ベース）は，2013年，旧西地区で52％，旧東地区で35％にまでさらに下がった。この2013年の数字は，企業協約を含めた労働協約全体のカバー率でみても，旧西地区で60％，旧東地区で47％に過ぎないものであった[16]。

(b) 協約拘束率低下の背景　このように協約拘束率が大きく低下したことの理由の1つは[17]，もちろん，「組合組織率の低下」という労働組合側の問題にある。すなわち，長らく30％中頃を推移していたドイツ労働組合の組織率は，東西ドイツ再統一後，1991年の36％を頂点に，今日では18％台にまで，大きく低下してしまっているのである[18]。

しかし，協約拘束率が低下した理由として，より重要な意義を有しているの

---

13) 当該判例法理の変更について，簡潔な整理を行うものとして，名古・前掲注4）論文「変容」438頁以下。
14) BDA/DGB, Funktionsfähigkeit der Tarifautonomie sichern vom 4.6.2010.
15) DGB, Beschluss des DGB-Bundesvorstandes zur Tarifeinheit vom 7.6.2011.
16) Vgl. IAB, Tarifbindung der Beschäftigten vom 2.6.2014.
17) 以下，ラインハルト・ビスピンク＝トアステン・シュルテン（榊原嘉明訳）「ドイツ労働協約システムの安定化と一般的拘束力宣言制度改革」比較法雑誌47巻4号（2014年）153頁以下を参照。

は，むしろ，使用者側における組織上の問題と一般的拘束力が宣言される労働協約数の低下という制度上の問題であるというべきであろう。

まず，使用者側における組織上の問題[19]について，そもそも，個別使用者らによる上記「協約からの逃避」行動などにより，従来は90％近くまであった使用者団体の組織率が，今日では60％前後にまで低下してしまっている（「外的侵食」）。と同時に，そのような組織的な力の侵食に歯止めをかけるべく創設された「協約拘束のない構成員資格」[20]制度も，使用者団体の加入から直ちに個別企業に対する協約拘束は生じないこととする制度であるため，とりわけ横断的労働協約の拘束率の保持には，直接，貢献しないものであった（「内的侵食」）。

そして，一般的拘束力が宣言される労働協約数の低下という制度上の問題について，とりわけ賃金協約に限ってみれば，2013年時点で一般的拘束力を宣言されているのは，リボン織り工，理髪業，旅客業，警備業という4業種しか存在しておらず，その適用労働者は，協約適用労働者全体の2.1％に過ぎない。その主たる原因として，1つに，労働協約法5条は「労働者及び使用者の全国頂上組織それぞれ3名の代表者からなる委員会」（＝協約委員会）における「同意」を一般的拘束力宣言の要件の1つとしているところ，BDAが2009年に一般的拘束力宣言に対して消極的態度で望むべき旨の声明を発表して以降，協約委員会の使用者側委員によって，同意が拒否される事案が増加した点，もう1つに，同法同条がいわゆる「50％基準」をその要件の1つとしているところ，2010年代に入り，労働協約がもともと有する協約拘束率それ自体が，多くの産業部門において50％を割ってしまい，この「50％基準」要件を充足することが

---

18) なお，このような傾向に対し，DGB傘下のいくつかの産業別労働組合は，2003年ころから，いわゆる「差異化条項（協約差別化条項・組合員優遇条項）」の締結を，使用者側に対し多く要求するようになる。だが，そのような条項も，実質上は組織化に大きく貢献するものではなく，どちらかというと「象徴的な意味合い」しか有さないものであった。この点，詳述するものとして，榊原嘉明「ドイツにおける労働協約上の差異化条項」角田邦重先生古稀記念『労働者人格権の研究（下巻）』（信山社，2011年）59頁以下。

19) Vgl. Behrens, Arbeitgeberverbände—auf dem Weg in den Dualismus ?, WSI-Mitteilungen 7/2013, S. 473 ff.

20) 「協約拘束のない構成員資格」制度について詳述するものとして，辻村昌昭『現代労働法学の方法』（信山社，2010年）395頁以下。

個別報告②

困難となってしまった点が挙げられる。[21]

(c) 協約拘束率低下の影響と各種最低労働条件規制立法の整備　そして，このような，労働組合及び使用者団体の組織的な力の侵食，さらにはそれをカバーするはずの一般的拘束力宣言制度の利用困難化などを背景に生じた「協約拘束率の低下」は，さらに，「低賃金セクターの拡大」という問題をも惹起することになる。すなわち，この協約拘束率の低下と，ドイツ国内における一連の労働市場改革，さらに EU 市場統合の深化に伴うサービス・労働者の域内自由移動化とが相俟って，場合によっては時給2〜3ユーロといった，協約賃金を大幅に下回る額で行われる労働が拡大していったのである。[22]

このような事態に対し，国も，種々の最低労働条件規制立法を整備していった。[23]しかし，このうちの労働者越境的配置法（AEntG）や各州の公共調達法における協約遵守規制（Tariftreueregeln）は，あくまでパッチワーク的な最低労働条件規制制度に過ぎず，また，最低労働条件法（MiArbG）も，実際には手続的な枠組みを定めるだけで，実質的な最低労働条件規制法としての内実をもつまでには至らなかった。そのため，これらの保護が及ぶのは，ごく狭い範囲に限定されていた。

---

21) このような状況を前に，一般的拘束力宣言の要件緩和をその主たる内容とする労働協約法改正に関する立法提案が，2011年から2012年にかけて，当時の野党や労働組合の側からなされた（2011年1月19日緑の党（Bündnis 90/Die Grünen）草案（BT-Drucks. 17/4437），2011年12月13日左派党（Die Linke）草案（BT-Drucks. 17/8148），2012年1月21日SPD草案（BT-Drucks. 17/8459），2012年11月15日DGB草案（DGB-Bundesvorstandes, Gewerkschaftliche Anforderungen an eine Reform der Allgemeinverbindlicherklärung von Tarifverträgen）など）。なお，労働組合は，2005年ころを境に，それまでの法定一般最低賃金制度導入反対の方針を転換し，時給7.5ユーロ最賃制の導入を主張するようになるが，その主張の概要とその後の経緯について言及するものとして，根本到「ドイツにおける最低賃金規制の内容と議論状況」日労研雑誌593号（2009年）89頁以下。
22) この点，詳述するものとして，名古道功「ドイツにおける最低生活保障システムの変化」角田邦重先生古稀記念『労働者人格権の研究（上巻）』（信山社，2011年）141頁以下。
23) この点，詳述するものとして，例えば，橋本陽子「ドイツにおける最低賃金法制定の動き（上・下）」国際商事法務34巻12号（2006年）1585頁以下，同35巻1号（2007年）39頁以下，同「最低賃金に関するドイツの法改正と協約遵守法に関する欧州私法裁判所の判断」学習院大学法学会雑誌45巻1号（2009年）1頁以下，齋藤純子「ドイツの最低賃金規制」レファレンス733号（2012年）27頁以下。

3 小　括

　ドイツ労使関係の今日的変化の特徴をごく簡単に表現するとすれば，それは，集団的労働関係の「分権化」「分断化」「縮減化」[24]という表現に集約できる。これら3つの今日的変化が，相互に一定の関連性を持ちながら，全体として，ドイツの伝統的な労使関係モデルを大きく変化させていったのである。

　しかし，これら3つの今日的変化の中で最も重要なものは，最後の「縮減化」であるといえる。なぜなら，第一の「分権化」は，あくまで横断的な労働協約の危機の問題に過ぎず，また第二の「分断化」も，あくまで協約実態としての「一事業所一労働協約」原則や組織原理としての「一産業一労働組合」原則に対する脅威の問題に過ぎないのに対し，第三の「縮減化」は，労働協約システムそのものに対する脅威の問題であるといえるからである。

　さらに強調すべきは，「縮減化」の背景と影響についてである。まず，その背景には，確かに，組合組織率の低下という労働組合側の事情もあった。しかし，それと同じか，あるいはそれ以上に重要な意義を有していたのは，使用者側における状況の変化であったというべきであろう。なぜなら，「経済のグローバル化」という経済構造の大変革を背景に，使用者側における利益の中心が，旧来的な国内経済における全体的な「公正競争」秩序の維持から，今日的なグローバル経済における個別企業間の「自由競争」秩序の形成へと移動し，その結果，使用者団体の組織的な力の侵食という側面だけでなく，一般的拘束力宣言制度において使用者団体が果たす役割という側面においても，協約拘束率低下の大きな要因となったからである。

　そして，この協約拘束率の低下という問題は，労働市場改革や EU 市場統合の深化に伴うサービス・労働者の自由移動化などの動きと相俟って，ドイツ国内に低賃金セクターの問題を顕在化させることになった。しかも，この低賃金セクターの問題は，EU 域内における他国企業の「サービス提供の自由」の保障との調整を求める今日の EU 法秩序[25]の中で，いまや，たとえ協約拘束率を上昇させたとしても，それをもって低賃金セクターの問題を解決しえない――あ

---

24) Vgl. Bahnmüller, Dezentralisierung der Tarifpolitik, in: Bispinck/Schulten (Hrsg.), Zukunft der Tarifautonomie (2010), S. 81 ff.

るいは,解決することが過度に困難な——状況に陥っているのである。

II ドイツ協約法制の現在

1 2013年連立協定書における労使関係法政策の概要

それでは,このようなドイツ労使関係の今日的変化を前に,ドイツ労使関係法制は,現在,どのように変化しようとしているのであろうか。

この点,2013年連立協定書[26)・27)]は,上記ドイツ労使関係の「縮減化」に関連して,以下2つの重要な立法提案を行っている。その1つが,労働協約法5条に基づく一般的拘束力宣言制度の改正である。これは,一般的拘束力宣言を実施するにあたって大きなハードルとなってしまっていた「50%基準」要件を緩和するとともに,協約委員会における審議および決定に,全国頂上組織だけでなく,協約締結当事者ら自身も関与できるようにすることを,その主な改正内容とするものである。

そして,もう1つが,法定一般最低賃金制度の導入等である。これは,最低

---

25) EU法レベルにおけるサービス提供の自由の保障と加盟国法レベルにおける越境的配置労働者に対する各種国内労働条件規制の適用との調整問題について詳述するものとして,山本志郎「EU経済統合にみる労働抵触法の新たな課題」季労243号（2013年）88頁以下（訂正情報につき,www.roudou-kk.co.jp/archives/2013/12/post_428.html）。

26) CDU/CSU/SPD, Koalitionsvertrag a. a. O., S. 67 ff. なお,2013年連立協定書における労働法政策の柱は,その前文（8頁）にあるとおり,「最低賃金の導入」と「請負契約及び派遣労働の濫用の回避」の2点であった。2013年連立協定書における規定内容の概略を紹介するものとして,毛塚勝利「ドイツにおける雇用・労使関係政策の新たな局面」DIO 290号（2014年）4頁以下,榊原嘉明「第三次メルケル政権発足,労働分野では中道左派色が濃厚に」ビジネス・レーバー・トレンド467号（2014年）66頁以下。

27) 2013年連立協定書には,確かに,上記ドイツ労使関係の「分断化」に関しても,2010年の連邦労働裁判所の各決定で新たに確認された協約複数主義を放棄することをその主たる内容とする協約単一性原則の法定化も規定している。しかし,その立法提案は,上記労使団体の反応や同連立協定書における記述のされ方,さらには,学説における議論状況（この点,詳述するものとして,高橋賢司「ドイツ法における協約単一性の原則」日独労働法協会会報13号（2013年）3頁以下）に照らし合わせると,法政策における重要性という点においても,法理論的な妥当性という点においても,その程度は,それほど高くないと評価すべきであろう。

賃金法（Mindestlohngesetz）の制定により，全国・全産業一律の法定最低賃金規制（時給8.5ユーロ，2015年1月1日から実施予定）を設けるとともに，労働者越境的配置法の改正により，これまで限定的であった業種部門別の法定最低賃金規制の設定可能性を全産業部門へと拡張することを主たる内容とするものである。
28)

2 一般的拘束力宣言制度改正及び法定一般最賃制度導入等の趣旨

だが，これらドイツ労使関係の「縮減化」に関連する2つの立法提案について，より注目すべきはその趣旨であろう。この点，CDU/CSU＝SPD連立政権は，2014年協約自治強化法案において，より踏み込んだ言及を行っている。

すなわち，同法案は，まず，同法全体の立法趣旨について，「協約自治の強化」と「労働者にとって適正な労働条件の保障」の2点を挙げている。その上で，一般的拘束力宣言制度改正の趣旨について，それが，ドイツ国内の個別的労働関係に対し，それまで労働協約が有していた秩序機能（Ordnungsfunktion）を回復させる点にある旨を言及している。また，法定一般最低賃金法制定の趣旨について，適正さを欠く低賃金から労働者を保護すること，企業間における競争が「賃金ダンピング」という形ではなく，「製品とサービスの改善」という形で行われるよう是正すること，最低賃金なき企業間の賃金ダンピング競争により生じる社会保障システムへの負担を軽減することの3点を挙げているのである。

以上のような説示から考えるに，CDU/CSU＝SPD連立政権によるこれら立法提案の趣旨は，第一に，「経済のグローバル化」という経済構造の変化を前

---

28) なお，2013年連立協定書（68頁）によれば，最低賃金法上の最低賃金を逸脱しうるのは，労働者越境的配置法上の最低賃金のみとする予定である（経過措置除く）。この点，Düwell, Große Koalition: Mindestlohn und Autonomie der Tarifvertragsparteien, DB 03/2014, S. 121 は，労働者越境的配置法上の最低賃金は協約当事者間における最低賃金協約に対する法規命令という手法により設定されるものであるため，同連立協定書による上記立法提案の枠組みは，とりわけ低賃金業種部門において，「このような逸脱的な労働協約を締結するため，使用者団体に加入するという動機を使用者に与える」ものであり，「協約回避に歯止めをかけるのに，とても効果的なきっかけとなる」ものである，と指摘している。

29) BR-Drucks. 147/14 S. 1, BT-Drucks. 18/1558 S. 1.

に，集団的労使関係当事者（とりわけ使用者側当事者）内部における利益状況が変化し，その結果，協約当事者自らによる組織的な力の回復によっては解決することが困難となった協約拘束率の回復の問題を，一般的拘束力宣言制度の改正という集団的労使関係システムに対する法制度的・国家的支援によって解決しようとするとともに，加えて第二に，サービス・労働者の域内自由移動化という市場統合の深化を前に，集団的労使関係システムに対する国家的支援だけでは解決しえない——あるいは，解決することが過度に困難となった——低賃金セクターの問題を，法定一般最低賃金制度の導入等という国家自身による最低賃金規制によって解決しようとする点にあるといえよう。

IV　む　す　び

　結局，今日のドイツ労使関係法政策が克服しようとしている課題は，日本を含めた世界の多くの国々がすでに抱え，あるいは今後抱えるであろう課題の1つであるといえる。すなわち，その課題とは，国境を越えて展開される「経済のグローバル化」や「域内市場統合の深化」という背景事情を前に，どのように，国内法秩序において，労働者の「生存の保障」を担保するための一手段である「労働者保護」という要請と，企業主がその「生産能力」に見合った経済活動を行えるだけの前提を創出するための一手段である「国家的規整（から）の逸脱・緩和・権限委譲（デロゲーション）」という要請とを，バランスをもって実現するか，という課題である。[30]

　そのような中で，今日のドイツ労使関係法制は，2013年連立協定書の労働法政策部分の冒頭にある「我々が目指すのは，協約自治の強化である」という文

---

30) この点，2013年連立協定書は，法定一般最低賃金制度に関する部分（48頁以下）において，「よき労働は，一方において，正しく報いられ，生存を保障するものでなければならない。他方で，生産能力と賃金額とが対応していなければならない。このようなバランスは，伝統的には，社会的パートナーが交渉・妥結する労働協約によって，作り出されてきた。／しかし，協約拘束の縮小は，協約情勢における空白部分の拡大をもたらした。一般的拘束力ある最低賃金の導入は，適正な最低保護を労働者に対して保障するための手段である」と言及している。

言に象徴されるように，このような課題に対し，ドイツに伝統的な「集団的労使自治の尊重」という原則を可能な限り維持しつつ，しかし，それでも解決しえない（とりわけ，域内市場統合の深化によって生じる）問題については，たとえ中心的な労働条件に関する規整であっても，国家がその責務を引き受けるという方法によって，解決しようとしているものといえる。

　なお，以上のようなドイツにおける今日的議論に対しては，さらに，ドイツ集団的労働関係法理における「協約自治」の今日的意義という点についても，大きな問題関心が生じるところである。この点，ドイツ労使関係の今日的変化は，確かに，同国における労使関係法政策のあり方に大きな影響を及ぼしたものの，集団的労働関係法理における——とりわけ，国家と集団の関係のあり方を論じる際の——「協約自治」の意味内容に大きな変更を迫るまでには至っていないのではないか，という一応の評価を，筆者は現時点で行っている。しかし，この観点からするさらなる検討を，本稿では行うことができなかった。今後の課題としたい。

　［追記］　なお，2014年協約自治強化法案は，脱稿後の2014年7月3日，ドイツ連邦議会で可決され，同月11日，ドイツ連邦参議院もこれに同意した。

（さかきばら　よしあき）

韓国における期間制勤労者（有期契約労働者）に対する差別的処遇の禁止及びその是正

徐 侖 希

(早稲田大学大学院)

I　はじめに

韓国では，2006年12月に「期間制及び短時間勤労者の保護等に関する法律」（以下「期間制法」）が制定され[1]，非正規勤労者に対する新たな法規制が導入された。その主な内容は，期間の定めのある勤労契約（以下「期間制勤労契約」）を締結した勤労者（以下「期間制勤労者」）の使用期間に関する制限並びに期間制勤労者等に対する差別的処遇の禁止及びその是正である。

日韓の有期労働契約法制を比較すると，韓国では期間制勤労者に関する使用期間の制限，差別的処遇の禁止といった規制が日本より先に立法化されており，この期間制法が2007年7月1日の施行から既に6年以上経過していることから，期間制法の施行後の状況を見ることはそれ自体，日本にとって重要な参考になるであろう。また，韓国における期間制勤労契約にかかわる法規制は，日本における改正労働契約法の有期労働契約に関する法規制とその具体的内容におい

---

[1] 2006年12月には，①「期間制及び短時間勤労者の保護等に関する法律」が新設されると同時に，②「派遣勤労者の保護等に関する法律」及び③「労働委員会法」の改正も行われている。2006年12月に新設又は改正された非正規勤労者（すなわち，期間制勤労者，短時間勤労者，派遣勤労者）の保護等にかかわるこれらの法律を総称し，韓国では，「非正規職法」又は「非正規職保護法」等の名称が用いられている（なお，なかには，①と②を合わせて「非正規職法」又は「非正規職保護法」と称するものもあれば，①ないし③を合わせて「非正規職法」又は「非正規職保護法」と称するものもある）。本稿では，これら法律のうち，「期間制及び短時間勤労者の保護等に関する法律」を対象とし，その規定内容のなかでも「期間制勤労者に対する差別的処遇の禁止及びその是正」に焦点を当てていることから，「期間制及び短時間勤労者の保護等に関する法律」を「期間制法」と略している。

て異なる部分があり、その比較からも両国の有期労働契約法制について示唆を得ることができると考えられる。

そこで、本稿においては、日本の今般の改正労働契約法をいかに考えるかを検討する際の素材の提供を目的とし、韓国における期間制勤労者にかかわる現行法制とその運用をめぐる論点の考察を行いたいと考える。ただし、「期間制勤労者の使用期間に関する制限」については既に検討がなされていることから[2]、本稿では、「期間制勤労者に対する差別的処遇の禁止及びその是正」に焦点を当てて紹介・検討することにしたい[3]。

II 差別的処遇の禁止及びその是正にかかわる規定

まず、韓国における期間制勤労者に対する差別的処遇の禁止及びその是正にかかわる現在の法規制について概観する。期間制法8条1項は、使用者が、期間制勤労者であることを理由に、当該事業又は事業場において、同種又は類似の業務に従事する期間の定めのない勤労契約（以下「無期勤労契約」）を締結した勤労者に比べて、差別的処遇をすることを禁止している。この期間制法8条1項が禁止する差別的処遇とは、「賃金」、「定期的に支給される賞与金」、「経営成果に基づく成果金」、「その他勤労条件及び福利厚生等に関する事項」について、合理的な理由なく、不利に処遇することをいう（期間制法2条3号）。そして、このような期間制勤労者に対する差別的処遇について、期間制法は、行政委員会である労働委員会による是正手続を設けている。すなわち、使用者から差別的処遇を受けたと考える期間制勤労者は、労働委員会にその是正を申請することができる（期間制法9条1項）。期間制勤労者等に対する差別的処遇の禁止及びその是正にかかわる以上のような仕組みは「差別是正制度」と称される。

---

2) 徐侖希「韓国における期間制勤労契約（有期労働契約）に関する法規制とその運用上の論点」労旬1783・84号（2013年）32頁以下等を参照。
3) なお、紙幅の都合上、個別報告した内容のうち、割愛した部分がある点を予めお断りしておきたい。本稿に反映することができなかった内容に関しては、別の機会に紹介・検討することを予定している。

個別報告③

III 差別的処遇の存否にかかわる判断

1 判断の流れ

　労働委員会が扱う期間制勤労者の差別的処遇の是正にかかわる事件は，大きく申請―（本案）審査―判定の3段階を経ることになる[4]。まず，差別的処遇の是正申請の段階において，労働委員会は，申請人が期間制勤労者であるか，期間制勤労者による差別的処遇の是正申請が差別的処遇のあった日（継続する差別的処遇はその終了日）から6か月（2012年改正までは3か月）以内になされているか等の要件を満たしているかどうかを判断する。この差別的処遇の是正申請の段階を過ぎると，次は，（本案）審査，すなわち，差別的処遇の存否にかかわる審査に移る。この審査段階において，労働委員会は，①比較対象勤労者が存在するか否か，また，その選定が妥当であるか否か，②この比較対象勤労者に比べて期間制勤労者に対する不利な処遇が存在するか否か，さらに，③この不利な処遇に合理的な理由があるか否か等の点から差別的処遇の存否を判断する。これらの審査を終えると，労働委員会は，最終的に，当該事件の解決に適切な是正命令，又は棄却決定をする。

2 労働委員会への是正申請

　韓国の差別是正制度の特徴の1つは，労働委員会という行政手続による救済手段を設けたことにある。期間制勤労者は，使用者から受けた差別的処遇について，直接，司法裁判所である「法院」に訴訟を提起することもできるが，日本の不当労働行為と同様に，労働委員会が基本的な紛争解決機関として想定されている。これは，訴訟にかかわる時間及びコスト等を考えると，迅速かつ低廉な行政手続，すなわち，準司法的な手続が適切と判断されたことによる[5]。

（1）申請期間

　期間制勤労者に対する差別的処遇にかかわる是正申請は，差別的処遇があっ

---

4) 姜成泰「非正規職法施行1年の評価」法学論叢25輯4号（2008年）175頁。
5) 労働部『非正規職保護法律解説』（2006年）38頁。

た日（継続する差別的処遇はその終了日）から6か月以内になされなければならない（期間制法9条1項但書）。この6か月という期間は除斥期間とされ，これを過ぎると，差別的処遇の是正を申請する権利は消滅するものと解されている[6]。したがって，6か月の除斥期間を過ぎてなされた差別的処遇の是正申請は却下される（労働委員会規則60条1項1号，109条1項）。

(2) 「差別的処遇是正申請書」の提出

期間制勤労者が労働委員会に差別的処遇の是正を申請する際には，自らが受けた差別的処遇の内容を具体的に明示しなければならない（期間制法9条2項）。実務上は，「差別的処遇是正申請書」（以下「申請書」）を所轄の地方労働委員会に提出することになる（労働委員会規則100条）。この申請書に記載が求められる差別的処遇の内容は，申請書の作成要領によると，「今後，調査及び審問を通じて事実関係が確認できる程度に可能な限り具体的に記載」することが必要とされる[7]。

(3) 立証責任

期間制法は，差別的処遇にかかわる紛争における立証責任を使用者に負わせている（期間制法9条4項）。これは，通常，差別的処遇にかかわる証拠が使用者側に偏在しており，勤労者が立証するのは困難であることが考慮されたことによる[8]。したがって，前述のように，期間制勤労者は，労働委員会に差別的処遇の是正を申請する際に，自らが受けた差別的処遇の内容を具体的に明示しなければならないのに対し，使用者は，期間制勤労者が差別的処遇であると主張する内容が，差別的処遇に当たらないことを立証することが求められる。

3 比較対象勤労者

期間制勤労者に対する差別的処遇があるか否かの判断は，他の勤労者との比較を前提としている。すなわち，期間制法8条1項のいう「当該事業又は事業場における同種又は類似の業務に従事する無期勤労契約を締結した勤労者」が，

---

6) 大法院2011・12・22宣告2010トゥ3237判決。
7) 中央労働委員会『差別是正業務マニュアル（調査官用）』（2012年）10頁。
8) 労働部・前掲注5）39頁。

個別報告③

期間制勤労者に対する差別的処遇の有無を判断するための「比較対象勤労者」とされる。そこで，期間制勤労者が差別的処遇の是正を申請する際に労働委員会に提出する前述の申請書においても，暫定的な比較対象勤労者を記載することとされている。比較対象勤労者として選定された勤労者が期間制法の定める要件を満たさない場合，当該差別的処遇の是正申請は，比較対象勤労者の不在を理由に直ちに棄却されうる[9]。それゆえ，比較対象勤労者が存在するか否か，また，その選定が妥当であるか否かに関する判断は，差別的処遇の是正申請にかかる審査における最初の関門といえる。

では，期間制勤労者の比較対象勤労者とされる「当該事業又は事業場における同種又は類似の業務に従事する無期勤労契約を締結した勤労者」は，どのように判断されるであろうか。ここで重要な論点となるのは，比較対象勤労者として選定された勤労者が，申請人である期間制勤労者と「同種又は類似の業務」に従事しているといえるかどうかである。

行政解釈は，「同種又は類似の業務」とは，職種，職務及び作業内容において同一性・類似性を有する業務をいい[10]，就業規則，勤労契約等に明示された業務内容を基準に判断するのではなく，勤労者が実際遂行する業務内容を基準に判断すべきであるといった判断基準を示していた[11]。その後，裁判例においては，この基準についてより具体的な判断が示されている。すなわち，一般論としては，行政解釈と同様に，比較対象勤労者の業務が期間制勤労者の業務と「同種又は類似の業務に当たるか否かは，就業規則や勤労契約等に明示された業務内容ではなく，勤労者が実際遂行してきた業務を基準」にしなければならないとしたうえで，より具体的には，比較対象勤労者と期間制勤労者が遂行してきた「業務の内容及び種類，当該業務の遂行方法，作業条件，相互代替可能性等」の事情を総合的に考慮して判断し，比較対象勤労者と期間制勤労者が遂行する

---

9) ジョヨンマン『差別是正判定事例の分析を通じた差別是正運営改善の方案準備』（中央労働委員会，2009年）45頁等。
10) 労働部『期間制・短時間・派遣勤労者のための「差別是正制度」をお知らせします』（2007年）28頁。
11) 中央労働委員会『差別是正制度の参考資料』（2007年）28頁。

業務が，その「採用手続や業務の範囲，難易度等において多少の差異があるとしても，その核心要素（主たる業務の内容及び作業条件等）において両勤労者間に本質的な差異がなければ，両勤労者間に業務の顕著な質的差異を認めるに足りる他の特別な事情がない限り，これらは同種又は類似の業務に従事するとみなければならない」とされている。[12]

4 期間制法の禁止対象

期間制法の制定当時，期間制法8条1項が禁止する「差別的処遇」は，「賃金その他の勤労条件等において，合理的な理由なく，不利に処遇すること」と規定されていた（制定当時の期間制法2条3号）。そこで，差別的処遇の禁止対象となりうる「賃金その他の勤労条件等」とはいかなるものであるかが解釈上の問題となった。

行政解釈は，差別的処遇として期間制法の禁止対象となる「賃金その他の勤労条件等」のうち，まず，「賃金」とは，勤労基準法上の賃金，すなわち，「使用者が勤労の対価として勤労者に賃金，俸給，その他いかなる名称であろうとも支給される一切の金品」（勤労基準法2条1項5号）をいい，また，[13]「その他の勤労条件等」とは，勤労基準法が規律する勤労条件及び団体協約，就業規則又は勤労契約に基づく勤労条件として，使用者にその支給が義務付けられている事項をいうとしている。[14]

学説を見ると，期間制法がその禁止対象としている「賃金」については，行政解釈に対する異論は特に存在しないようである。これに対し，「その他の勤労条件等」の解釈については，行政解釈よりも広く解すべきだとする学説が多く見られた。たとえば，「その他の勤労条件等」という表現は開かれた表現であるから，限定的に解釈することはできず，また，限定的に解釈する必要もないとする見解や，[15]「勤労条件等」とは，人事規定等に明示されているか，慣行

---

12) ソウル行政法院2010・4・29宣告2009クハブ36651判決。
13) 同旨，ソウル行政法院2008・10・24宣告2008クハブ6622判決。
14) 雇用労働部『期間制法業務マニュアル』(2011年) 58頁。
15) 朴済晟「『非正規職』差別禁止制度の法的検討」労働レビュー31号 (2007年) 73頁。

によって定着されている勤労条件だけを意味するものではなく，固定的な勤労条件ではなくても，使用者による便宜提供や使用者の裁量的な判断に基づくすべての措置が期間制法の是正対象となりうる勤労条件「等」に当たるとする見解等が挙げられる。[16]

　このような議論状況のなかで，2013年3月，「差別的処遇」にかかわる定義規定が改正されている。期間制勤労者等に対し，合理的な理由なく，不利な処遇をすることができない対象が，賃金，賞与金，成果金，その他福利厚生に関する事項等とより細分化されたのである（現行の期間制法2条3号）。これは，差別的処遇の対象をより具体的に規定することにより，賞与金，成果金及び福利厚生等における差別的処遇を改善することを目的としたものとされている。

5　合理的な理由なく，不利に処遇すること

　「不利に処遇すること」（以下「不利な処遇」）とは，期間制勤労者が比較対象勤労者に比べて賃金等について低く処遇されることを指す[17]。この不利な処遇の有無に関する判断は，比較対象勤労者との比較によって客観的にあらわれた不利な処遇を確認する作業といえる。もっとも，期間制勤労者が比較対象勤労者に比べて賃金等について不利な処遇を受けたと認められる場合であっても，この不利な処遇に合理的な理由があるときには，それが正当化され，期間制法が禁じている差別的処遇とはいえなくなる。そこで，不利な処遇についての合理的な理由の有無が問題となるが，この合理的な理由とは何かについては，期間制法に特に規定がなく，もっぱら解釈に委ねられている。

　これにつき，中央労働委員会では，合理的とは「恣意的ではないことを意味する」といった解釈がなされていたが[18]，その後，裁判例においては，「合理的な理由がない場合とは，期間制勤労者に対して異なる処遇をする必要性が認められないか，異なる処遇をする必要性が認められる場合であっても，その方

---

16)　ユンギテク・ハンギョンシク「期間制勤労者の差別処遇禁止制度に関する考察」法学研究26集（2007年）361頁。
17)　雇用労働部・前掲注14)61頁。
18)　中央労働委員会・前掲注11)36頁等。

法・程度等が適正でない場合を意味する」ところ，ここで不利な処遇に合理的な理由があるか否かは，「個別事案において問題とされた不利な処遇の内容と使用者が不利な処遇の事由とした事情を基準に，期間制勤労者の雇用形態，業務の内容と範囲，権限と責任，賃金その他の勤労条件等の決定要素等を総合的に考慮して判断しなければなら」[19]ず，より具体的には，「期間制勤労者の勤続期間，短期雇用という特性，採用条件・基準・方法・手続，業務の範囲・権限・責任，労働市場の需給状況及び市場価値，使用目的（修習・試用・職業訓練・インターン等），賃金及び勤労条件の決定要素（職務，能力，技能，技術，資格，経歴，学歴，勤続年数，責任，業績，実績等）等を考慮して個別事案別に判断しなければならない」といった判断基準が示されるに至っている[20]。

Ⅳ 差別是正制度の実効性

1 差別是正制度が導入されたその背景

期間制勤労者等に対する差別的処遇の禁止及びその是正にかかわる制度，すなわち，差別是正制度が導入された背景には，韓国社会において非正規雇用が増え続けるなかで，非正規勤労者と正規勤労者との間の賃金格差等が問題視されたことがある。非正規雇用に対する実効性のある差別的処遇の解消により，直接的には非正規雇用の勤労条件の向上，そして，間接的には非正規雇用の濫用抑制，さらに，社会的には「社会両極化」の解決に寄与することが期待された[21]。しかし，この差別是正制度が施行されてから6年余りが経過した現在，差別是正制度に託されていた期待のとおりに，非正規雇用に対する実効性のある差別的処遇の解消がなされているかといえば，そのようには評価されていないのが現状である。

---

19) 大法院2012・3・29宣告2011トゥ2132判決。
20) ソウル高等法院2010・11・11宣告2010ヌ15577判決。
21) 労働部・前掲注10) 3頁。

個別報告③

2 少ない申請件数

　前述のとおり，韓国の差別是正制度の特徴の一つとして，期間制勤労者等に対する差別的処遇の是正につき，労働委員会という行政委員会による救済手続を設けていることが指摘できる。期間制勤労者等が差別的処遇を理由とする訴訟を提起することそれ自体，また，裁判における立証も，現実的には簡単なものではないことに鑑みると，労働委員会による差別的処遇の是正手続を設けたことは一応評価できよう。韓国では，差別是正制度が導入されれば，労働委員会に差別的処遇の是正にかかわる事件が多く提起され，期間制勤労者等の非正規勤労者と正規勤労者との間の処遇格差が改善されるだろうと期待されていた。しかし，労働委員会に対する差別的処遇の是正にかかわる申請件数は，当初の期待には及んでおらず，差別是正制度の実効性という点で問題視されている。

(1) 新しい差別的処遇の是正手続：勤労監督官による是正指導

　差別的処遇の是正にかかわる労働委員会への申請件数が少ない理由として，第1に，期間制勤労者が勤労契約の更新拒否等の不利益を恐れて差別的処遇の是正申請をあきらめてしまうのではないかという指摘がある。期間制法の定めによれば，差別的処遇の是正申請ができるのは，差別的処遇を受けた「期間制勤労者」に限られる。しかし，「期間制」という働き方をする勤労者が差別是正制度を利用するのは容易ではないという指摘である。そこで，このような問題を克服するために，不当労働行為の場合と同様，当該期間制勤労者が所属している労働組合にも差別的処遇の是正を申請する権利を与えるべきだといった主張もなされてきた。[22]

　以上のような議論を踏まえ，2012年2月には，差別是正制度の実効性を高めるための，期間制法の改正作業が行われた。ただし，労働組合に差別的処遇の是正申請ができる権利を与えるというものではなく，新たな方法がとられることとなった。すなわち，労働委員会による差別的処遇の是正手続と並行する形で，勤労監督官を通じた新たな差別的処遇の是正手続が設けられたのである。勤労監督官は，差別的処遇を受けている勤労者からの申請がある場合，又は勤

---

[22] 金善洙「差別是正制度の活用と外注化濫用禁止のための法律の対応方法」労働社会127巻（2007年）57頁等。

労者からの申請がない場合においても，期間制勤労者等の非正規勤労者を多数使用する事業場を対象に，差別的処遇の存否を職権により調査し，期間制勤労者等に対する差別的処遇があると判断した場合には，これを一括して是正するように要求することができる（期間制法15条の2第1項，勤労監督官執務規定2条1項11号）。そして，使用者が是正期限までに勤労監督官の是正要求を履行しなかった場合，地方雇用労働官署は，所轄の地方労働委員会に差別是正要求の不履行を通報することとされている（期間制法15条の2第2項，19条）。地方雇用労働官署が労働委員会に差別是正要求の不履行を通報した場合，通報を受けた労働委員会は，期間制勤労者による差別的処遇の是正申請の処理手続と同一の手続に従って通報事件を処理することになる（期間制法15条の2第3項ないし第5項）。

(2) 申請期間：3か月から6か月へ

　労働委員会に対する差別的処遇の是正にかかわる申請件数が少ない第2の理由として，労働委員会に差別的処遇の是正申請ができる申請期間が短いということも考えられる。期間制法の制定当初，労働委員会に対する差別的処遇の是正申請は，差別的処遇があった日（継続する差別的処遇はその終了日）から3か月以内にしなければならないと規定されていたからである。差別的処遇の是正申請ができる期間を3か月に限定したのは，現行の不当解雇（勤労基準法28条）や不当労働行為（労働組合及び労働関係調整法82条）の救済申請期間に合わせたものと考えられている[23]。労働委員会の行政的救済手続は，通常の民事訴訟の権利救済方法による訴訟手続の繁雑性，手続の遅延，過度な費用負担等の弊害をなくし，迅速かつ簡易であり，経済的かつ弾力的な権利救済を図ることを目的としており，短期の除斥期間を設けたのも，このような行政的救済手続の機能を確保するためと理解されている[24]。しかし，この申請期間については，早くから3か月は短すぎるという批判があった。そこで，申請期間を6か月又は1年へと拡大すること[25]や，差別的処遇があった日ではなく，差別的処遇の存在を知

---

23) 朴秀根「非正規職法の解釈と課題」労働法研究22号（2007年）58頁。
24) 大法院1997・2・14宣告96ヌ5926判決等。
25) ジョヨンマン・前掲注9）140頁。

個別報告③

った日を基準にすること等[26]の主張がなされてきた。ところが，2012年2月になされた期間制法の改正の際には，現行法の体系を変えることはせず，差別是正制度の活性化のためとの理由で，3か月から現在の6か月へと申請期間が拡大された。

3　是正命令の内容・対象

労働委員会は，期間制勤労者から差別的処遇の是正申請がなされた場合，それを調査・審問し，差別的処遇に当たると判定した場合には，使用者に対して是正命令を発することになる（期間制法12条1項）。この際，労働委員会が発する是正命令の内容は，「差別的行為の中止，賃金等勤労条件の改善及び適切な金銭補償等」を含むことができる（期間制法13条）。ただし，労働委員会による是正命令は，当該事件にかかわる関係当事者のみを拘束するものであり，申請人と同一の事業又は事業場において，申請人と同様の差別的処遇を受けている期間制勤労者があるとしても，これらにまで効力が及ぶことはない[27]。

もっとも，ある期間制勤労者に対する賃金等にかかわる不利な処遇が期間制法の禁じている差別的処遇と判断された場合，同一の対象や内容の差別的処遇の是正申請が他の勤労者からも提起されることと予想され，使用者に当該差別的処遇に関する改善を促す効果があるのではないかとの期待があった[28]。しかし，前述のとおり，労働委員会に対する差別的処遇の是正にかかわる申請件数は少ないと評価されており，これに加えて，非正規勤労者と正規勤労者との間の賃金格差がそれほど改善されていないことも問題視されている状況である。期間制法を立法するに際して，政府は，2003年8月現在，経済活動人口調査付加調査における非正規勤労者の月平均賃金（約102万ウォン）が正規勤労者の月平均賃金（約167万ウォン）の61.3％であることを指摘していたが[29]，同調査における2013年8月現在の非正規勤労者の月平均賃金（約142.8万ウォン）は正規勤労者

---

26)　姜成泰・前掲注4）181頁。
27)　雇用労働部・前掲注14)83頁。
28)　雇用労働部・前掲注14)83頁。
29)　労働部『非正規職立法推進計画』（2004年）1頁。

の月平均賃金（約254.6万ウォン）の56.1％の水準にとどまる[30]。

　そこで，以上のことを踏まえ，2014年の３月に期間制法の新たな改正作業が行われた（施行は2014年９月19日）。その主な内容としては，①同一の使用者の事業又は事業場において，ある期間制勤労者に対する差別的処遇が認められた場合，同一条件の勤労者すべてに対する差別的処遇が改善できるよう，是正命令の内容と効力を拡大する（期間制法13条１項の改正，期間制法15条の３の新設）とともに，②使用者の故意又は反復的な差別的処遇に対しては，当該期間制勤労者等に発生した損害額の３倍以内で，懲罰的な性格の賠償命令をすることが可能となったこと（期間制法13条２項の新設）等が挙げられる。

V　おわりに

　以上，韓国の期間制法に基づく差別是正制度についてみてきたが，その実効性に関しては，統計データから見る限り，労働委員会に対する差別的処遇の是正にかかわる申請件数が当初の期待には及ばず，また，非正規勤労者と正規勤労者との間の賃金格差もそれほど改善されていないこととあわせ，なお限定的なものと評価せざるを得ないであろう。実際，これまで述べてきたとおり，勤労監督官による新しい差別的処遇の是正手続を導入する，あるいは，労働委員会による是正命令の内容と効力を拡大する等，差別是正制度の実効性を高めるための改正作業が続いている。とはいえ，労働委員会においては毎年100件余りの差別的処遇の是正にかかわる事件が処理されており，その結果，数は少ないものの，是正命令が出された事件も存在し，一定の肯定的な効果が生じていることも見過ごすべきではないと考える。

　韓国の期間制勤労者に対する差別的処遇の禁止及びその是正にかかわる法規制と比較すると，日本における改正労働契約法は，韓国の立法と類似点もあれば，相違点もあるといえる。日韓の類似点としては，日本の労働契約法20条のように，有期契約労働者に対するいかなる処遇を不合理と判断するかという解

---

30)　ジョンソンミ・ソンジェミン「勤労形態別付加調査を通じて見た2013年非正規職労働市場の特徴」労働レビュー106号（2014年）71頁。

個別報告③

釈問題をあげることができよう。これに対し，有期契約労働者に対する不合理な処遇にかかわる是正方法及びその実効確保措置に着目すると，日韓の相違点が浮かび上がる。すなわち，韓国では，期間制勤労者に対する差別的処遇の是正につき，日本のように司法裁判所による民事法的な是正手段に限定するのではなく，労働委員会という行政手続による救済手段を設け，また，最近では，勤労監督官による是正手続をも加えつつあることである。さらに，使用者の立証責任に関する明文規定を設けていることも，日韓の相違点として指摘できよう。韓国における期間制勤労者に対する差別的処遇の禁止及びその是正にかかわる法規制をめぐる試行錯誤が，今後の日本の有期労働契約法制に関する議論の一助となれば幸いである。

（ソ　ユンヒ）

フランスにおける労働組合の
代表性の機能とその正統性

　　　　　　　　　　　　　　　　　　　　小　山　敬　晴
　　　　　　　　　　　　　　　　　　　　　　　（早稲田大学）

I　はじめに

　本稿は，フランスの集団的労働関係法制の基盤を構成している「労働組合の代表性（représentativité syndicale）[1]」という概念をとりあげ，これが法制度のなかにおいて果たしてきた機能と，これを基礎づける法的正統性を明らかにすることを目的とする。このために，ここでは，フランス労働法制における「労働組合の代表性」概念の意義を簡単に示したうえで，本稿の課題をより具体的に明らかにしておきたい。

　労働者の団結権の行使として誕生する労働組合は，法的には私的任意団体であるにもかかわらず，労働組合に強力な法的権限を付与する集団的労使関係法制を有する国が少なくない。日本では，企業外に強力な産業別労働組合が形成されることなく，企業別労働組合が主流である。また，団結平等主義の法理念が強い影響力をもち，労働組合は，その組合員の多寡を問題とせず，それぞれが固有の団体交渉権および労働協約締結権を有している。この結果，従業員の多数が加入する労働組合があれば，当該企業において強い影響力を行使することができるが，企業を超えた労働市場の規制力が弱い。このような現状を法的にどのように評価すべきかは，日本の労働法学の重要な課題である。本稿が取り上げるフランスは，労働組合の組織率は低いが，その社会的影響力がなお強力であるという日本と対照的な特徴を有している。後に詳述するとおり，フラ

---

[1]　拙稿「フランスにおける代表的労働組合概念の変容（1）（2・完）」早稲田大学大学院法研論集140号（2011年）143頁，141号（2012年）153頁参照。

個別報告④

ンスでは労働組合の自生的発展のみに委ねることなく，労働組合に法律によって強力な権限を付与していることがその要因である。このフランスの集団的労使関係において，労働法制がどのような役割を担っているかを知ることが日本の以上の課題を検討するための1つの素材を提供すると考え，本稿はフランスの集団的労使関係法における重要なキー概念である「労働組合の代表性」について検討する。

さて，フランスの労働運動は，歴史的に大規模な社会運動のなかでゼネストを実施し，1936年，1968年には，実際に数多くの労働者および労働組合の権利を勝ち取ってきている。この労働運動の特徴は，労働組合が運動を組織するのではなく，自然発生的な労働者自身のストライキによって運動が広がっていったところにある。フランスにおいては，労働組合は，アナルコサンディカリズムの影響が大きく，組織的には大規模な労働組合が形成されることはなかった。自然発生的な労働運動の方向性を示し，政府との交渉を実現していくことによって，労働組合は，その組織力というよりは，その社会的・政治的な力量を通じて，労働者のなかでの影響力を強めていったといえる。この結果，労働組合の組織率は歴史的に一貫して極めて低い水準にあり，戦後の最盛期でも組織率は30％ほどで，現在にいたっては，民間企業では5％ともいわれている。さらに労働組合結成の自由，加入の自由を基礎とする複数組合主義は，イデオロギーの潮流ごとにフランスの労働組合運動を細分化するという状況を生んでいるともいえる。もっとも，フランスの産別協約が独特の法制度のもとで組合所属の有無を問わず幅広い労働者に適用され，労働協約の適用率が労働者の90％以上に及んでいること[3]，労働立法の際には全国レベルでの労使交渉が前置されていることなどからすれば，労働組合の社会的影響力は非常に強力である。労働組合が，その組織率の低さにもかかわらずこのような社会的影響力を有する

2）フランスではこれらを内容とする liberté syndicale（組合の自由）という概念がある。1946年第四共和政憲法前文第6文が根拠規定である。この前文は第五共和政においても憲法的価値を有する原則として広義の憲法を構成している。

3）Rapport de M. Jean-Frédéric Poisson, au nom de la commission des affaires culturelles, n° 992, p. 19.

のは，労働組合が組合員だけの利益を代表するのではなく，その組織対象の職業の利益を代表する「職業組合（syndicat professionnel）」であるという社会的意識が形成され，かつそのことが法制度に組み入れられているからである[4]。労働組合が職業全体の代表であるという理念を法制度に落とし込むために必要となったのが，「労働組合の代表性」の概念にほかならない。労働組合の代表性の概念とは，ある労働組合に対して認められる，その組合規約が対象とする労働者の利益を代表する権能であると定義される[5]。

　もっとも労働組合の自由設立主義のもと，かつ歴史的に多様な潮流の労働組合が生まれてきたフランスにおいて，いかにして代表的労働組合を選定するかは重要な問題である。これについて2008年8月20日の法律[6]の登場までは，事実上国家が代表的組合を決定してきたといってよい。代表的組合であることの要件は法律に規定されているが，実際には既存のナショナルセンターをすべて代表的組合としていたのであった。

　これに対して2008年の法律は，企業における従業員代表者選挙で一定の得票率を獲得した労働組合にのみ代表性を認めるという新しい制度を創設した。このような代表的組合に関する法制度（以下，「代表性法制」とする）の改革は，その正統性（légitimité）の淵源を国家による承認から労働者による投票へと移行させたものということができる。本稿の課題は，この正統性の淵源の移行過程に関して，いかなる条件のもとにそれが行われたかを解くことにあるが，この課題に対し本稿は労働組合の代表性の機能の変遷という観点から検討する。すなわち，代表的労働組合によって運営されている制度自体の変容が，これまでの代表性のあり方に対していかなる影響を与えたのかということに着目する[7]。

[4] 1884年3月21日の法律による。邦語文献として島田陽一「フランス団結権史に関する一考察——1884年法・労働組合承認立法の生成過程の分析」早稲田大学大学院法研論集第25号（1982年）115頁等。
[5] Gilles Auzero, Emmanuel Dockès, Droit du travail 28e éd., Dalloz, 2013, p. 1046.
[6] Loi n° 2008-789 du 20 août 2008 portant rénovation de la démocratie sociale et réforme du temps de travail（社会的民主主義の変革および労働時間の改革に関する2008年8月20日の法律第789号）.
[7] なお，労働組合の代表性の分析にはその生成過程の考察が必要不可欠であるが，紙幅との関係上取り上げることができないため，本稿では割愛する。

個別報告④

Ⅱ　労働組合の代表性の機能

　ここでは，代表的労働組合が参加することによって運営されてきた機関や法制度について1980年代までの概況を示し，「労働組合の代表性」によって労働組合がいかに重要な社会的役割を果たしてきたかを示す。

1　政労使三者構成機関と労使代表者同数機関
　フランスでは，政労使三者構成機関が全国レベルまたは産業レベルにおいて多種多様に存在している。代表的な例としては，政府の諮問機関である経済社会環境評議会（Conseil économique, social et environnemental）がある。この他，国が後見的立場となる各種の社会保障金庫の運営が労使代表者に委ねられており[8]，労働組合の果たす社会的役割は極めて大きい。このような機関の運営はまさに代表的労働組合によって担われているが，労働組合の代表性によって，決して組織率の高くない労働組合が全労働者の利益代表として位置づけられている。そもそも，フランスにおいて労働組合の代表性という考え方が初めて登場したのも，経済社会環境評議会の前身である1925年に創設された全国経済評議会（Conseil national économique）に参加する労使団体の選定に関連してであった。後に述べるように，法律は労使の「もっとも代表的な組合組織」がそれに参加する旨を定めていたが，代表的組合は労働大臣によって決定された。なお，「もっとも代表的な組合組織」という考え方は，1919年のヴェルサイユ条約第389条におけるILO参加組合に関して採用されたものを参照している。

2　団体交渉・労働協約
　労働組合の代表性が重要な役割を果たしてきたもう1つの場面は，団体交渉

---

[8] 全国賃労働者疾病保険金庫（Caisse nationale d'assurance maladie des travailleurs salariés），全国労働者退職年金制度連合（Union nationale des institutions de retraite des salariés（UNIRS）），全国商工業雇用協会連合（Union nationale pour l'emploi dans l'industrie et le commerce（UNEDIC），失業保険が対象），補足退職年金制度連合（Association des régimes de retraites complémentaires（ARRCO））等。

および労働協約法制である。労働協約のカテゴリーとしては，署名当事者間だけに協約の拘束力が及ぶ一般協約と，同一の職業内または地域内の非署名使用者も含めた全使用者に協約内容の拘束力が及ぶ拡張適用された労働協約とがある。いずれの協約も代表的組合による署名が必要とされているが，協約法において代表性概念は次の意味で重要である。フランスでは，産別協約であれ企業別協定であれ，それが署名当事者に適用されるという場合，署名使用者団体に所属する使用者の雇う全労働者にその協約内容が適用されるという構成をとる。労働者の視点からすれば，署名労働組合への所属・非所属は協約の適用に関していかなる効果ももたらさない。したがって，一般協約にせよ，拡張適用の協約にせよ，非組合員にも協約の効果を帰属させるという意味において，労働組合の代表性が労働協約法の前提をなしているのである。

III 国家権力を淵源とする正統性

1 戦前：「もっとも代表的な組合組織」の選定

ここでは，これまで示した制度における代表的組合に関して，その代表性の正統性の内容を戦前と戦後という時代区分にしたがって示すこととする。戦前には，全国経済評議会を創設した1925年の法律および労働協約の拡張適用制度を導入した1936年の法律が「もっとも代表的な組合組織（les organisations syndicales les plus représentatives）」という文言を用いていたが，その具体的内容が問題となる。「もっとも代表的」といっても，フランス語では複数形で表現されており，1つの組合を指すものではなく，過半数組合が想定されてはいなかったことは明らかであった。しかし法律に定義規定はなく，代表的組合の選定は，もっぱら労働大臣の裁量に委ねられていた。労働大臣の決定に対しては行政裁判所への不服申立てが可能であるが，労働大臣による代表的組合の選定はケースバイケースであり，非常に恣意性が強かった。したがって，代表的組合に対する労働者の主観的態度はともかく，ここでの代表性の正統性を法的に

---

9) Jacqueline Aimot, Les Conventions Collectives de Travail, Le droit ouvrier, 1950, p. 53.

個別報告④

基礎づけるものは，国家がそれを承認しているという一事にすぎなかった。

2　戦後：五大労組と代表性の推定

　1950年の定めた労働組合の代表性についての5基準[10]は，代表的組合の正統性の内容を明確にしなかった。これよりも重要であったのは，労働大臣決定（arrêté）が既存のナショナルセンターを全国レベルでの代表的労働組合として認定したことであった。1948年決定では3つの組合が[11]，1966年決定では5つの組合が代表的組合と認定され，これらの組合を5大労組[13]という。この認定は，戦時中の対独レジスタンス運動以来勢力を強め，ほとんど過半数の支持を獲得していたフランスの最大労組CGTと，支持が分散し少数派であったその他の4組合とを，同一の権能を有する組合として同列に扱うという重大な帰結をもたらした[14]。すなわちこの時代には，代表性の正統性の一内容となりうる労働者の労働組合に対する支持に価値評価が与えられず，複数組合主義が優先されたのである。

　次に，代表性法制のうち5大労組の代表性認定と並んで重要であるものとして，代表性の推定があげられる。1971年には，これまで代表的組合による署名が要件とされていなかった一般協約について，その署名が必要である旨が法律によって定められたが，この法律はこれと併せて，5大労組に加盟するすべての労働組合に代表性が推定される旨を定めた[15]。すなわち，この法律は協約締結要件を厳格化したのではなく，代表性の推定の制度によって5大労組の傘下組合の代表性取得を容易にし，これらの組合によって企業別協定の締結が促進さ

---

10)　組合員数，財政，独立性，組合の経験および年数，占領期中の愛国的態度。

11)　Arrêté du 8 avril 1948.

12)　Arrêté du 31 mars 1966.

13)　CGT（労働総同盟），CGT-FO（労働総同盟労働者の力），CFTC（フランスキリスト教労働者同盟），CFDT（フランス民主主義労働総同盟），CFE-CGC（フランス職制＝管理職総同盟）。

14)　当時の従業員代表者選挙得票率（1971年）は，CGT：44.1％，CFDT：18.9％，FO：7.6％，CFTC：2.6％，CGC：5.6％であった。Albert Arseguel, La notion d'organisations syndicales les plus représentatif, thèse Toulouse, 1976, p. 288.

15)　Loi n° 71-561 du 13 juillet 1971, art. 2.

れることを期待したのであった。はたして，代表性の推定が法制化されて以降，フランスの労働組合は5大労組に編成されるようになり，5大労組を中心とした労使関係が構築された。ただし，5大労組に非加盟の組合にも，代表性の5基準を満たしていることを主張して自ら代表性を証明する道が残されている。

さて，この代表性の推定とは1968年に企業内組合活動権を認めた法律が定めた法技術である[16]。長年使用者側が拒否し続けてきた企業内組合活動権は，学生運動を発端として生じた5月革命といわれる全国的な社会運動を契機として認められることになったものである。この権利承認は，これまで企業外，すなわち産業レベルで展開していたフランスの労働組合運動が，企業内でも展開できることを法律が初めて認めたという意義を有していた[17]。しかし，法制定前から労働組合側にも，この権利の実現に伴って企業内で御用組合が形成されることを怖れる意見があった。このような状況で立法者は，企業内組合の使用者に対する独立性を担保するために，この権利は代表的組合のみが享受できるとし，代表的組合に関しては，5大労組に加盟する組合に代表性を推定するとした。すなわち，伝統的な組合運動の実績のある5大労組に加盟することを介して，新設の企業別組合が使用者に対して独立的であるということを保障したのである。それゆえ代表性の推定とは，「使用者への独立性」という代表性の正統性を強調したものであり，ここでも労働者の組合支持という要素は捨象されていたのである。

5大労組の代表性承認と，その傘下組合への代表性の推定は，企業レベルにおいて労働者の支持とは異なる労働組合に代表性が認められるというケースを当然に生じさせうる。しかしこの時代の企業別協定は，有利原則のために，上位規範（法律や産別協約）を根拠として設定される労働条件に上乗せをする機能しかなかったことから，かような代表性の正統性も受容されていたのであった。

---

16) Loi n° 68-1179 du 27 décembre 1968 relative à l'exercice du droit syndical dans les entreprises, art. 2, al. 2.

17) この法律は，企業内に強力なサンジカリスムを育成することによりフランスにおいて伝統的に欠落していた社会対話の促進を図る目的を有していた。この法律に関しては，浜村彰「フランスにおける企業内組合活動権の生成と展開（一）（二）」法学志林82巻（1985年）1号51頁，2号25頁等参照。

個別報告④

Ⅳ　労働組合の代表性法制への批判

1　代表性法制の古さへの批判

　ここでは，これまで受容されてきた代表性法制が2008年法にいたるまでにいかなる批判を受けるようになったかを示す。1つ目としては代表性法制が古くなっていることへの批判があったが，具体的には，1950年に定められた代表性の5基準と1966年に認定された5大労組の代表性を，新たに定め直すことが提案されていた（選挙における組合支持基準の導入，代表的組合リストの更新など）[18]。ただし，これらの指摘は正統性の淵源を変更することまでを要請してはいない。すなわち，代表的組合リストの更新は国家が代表的組合の選定について裁量を有することを前提としているし，他方，従業員代表者選挙結果の代表性基準への導入についても，ここではこの基準が代表性取得の足きり要件として位置づけられておらず，総合考慮要素の1つとされていた。ここでいう改革の必要性とは，代表的組合のリスト・選出基準が時代遅れになっていることにすぎず，国家による承認が正統性の淵源となっていることに疑問を呈するものではない。

2　少数派組合の協約締結権への批判

　2つ目は，代表性の推定の効果として，極端に少数派の組合でも全従業員に適用される協定を締結することができることに対する批判である[19]。この批判が現れた背景には，団体交渉機能が変化したという事情がある[20]。

　フランスにおいて産別協約は，第一に，拡張適用制度の影響もあり同一産業

---

18) Raphaël Hadas-Lebel, Pour un dialogue social efficace et légitime: Représentativité et financement des organisations professionnelles et syndicales, La Documentation française, mai 2006, p. 80.

19) Jean Savatier, Les transformations de la fonction représentative des syndicats, "Les transformations du droit du travail", Études offertes à Gérard Lyon-Caen, Dalloz, 1989, p. 179.

20) Alain Supiot, Au-delà de l'emploi: transformations du travail et devenir du droit du travail en Europe, Flammarion, 1999, p. 141 et s..

内における最低労働条件を設定する機能を有していたが，戦後には高度経済成長の影響により，産別協約が大幅な労働条件の改善をもたらした。また，一部の企業においては企業別協定が産別協約の水準を大幅に上回る労働条件を定めることもあった（ルノー協定など）。このようにこの時期の団体交渉はもっぱら労働条件を改善するという機能を有していた。しかしこの機能は，オイルショックを契機とする経済危機の時代の到来とともに非常に弱まっていく。とりわけ，市場のグローバル化の影響による企業間競争が激化し，失業率が恒常的に高い水準になる80年代にはフランスの競争力の劣位が明白になり，企業レベルでのより柔軟な労働条件設定を可能とする労働法制の構築が求められるようになる。この観点から障害となっていたのは，企業別協定は法律または産別協約よりも労働者に有利な規定しか定めることができないという硬直的な協約法制であった。この後，法定の労働時間を企業別協定によって適用除外することができる変形労働時間制協定が1982年に法定化されたことや，労働者側が一定の譲歩を強いられるギブアンドテイク協定（accord donnant-donnant）の登場を契機として，徐々に団体交渉および企業別協定に新しい機能が付与されていった。すなわち，法律や産別協約を企業レベルの団体交渉の企業別協定により適用除外することを認める柔軟化が図られたのである[21]。かような団体交渉および企業別協定の機能の変化によって，企業別協定が労働者の労働条件を不利益に変更することが認められることになった。このことにより，労働者に不利益になる労働協約が締結されないという従来の代表的組合の正統性を基礎づける条件が失われることになった。こうして，使用者への独立性を保障する一方で，労働者による組合支持が考慮されない代表性の推定に批判が集中することになった。

　ただし，この問題に対しても，労働組合の代表性自体を改革することなく，従業員代表者選挙で過半数の支持を獲得した1または複数の労働組合が協約に反対しないことを協約締結要件に組み込むことによって，一応の解決がなされうる。実際に，2004年5月4日の法律[22]は，協約要件をこのように定める改正を行った。それゆえ，少数組合の協約締結権の問題は代表性法制への重大な問題

---

21) 桑村裕美子「労働条件決定における国家と労使の役割（5）――労使合意に基づく労働条件規制柔軟化の可能性と限界」法学協会雑誌125巻9号（2008年）130頁以下参照。

個別報告④

提起をしたが，代表性の正統性の淵源の移行を絶対的に要求してはいない。

V 労働者による投票を淵源とする正統性

以上のとおり，代表性法制に関する数々の問題提起は直接的に代表性の正統性の淵源の移行を迫ったわけではなかった。ここでは，労働者による投票を淵源とする正統性に基づく代表性法制を制定した2008年法がいかなる過程で成立したかを示したうえで，代表性の正統性が移行されたことの意義を明らかにしたい。

1 2008年法制定の経緯

代表性法制の改革を初めて公式に提案したのは2006年の政府報告書[23]であった。この報告書がまとめられるに至った経緯は次の通りである。まず，2001年には，CGTを除く全国レベルの労使代表者の間で，団体交渉の発展を確認する共通見解が表明された[24]。ここでいう団体交渉の発展とは，とりわけ企業別協定の発展を指しているが，その根底には，厳しい経済情勢においてフランスの企業競争力を向上させるには，労使対話によって，労働者の権利保護と企業競争力の向上との調和が図られなければならないという労使代表者の共通認識が存在していた。そして，企業別協定の発展のためには，少数派組合の協約締結権の問題を解決して，企業別協定の正統性が保障されなければならないことが確認された。この2001年の共通見解を基に2004年には，前述の通り過半数組合の反対がないことを協約締結要件として協約の正統性を保障する法改正が行われた。

この2004年法によって協約の正統性の問題は解決されたはずであった。しかし2006年に，政府が労使代表者と協議を行わずに成立させた若年者雇用に関す

---

22) Loi n° 2004-391 du 4 mai 2004 relative à la formation professionnelle tout au long de la vie et au dialogue social（生涯職業教育および社会対話に関する2004年5月4日の法律第391号）.

23) Hadas-Lebel・前掲注18)報告書。

24) Position commune du 16 juillet 2001 sur les voies et moyens de l'approfondissement de la négociation collective.

る法律が，若年者の大反発を招き，大規模な社会騒擾が起こったことを受けて，政府は，協約法制の改革だけでは不十分であり，代表性法制自体を改革する必要があると認識するにいたった。すなわち，80年代以来，高水準の失業率が永続しているフランスにおいて，労働・雇用問題は政権の命運を左右する最重要課題であるため，政府は，法律または協約などの法規範設定に労働者の意見を反映させる制度の構築が必要であると考えたのである。この目的のために政府は，労働立法前の労使代表者との協議制度に関する報告書[25]と，代表性法制の改革に関する報告書[26]とをまとめた。後者の報告書は，代表性法制の問題点の指摘と法改正の提案をし，具体的な提案としては，代表的組合リストの定期的更新・新しい代表性基準の設定をする調整シナリオと，従業員代表者選挙での一定の得票率を代表性要件とする改革シナリオとが提示された。

　2007年1月31日には前者の報告書[27]に基づき，労働立法に先駆けて労使代表者との協議を行うシステムが法制化されていたが，その手続きに則った形で代表性法制の法改正に向けた政府の指針が，2007年6月18日に労使代表者に交付された。この後に政府からの意見表明の要請に応えて労使代表者が交渉結果として提示したのが，2008年4月9日の共通見解である[28]。ここにおいて労使代表者は，2006年の政府報告書が提示した改革シナリオを選択することを表明したのである。ただし，署名したのは支持率が圧倒的に高いCGT，CFDTであって，少数派であるFO，CFTC，CGCは反対していた。代表性要件に選挙における支持率が課されると，少数派の組合は代表性を失う可能性が出てくるからである。このように共通見解は全員一致ではなかったが，共通見解で提示された選挙における支持率を代表性要件とする法制度は，議会で若干の修正を受けた後，2008年8月20日に法律として成立することになった。

---

25) Dominique-Jean Chertier, Pour une modernisation du dialogue social, La Documentation française, avril 2006.
26) Hadas-Lebel・前掲注18)報告書。
27) Chertier・前掲注25)報告書。
28) Position commune du 9 avril 2008 sur la représentativité, le développement du dialogue social et le financement du syndicalisme.

個別報告④

2 2008年法における代表性の法規定

ここでは重要な改正点のみを紹介する。第1は，1966年の大臣令以来認められてきた5大労組への代表性と，5大労組傘下組合への代表性の推定を廃止したことである。2008年法の施行後は，移行法による猶予期間があるものの，すべての組合が次に述べる代表性の新基準にそって代表性を証明しなければならなくなる。第2は，代表性の基準を新しい7基準に改め，企業委員会選挙における一定の支持の獲得をその1つとしたことである。ある組合に代表性が認められるためには，企業レベルであれば10％，全国職際または産業レベルであれば8％の得票率が必要とされた。後者の得票率については，当該領域の全企業における選挙結果を合算して労働省が算出する。第3は，協約の有効要件が，その選挙で30％以上を得票した1または複数の組合によって署名され，かつ50％以上を得票した1または複数の組合によるその協約への反対が提起されないこととされたことである。2004年法との関係では，締結組合が，30％以上の得票をしていなければならないとした点で，協約締結要件を厳格化したことになる。

3 2008年法における代表性の正統性

5大労組の代表性とその傘下組合への代表性の推定が廃止され，かつ代表性の一要件に選挙基準が導入されたことで，代表性の正統性の淵源が，国家による承認から労働者による投票に移行した。労使代表者がなぜ代表性の淵源の移行という道を選択したのであろうか。

労働組合の視点から考えると，2008年法の基礎となった共通見解に署名したのがCGTとCFDTという組織力が圧倒的に強い組合であったことからすれば，組織力の弱い他の3組合と法律上同等に扱われる5大労組の代表性とその推定を廃止することの方に重きがあったと推測できる。また代表性要件への選挙基準の導入を肯定したことに関しては，労働組合離れが加速しているという現状に対する危機感が大きな影響を及ぼしている。CGT，CFDTの署名は，

---

29) 共和国の価値の尊重，独立性，財政の透明性，交渉レベルに該当する職業的および地域的な範囲における最低2年の年数，選挙に基づく支持，主に活動と経験によって特徴づけられる影響力，組合員数と組合費。

もはや国家が代表性を承認しているということだけでは自らの正統性を維持しえないという認識が労働組合のなかにも存在していたことを示している。使用者側の視点からは次のようなことが考えられる。最大の使用者団体であるMEDEFは，2001年に企業競争力のために団体交渉の促進が不可欠であるという認識を示して以来一貫して団体交渉の促進を主張してきた。ところで2006年の政府報告書においても指摘されていたことであるが，代表的組合への信頼の欠如が団体交渉の発展の妨げとなっている旨が一般的に認識されていた。そこで使用者団体としては，協約有効要件の改革にとどまらず，代表性要件の改革を同時に行って，代表性の正統性に代表制民主主義的要素を加えることでこれを補強することを望んだものと考えられる。

VI 結　語

　これまで見てきたとおりフランスでは，労働組合の組織率が低いが，労働組合の代表性という仕組みを創設し，また産別協約があることにより高い労働協約適用率を確保してきた。それでも国際競争が激化するなかで企業レベルでの柔軟な労働条件決定が要請されるようになると，従来の仕組みの限界があらわになり，その信頼性においては疑問が生じてきた。これへの対応として，多数派の労使団体の支持に基づき，代表的労働組合という制度を維持しながら，その選出方法に従業員の投票という仕組みを導入することでこの制度の信頼性の再構築を行おうとしているのが，2008年の法改正であると位置づけることができる。

---

30)　近年の組合離れの状況に直面した労働組合の方針転換について，Dominique Andolfatto et Dominique Labbé, Histoire des syndicats (1906-2010), Seuil, 2011, p. 324. 参照。
31)　Hadas-Lebel・前掲注18)報告書 p. 4.
32)　代表性改革に対して使用者団体は当初賛同していなかったが，MEDEF が最終的に署名した背景には，2007年にある使用者団体から労働組合への資金供与が疑われた事件によって従来の代表性システムに対する信頼度が著しく低下したことも1つの要因として挙げられる。この事件については Dominique Andolfatto et Dominique Labbé, Toujours moins！ Déclin du syndicalisme à la français, Gallimard, 2009, p. 99 et s.. 参照。

個別報告④

　このようなフランスでの労働組合の代表性をめぐる議論から日本の集団的労使関係法の課題について示唆となる点を指摘する。日本は，企業別組合による企業レベルでの労働協約によって，柔軟な労働条件決定が可能であることが長所とされてきたが，無組合企業においては，集団的労働条件規制が全く及ばないという問題点を抱えてきた。加えて，非組合員であることが多い非正規雇用の拡大という状況を考えると，私的任意団体である労働組合の自生的な発展に委ねるだけでいいのかは今後の検討課題である。この点で，フランスが労働組合による集団的労働条件規制を確保するために，いわば人為的な法制度を創設することで対応してきたことから学ぶことは少なくないと考える。

（こやま　たかはる）

兼職をめぐる労働時間の通算制・契約上の兼職避止義務のあり方
――ドイツ法との比較法的研究――

河 野 尚 子

(同志社大学大学院)

I 本稿の目的

1 問題の所在

　近年，労働時間の短縮や雇用の流動化に伴い，労働者が複数の使用者の下で就労するケース（兼職・兼業）が増加している。労働時間以外の時間をどのように利用するかは基本的に労働者の自由であり，民間企業に関しては，これを規制する法律は存在しない。ところが近年，兼職の増加に伴い，労働時間の通算制（労基法38条），割増賃金（同37条）支払の名宛人の問題，労働契約上の兼職避止義務の有効性，休暇・休職中の兼職や複数就業者の労災給付算定等の法律問題が発生しており，それに対応するための法解釈・法制度の検討が求められている。本稿では，これら問題のうち，特に紛争が多く，兼職法理の中心を成す2つの論点，すなわち，労働時間の通算制および契約上の兼職避止義務をめぐる問題に焦点を当てて，比較法的考察を行う[1]。

2 我が国における兼職をめぐる法律問題

(1) 労働時間規制による兼職制限

　労基法38条は，労働者の生命・健康の保護を図るという趣旨をふまえ[2]，労働者が事業場を異にする場合，労働時間に関する規定の適用については，通算す

---

[1] 詳細は，拙稿「兼職をめぐる法律問題に関する一考察――ドイツ法との比較法的研究――」同志社法学365号（2013年）245頁以下を参照。
[2] 昭和23・5・14基収769号。

ることを規定している。通算制を採用する場合，どちらの使用者が労基法37条に基づき，割増賃金支払義務を負うのかという問題が生ずるところ，2つの見解がみられる。昭和23年行政解釈によれば，割増賃金を支払う義務を負うのは実際に法定労働時間を超えて労働させることになった事業主である[3]。しかし，その後，厚生労働省労働基準局の新たな解釈として[4]，当該労働者と時間的に後で契約した事業主が割増賃金を支払う義務を負うものと解されている。

一方，「今後の労働契約法制の在り方に関する研究会」報告書は[5]，労基法38条1項について，使用者の命令による複数事業場での労働の場合を除き，複数の使用者の下で就労する場合について同条の適用を除外すべきではないかとの指摘を行っている。このように，労働時間の通算制をめぐっては，割増賃金の名宛人問題に加え，通算制自体の妥当性も問題とされている。

(2) 契約上の兼職避止義務

兼職をめぐっては，職業選択の自由（憲法22条1項）によって保障される労働者の兼職の自由と使用者の利益との調整が課題とされてきた[6]。とりわけ，使用者は，労働契約において兼職の許可・避止条項を定めることが多いが，その際，労働者がこのような条項に反して行った兼職が懲戒事由に該当するか否かが問題とされている。裁判例は，兼職許可・避止条項を有効と解した上で，労働者の私生活の自由および職業選択の自由と使用者の利益（労働力の確保，企業秩序，営業秘密等）との調整を図り，限定解釈を行ってきた[7]。加えて，近年には，兼職許可条項に基づく使用者の許可付与義務を肯定し，不許可によって得られなかった賃金相当額の損害賠償請求および慰謝料請求を認めた事案（マンナ運輸事件）[8]もみられる。

3） 昭和23・10・14基収2117号。
4） 労働基準監督署編『新版 解釈通覧 労働基準法』（総合労働研究所，1986年）204頁，厚生労働省労働基準局編『労働基準法 上』（労務行政，2010年）430頁。
5） 「今後の労働契約法制の在り方に関する研究会報告書」（厚生労働省，2005）。
6） 土田道夫『労働法概説〔第3版〕』（弘文堂，2014年）55頁。
7） 国際タクシー事件・福岡地判昭59・1・20労判429号64頁，小川建設事件・東京地判昭57・11・19労判397号30頁，平仙レース事件・浦和地判昭40・12・16労民集16巻6号1113頁，ジャムコ立川工場事件・東京地八王子支判平17・3・16労判893号65頁，東京地判平20・12・5判タ1303号158頁等。

一方，兼職避止条項に関する立法論として，前掲「今後の労働契約法制の在り方に関する研究会」報告書は，労働者の兼職を禁止したり，許可制とする就業規則規定や個別の合意については，やむを得ない事由がある場合を除き，無効とすることを提案している。この考え方は，憲法22条1項に基づく労働者の職業選択の自由をより考慮したものであり，この立法論の是非について考察する必要がある。

II　ドイツにおける兼職をめぐる法律問題

1　比較法研究の意義

　ドイツにおいては，労働者の兼職（Nebentätigkeit）に関して，広範かつ複雑な法律問題が存在しており，学説・裁判例が豊かに蓄積されている[9]。このようなドイツ法の全体像を考察することは，我が国における兼職規制の理論に有益な示唆を与えるものと考える。そこで，本稿では，労働時間の通算制，法律による兼職制限・労働契約に内在する兼職避止義務の範囲，労働契約上の兼職避止条項の有効性という3つの観点から，ドイツ法に関する比較法的考察を行う。

2　労働時間規制による兼職制限

(1)　労働時間法違反の法律効果

　ドイツでは，労働時間法（Arbeitszeitgesetz）が，労働時間の上限規制として，平日1日の労働時間の上限を原則として8時間と定めている（労働時間法3条1文）。また，労働者が兼職を行う場合についても，労働時間を通算する旨の規定がおかれ，労働時間法2条1項後段によれば，複数の使用者のもとで就労する場合，労働時間は合算されるものと規定されている。労働時間法に違反した場合の効果としては，(a)民法典134条による労働契約の無効[10]，(b)就労禁止

8）　京都地判平24・7・13労判1058号21頁。
9）　ドイツでは，契約や労働時間規制による兼職制限の他に，社会保障法（複数就業者の労災保険支払に関する算定基準の問題）や税法においても兼職に関する議論がなされている。
10）　民法典134条によれば，「法律に違反する法律行為は，法律によって他に根拠がない場合には，無効となる」。

個別報告⑤

(Beschäftigungsverbot), (c)労働時間法22条, 23条による過料 (Bußgeld) と刑罰 (Strafe) が挙げられる。

　この点, 連邦労働裁判所 (BAG)[11]は, 1959年6月19日判決以降, わずかに法定労働時間を超えた場合については, 労働契約の無効を否定する一方, 法定労働時間の上限を著しく超えた場合, 労働契約は民法典134条に基づき無効になるものと判断している。また, 法定労働時間を超えた労務給付については, 使用者による就労禁止と労働者による履行拒絶権 (Leistungsverweigerungsrecht) が認められており, 使用者は労働者に対し, 就労禁止を命じなければならない。この場合, 副業の使用者が就労禁止の名宛人とされている[12]。この判断は, 労働者の経済的利益を重視し, 労働者が不利益を被る可能性がより低い副業先に対して違反の法律効果を及ぼすことを意図しているものと考えられる。

　一方, 学説においては, 労働契約を民法典134条に基づき無効とせずに, 法律効果として就労禁止が発生すると解する立場が多い。もっとも, 就労禁止の法律効果を定める法律は存在せず, 就労禁止の法的根拠は明らかにされていない。

　また, 学説では, 裁判例と同様の立場の他に, 優位原則 (Prioritätsprinzip) と予防原則 (Präventionsprinzip) が対立している。優位原則によれば, 労働契約を最後に締結した使用者が就労禁止の名宛人とされる[13]。この見解は, 実際に法定労働時間を超えた使用者と就労禁止の名宛人が異なる可能性があるため, 予防原則の立場から, 労働時間法の目的に矛盾するとの批判がなされてきた[14]。一方, 予防原則は, 労働時間法の保護目的を論拠とし, どちらの使用者にも法目的を達成させるため, 実際に法定労働時間の上限を超えた使用者を就労禁止の名宛人と解する[15]。しかし, この見解に対しては, 労働時間法3条2文が6ヵ月内もしくは24週間以内に1日の労働時間が平均して8時間を超えない場合,

---

11)　BAG, Urt. v. 19.6.1959, AP Nr.1 zu §611BGB Doppelarbeitsverhältnis; BAG, Urt. v. 14.12.1967, AP Nr.2 zu §1AZO.
12)　BAG Urt. v. 14.12.1967, a.a.O. (Fn.11).
13)　*Meisel/Hiersemann*, Arbeitszeitordnung-Kommentar, 2. Aufl., 2002, §2AZO Rdn. 94ff.
14)　*v. Stebut*, Rechtsfolgen von Arbeitszeitüberschreitungen, NZA1987, S. 260; *Hunold*, Nebentätigkeit und Arbeitszeitgesetz, NZA1995, S. 559.

労働者を1日10時間まで労働させることができると定めており，この規定との関係で問題が生じるとの批判がある[16]。この規定を適用すると，実際に法定労働時間を超えた使用者を事後的にしか特定できず，法的安定性に欠けるという趣旨の批判と思われる。

(2) 届出義務との関係

使用者は，労働時間法違反を回避するため，労働者に対し，兼職に関する情報請求権（Auskunftsanspruch）を有するものと解されている。使用者の情報請求権は，兼職の有無および労働時間の程度を知る権利であり，同時に労働者の届出義務（Anzeigepflicht）とされる。連邦労働裁判所も[17]，使用者は労働者に対し兼職先の労働時間を報告するよう命じる正当な利益があるものと判断している。裁判例は，この届出義務の法的根拠を明らかにしていないが，学説は，労働契約上の誠実義務（Treuepflicht）を根拠とし，労働者は契約上の届出義務条項がなくても，届出を行う義務を負うものと解している[18]。その他，労働時間規制以外にも，契約に付随する届出義務が認められる場合がある（3(4)参照)[19]。

3 法律に基づく兼職制限・労働契約に内在する兼職避止義務

(1) 基本法上の保護

ドイツにおいては，基本法12条1項に基づく職業選択の自由（Berufsfreiheit)[20]が労働者に保障されていることから，労働者は兼職（複数就業）を自由に行う

---

15) *Glöckner*, Nebentätigkeitsverbote im Individualarbeitsrecht, 1993, S. 59; *Peter*, Nebentätigkeiten von Arbeitnehmern, 2006, S. 59f; *Stebut*, a. a. O. (Fn. 14), S. 261.
16) *Richardi/Wlotzke*, Münchener Handbuch zum Arbeitsrecht, Bd. 1, 3. Aufl., 2009, §55, Rdn. 19; *Wank*, Nebentätigkeit, 1995, S. 30f.
17) BAG, Urt. v. 11.12.2001, AP Nr. 8 zu §611BGB Nebentätigkeit.
18) *Singer*, Anmerkung zum BAG, Urt. v. 11.12.2001, a. a. O. (Fn. 17).
19) 労働者の届出義務は，私生活・プライバシーの保護との関係で問題となる余地があるが，特に議論されていない。これは，届出義務が，使用者の労働時間法の遵守というより高次の価値を目的としていることによるものとも考えられるが，さらに検討していきたい。
20) 基本法12条1項によれば，全てのドイツ人は職業，職場及び養成所を自由に選択する権利を有する。職務の遂行については，法律によって又は法律の根拠に基づいてこれを規律することができる。

個別報告⑤

ことができる[21]。また、基本法12条1項の保護領域に及ばない場合であっても、基本法2条1項に基づく人格の自由が保障されていることから[22]、労働者は、一般的な職業活動の自由として兼職の法的保護を受けることとなる[23]。

(2) 法律に基づく兼職制限

ドイツ法における兼職制限としては、労働時間法のような法律による兼職制限と、契約上の兼職制限が存在する。強行法規によって兼職が制限される場合として、労働時間法による上限労働時間規制のほか、商法典（HGB）60条による競業の制限[24]、連邦年次休暇法（BUrlG）8条によって保障された有給休暇中における休暇目的に反する稼得就労の禁止等がある。もっとも、基本法12条が兼職の自由を基本権として保障していることを踏まえると、かかる法律上の兼職制限も、一定の範囲での制限にとどまる。例えば、連邦年次休暇法8条に基づく休暇目的に反する稼得就労の禁止は、労働義務からの解放による労働者の保養および休暇後の就労継続を目的としたものである[25]。しかし、労働者の職業選択の自由（基本法12条1項）を踏まえて、この規定は、休暇中に労働者が兼職を行うこと自体を制限する趣旨の規定ではないと解され[26]、その結果、休暇目的に反する就労（兼職）は、労働力の大部分を奪うような就労を意味するものとして限定解釈される[27]。この解釈は、後に紹介する憲法適合的解釈である（4(2)(a)参照）。

---

21) BAG, Urt. v. 26.6.2001, AP Nr. 8 zu §1TVG Tarifverträge Verkehrsgewerbe; BverfG, BVerfGE75, 28, Urteil v. 5.5.1987.
22) 基本法2条1項は、何人も他人の権利を侵害せず、かつ、憲法的秩序又は道徳律に違反しない限りにおいて自己の人格を自由に発展させる権利を有するものと定めている。
23) Peter, a.a.O. (Fn. 15), S. 37ff.
24) 商法典60条1項は、「商業使用人（Handlungsgehilfe）は、雇用主の承諾なしに、商業を経営あるいは使用者の商業部門で自身又は他人の計算の下で取引を行ってはならない。」と定めている。
25) Wank, a.a.O. (Fn. 16), S. 35.
26) Schaub, Arbeitsrechts-Handbuch, 14. Aufl., 2011, §104, Rdn. 62; Wank, a.a.O. (Fn. 16), S. 36.
27) Wank, a.a.O. (Fn. 16), S. 36.

(3) 労働契約に内在する兼職避止義務

労働者は，労働契約の締結により，労働義務を負うことから，労働時間中の兼職により労務給付が履行されない場合，労働義務違反を肯定される。また，労働者は民法典241条2項[28]，242条[29]に基づき，使用者の正当な利益（berechtigte Interesse）を侵害しない義務（誠実義務）を付随義務として負うことから，同義務からも兼職避止義務が肯定される[30]。

他方，基本法12条1項に基づき，労働者の労働時間外の兼職は基本的に自由であるから，兼職を制限するためには，使用者の正当な利益の存在が必要と解される。具体的には，在職中の競業行為，経営上の評判を悪化させる兼職（看護師が埋葬業を営むケース）[31]，休職中に治癒を遅らせるような兼職等が挙げられる。このうち，在職中の競業避止義務は，商法典60条に基づく義務と同一内容であり，具体的な禁止行為として，使用者の営業秘密につき，侵害の恐れがある場合や，顧客・供給先・労働者の奪取，競合他社の設立援助の利益相反行為が挙げられる[32]。

(4) 届出義務

前記のとおり，労働者は，労働時間規制の場合以外にも，労働契約上の付随義務として届出義務を肯定される。判例[33]および通説[34]は，労働契約に届出条項がなくても，使用者の正当な利益の侵害（兼職に関係する社会保険・税法上の規制遵守の侵害等）を未然に防ぐとの正当な事由が存在するとして，労働者の届出義務を肯定している。

---

28) 民法典241条2項は，「債務関係は，その内容に従い，相手方の諸権利，法益および利益を考慮することを各当事者に義務付ける」ことを定めている。
29) 民法典242条は，「債務者は，取引の慣行を考慮し，信義および誠実が求めるように給付を行うことを義務付けられる」ことを定めている。
30) *Wank*, a. a. O. (Fn. 16), S. 20.
31) BAG, Urt. v. 28.2.2002, AP Nr. 1 zu §5AVR Caritasverband.
32) 詳細は，拙稿「在職中の競業避止義務をめぐる法的課題――ドイツ法の議論を中心に」季労243号（2013年）164頁以下を参照。
33) BAG, Urt. v. 18.1.1996, AP Nr. 25 zu §242BGB Treuepflicht.
34) *Wank*, a. a. O. (Fn. 16), S. 66f; *Peter*, a. a. O. (Fn. 15), S. 223, *Richardi/Wlotzke*, a. a. O. (Fn. 16), §55, Rdn. 8.

4　労働契約上の兼職避止条項の有効性

(1)　規制方法および紛争類型

兼職制限条項の法的根拠としては，労働契約，約款を用いた労働契約（Formulararbeitsvertrag），労働協約が挙げられる[35]。また，兼職に関する労働契約の条項は，兼職禁止条項（Nebentätigkeitsverbot），許可条項（Zustimmungsvorbehalt/Erlaubnisvorbehalt），届出条項（Anzeigepflicht）に分かれる。かかる条項の適法性が争われる紛争類型としては，労働者が使用者に対して行う兼職の許可付与あるいは兼職行使請求および損害賠償請求事案があり，これらは，兼職をめぐる事前の権利義務形成に関する紛争に位置づけられる。一方，（即時）解雇無効確認や警告の削除請求の事案もあるが，これら事案は，兼職をめぐって紛争が発生した後の事後的処理に関する事案である。

契約上の兼職避止条項に関しては，労働契約当事者は，契約自由の原則に基づき，法律および契約に内在する制限を超える兼職避止義務を定めることができる一方，契約上の兼職避止義務は，労働者の職業活動の自由（基本法12条1項）を制限することを意味する。そこで，裁判例・学説では，労働契約および労働協約上の兼職避止義務条項において，いかなる兼職制限が適法とされるのかが問題とされてきた。

(2)　労働契約・労働協約上の兼職避止条項

(a)　労働契約上の兼職避止条項　　従来の裁判例は，職業選択の自由（基本法12条1項）を根拠に，憲法適合的解釈（Verfassungskonforme geltungserhaltende Auslegung）という手法を用いて，使用者の正当な利益を侵害する場合に限定し，契約上の兼職制限を肯定してきた[36]。

例えば，あらゆる兼職を全て禁止するという絶対的兼職禁止条項（Absolute Nebentätigkeitsverbot）は，憲法適合的解釈に基づき，使用者の正当な利益の侵害の有無を全く考慮していないことから，合理性を否定している[37]。

---

35)　*Richardi/Wlotzke*, a. a. O. (Fn. 16), §55, Rdn. 33.
36)　BAG, Urt. v. 26.8.1976, AP Nr. 68 zu §626BGB. その他，同旨のものとしてBAG, Urt. v. 24.6.1999, AP Nr. 5 zu §611BGB Nebentätigkeit がある。
37)　BAG, Urt. v. 6.9.1990, AP Nr. 47 zu §615BGB. もっとも，かかる条項は，実務においてもほとんどみられていない（*Peter*, a. a. O. (Fn. 15), S. 194.）。

また，特定職種への兼職を禁止する制限的兼職禁止条項（Eingeschränkte Nebentätigkeitsverbot）についても，憲法適合的解釈に基づき，使用者の正当な利益に関わるか否かを基準に判断がなされる。この点に関して，連邦労働裁判所は，運輸業を営む使用者が従業員のバスの運転手に対し，副業としてその他の運転業務を行うことを禁止する条項の適法性が問題とされた事案において[38]，運転時間規制を遵守する目的であることから，憲法適合的解釈に基づき，基本法12条1項に違反しないと判断している。また，学説の中には，高額な報酬を得ている管理職員に対する兼職禁止を適法と解するものがみられる[39]ほか，前述した在職中の競業避止義務に関する明示条項も，このカテゴリーに含まれるものと思われる。このような制限的兼職禁止条項は，使用者の正当な利益の存在を要件とした上で，契約に内在する兼職避止義務の範囲より広範な制限を課す条項（創設的条項（Konstitutive Klausel））を適法とする意義を有している。もっとも，実務上は，契約に内在する兼職避止義務の範囲を確認する意味にとどまる場合が多いとされる。

　さらに，連邦労働裁判所は[40]，兼職につき事前の許可を必要とする包括的兼職許可条項（Generelle Zustimmungsvorbehalt）について，使用者の利益の侵害の有無を判断するための条項であることから，適法と判断している。この判断も，基本法12条1項の職業選択の自由を基礎とする憲法適合的解釈に基づくものであり，その結果，使用者が許可を付与しなかった場合，兼職許可条項を一部無効とした上で，限定的に有効とする法的処理（限定解釈）が行われることになる。これに対し，学説上は，包括的兼職許可条項は，明らかに使用者の利益を侵害しない兼職にも許可要件が及び，無制限に適用される可能性があることか

---

38) BAG, Urt. v. 26.6.2001, a.a.O. (Fn. 21).
39) *Richardi/Wlotzke*, a.a.O. (Fn. 16), §49, Rdn. 58.
40) BAG, Urt. v. 11.12.2001, a.a.O. (Fn. 17). 本判決は，包括的兼職許可条項が「労働者に対してあらゆる兼職を禁止するものではなく，使用者の許可を取得することを求めているに過ぎ」ず，「使用者に対して許可付与の恣意的な拒絶を認めているわけではない」ことから，基本法12条1項に違反しないと判断している。その他，同旨のものとして，BAG, Urt. v. 24.6.1999, a.a.O. (Fn. 36); BAG, Urt. v. 21.9.1999, AP Nr.6 zu §611BGB Nebentätigkeit がある。

ら，憲法適合的解釈により基本法12条1項違反として無効と解する見解が多数である[41]。

(b) 労働協約上の兼職避止条項　労働協約については，協約自治（Tarifautonomie）が重視されることから，個別労働契約より広い範囲で兼職を制限する条項が適法とされる可能性がある。しかし，連邦労働裁判所は，労働契約上の兼職避止条項と同様，基本法12条1項を根拠に憲法適合的解釈を用いており，協約自治の特性を考慮していない[42]。ここでは，労働者の職業選択の自由がより高次の法的価値を付与されていると考えられる。

(c) 効　果　使用者が労働者に対して不当に兼職許可を付与しない場合，法律効果として，労働者は使用者に対する許可の付与請求の権利を有する[43]。この請求権の法的性質は，形成権（Gestaltungsrecht）ではなく，兼職許可付与確認の請求権（Anspruch）と解されている[44]。また，労働者の許可付与請求権ではなく，使用者が兼職を許可しなかった結果，労働者が兼職を行う権利（兼職実施権）の確認を求め，それが認容された事案もみられる[45]。こうして，契約上の兼職許可条項に基づく権利義務としては，兼職許可付与請求権と，兼職実施権の2種類の請求権が存在する。

このように，ドイツ法においては，兼職を行った労働者が解雇や制裁罰（Sanktion）等の不利益処分を受ける段階における事後的処理ではなく，兼職を行う段階またはそれ以前の段階で権利義務を形成する可能性が開かれている。この点は，ドイツ法上，兼職に関する労働者の報告義務が肯定されていること（3(4)参照）と関連性があるものと思われる。すなわち，報告義務の履行によって兼職を行う権利が確認されることから，その確認請求または許可付与請求権

---

41) *Wank*, a. a. O. (Fn. 16), S. 66; *Peter*, a. a. O. (Fn. 15), S. 204ff; *Glöckner*, a. a. O. (Fn. 15), S. 155; *Preis*, Der Arbeitsvertrag Handbuch der Vertragsgestaltung, 4. Aufl., 2011, II N10, Rdn. 30f.
42) BAG, Urt. v. 24.6.1999, a. a. O. (Fn. 36); BAG, Urt. v. 26.6.2001, a. a. O. (Fn. 21); BAG, Urt. v. 24.3.2010, AP Nr. 141 zu §12Art GG.
43) BAG, Urt. v. 26.8.1976, a. a. O. (Fn. 36).
44) BAG, Urt. v. 24.6.1999, a. a. O. (Fn. 36).
45) BAG, Urt. v. 24.3.2010, a. a. O. (Fn. 42).

の存在が肯定されるものと解される。

(3) 約款上の兼職避止条項

(a) 内容規制　ドイツでは，2002年に債務法が改正され，民法典305条以下に普通取引約款規制法（Allgemeine Geschäftsbedingungengesetz＝AGBG）が組み込まれ，多数の契約のために予め作成された契約条件を定めた労働契約にも適用されることになった。もっとも，使用者と労働者との間の実質的な交渉（Aushandeln）を経て労働条件が設定されれば，約款規制は適用されない（民法典305条1項3文）。しかし，実質的な交渉とは当事者間の個別的な取決めを意味しており[46]，契約条件の内容について，使用者による契約内容の説明に対して労働者が応じるだけでは不十分であるとされている[47]。したがって，実質的な交渉が認められる場合は極めて限定的に解釈されるため[48]，多くの場合，民法典305条以下の規制が及ぶこととなる。

労働契約に適用される約款規制として，民法典307条は，一般的内容規制（Inhaltskontrolle）を規定している。民法典307条1項1文によれば，信義則に反して使用者の相手方を不相当に不利益に扱った場合，当該条項は無効とされる。そして，同項2文は，定型化された契約条件が可能な限り，明確で，透明なものでなければならないという透明性の原則（Transparenzgebot）を定めている。

また，民法典307条1項は，違反の効果を全部無効とすることによって制裁的性格を有するものと解されており，限定解釈を禁止する立場を採用している[49]。このことは，兼職避止条項の場合は，従来認められてきた憲法適合的解釈による限定解釈を封ずることを意味し，労働契約・労働協約上の違法な条項を限定解釈してきた法律効果と異なる帰結をもたらしうる。この結果，無効となった契約内容は，民法典306条2項に基づき，法律の規定（兼職避止義務を含む付随

---

46)　*Franz/Roland*, Münchener Handbuch zum Bürgerlichen Gesetzbuch, Bd. 2, 5. Aufl., 2007, §305, Rdn. 34ff.

47)　*Däubler/Dorendorf/Bonin/Deinert*, AGB-Kontrolle im Arbeitsrecht Kommentierung zu den §§305 bis 310BGB-Kommentar, 2. Aufl., 2008, §305BGB, Rdn. 22ff.

48)　*Preis*, a. a. O.（Fn. 41），C, Rdn. 55.

49)　BAG, Urt. v. 4. 3. 2004, AP Nr. 3 zu §309BGB.

個別報告⑤

義務については，付随義務の根拠である民法典241条2項，242条）によって補充されるが[50]，明文の法以外に判例法理も含むものと解されている[51]。この場合，兼職避止義務に関する従来の判例法理の蓄積を重視する立場に立てば，裁判例と同様，憲法適合的解釈を用いて，使用者の正当な利益を侵害する場合に兼職を制限する内容で契約内容を補充する手法が採用される可能性もある。ただし，約款上の兼職避止条項に関する裁判例は未だ存在しないため，判断の帰趨は未知数である。

(b) 包括的兼職許可条項の有効性　約款上の兼職避止条項につき，裁判例上は，民法典307条1項2文所定の透明性の原則が争われた事案は未だ存在しないが[52]，学説の多数は，包括的兼職許可条項の適法性の判断に影響するものと解し，民法典307条1項違反と解している[53]。具体的には，包括的兼職許可条項は，使用者がいかなる場合に許可を付与するのかが明確ではなく[54]，労働者の自由を過剰に制限する条項として，違法かつ全部無効と解されている[55]。他方，従前の裁判例と同様，兼職許可条項自体は基本法12条1項に違反せず，民法典307条1項1文にも反しないと説く見解もある[56]。この見解は，透明性の原則に基づき，許可について恣意的な判断がなされないよう，労働者に兼職の許可付与請求権があることを契約上明定しておくべきと解している。

III　比較法的考察

以上，ドイツにおける労働時間の通算制と契約上の兼職避止義務をめぐる議論を踏まえた上で，比較法的考察を行う。

---

50) 民法典306条2項は，条項が契約の構成部分とならず，又は無効な限りにおいて，当該契約の内容は，法律の規定を基準として定まるものと定めている。

51) *Bayreuther*, Das Verbot der geltungserhaltenden Reduktion im Arbeitsrecht, NZA2004, S. 953ff.

52) *Däubler/Dorendorf/Bonin/Deinert*, a. a. O. (Fn. 47), Anhang zu §307BGB, Rdn. 61a.

53) *Peter*, a. a. O. (Fn. 15), S. 205.

54) *Preis*, a. a. O. (Fn. 41) II N10, Rdn. 31.

55) *Singer*, a. a. O. (Fn. 18).

56) *Richardi/Wlotzke*, a. a. O. (Fn. 16), §49, Rdn. 57.

1　労働時間の通算制

　ドイツでは，我が国と同様，労働時間の通算制が採用されている。法定労働時間を超えて就労させた場合，契約無効や就労禁止という法律効果が発生する点は異なるが，就労禁止の名宛人の議論は，我が国における割増賃金の名宛人の問題に相当するものと考える。学説上の議論によると，優位原則の場合，実際に法定労働時間を超えて労働させた者と異なる使用者に違反の法律効果が発生しうる。一方，予防原則を採用した場合は，後に労働させる使用者に違反の法律効果が発生するため，双方の使用者に法定労働時間を遵守させるという労働時間法の機能により即した帰結をもたらしうる。とはいえ，両説間の議論はなお決着していないが，その議論からは，我が国における割増賃金支払義務（労基法37条）の名宛人の問題を考察する上で有益な示唆を得ることができよう。

　また，ドイツでは，使用者が労働時間規制に違反しないよう，労働者の兼職届出義務が肯定されており，労働時間規制の遵守の必要性と届出義務との間に関連性がみられる。この点，我が国では，労働者の兼職に関する把握がなされていない場合が多く，労働者による兼職届出の実態も明らかではない。労働時間の管理は，使用者の安全配慮義務（労働契約法5条）の観点からも重要であることを踏まえると，届出義務について改めて考察する必要があると考える。

2　労働契約上の兼職避止義務

　ドイツでは，契約に内在する兼職制限とは別に，労働契約・協約ないし約款を用いた労働契約上の兼職避止条項の適法性の問題が盛んに議論されている。この点は，我が国における兼職避止義務の解釈論を考察する上できわめて示唆的である。

　まず，ドイツでは，違法な兼職不許可の効果として，労働者に兼職の許可付与を求める確認請求が肯定される。このことは，労働者が兼職制限違反等を理由に解雇等の処分を受ける前の段階で許可付与の権利義務が形成されることを意味しており，労働者の職業選択の自由から導き出される兼職の自由について，その実効性をより高める帰結をもたらしている。この点，我が国では，前掲マンナ運輸事件を除けば，兼職をめぐる権利義務がもっぱら懲戒処分の有効性と

いう事後的紛争処理の段階で形成されていることを踏まえると，ドイツ法の議論から有益な示唆を得られるものと解される。ただし，我が国では，労働者の兼職届出義務が労働契約上の付随義務として観念されず，兼職許可・届出条項が定められない限りは肯定されない点を考えると，使用者にのみ許可付与義務を課し，労働者の兼職許可付与請求権を肯定することにはなお躊躇を感じる。いずれにせよ，労働者の届出義務および兼職許可付与請求権によって事前の権利義務を形成することは，権利義務の明確化の観点からも，紛争の早期解決という観点からも有意義であり，ドイツ法との比較法的研究から得られる重要な知見として，今後，検討を深めたいと考える。

　また，包括的兼職許可条項をめぐっては，ドイツの2002年債務法改正以降の議論が参考となる。包括的兼職許可条項については，透明性の原則（民法典307条1項2文）の観点から違法と評価する見解が多数を占める。この議論を参考にすれば，我が国においても，就業規則上の包括的兼職許可条項につき，労使間の実質的交渉を経ていない限り全面的に違法無効とすることで権利義務の明確化を促す手法が考えられる。これは，前掲「今後の労働契約法制の在り方に関する研究会」報告書が提示する立法論と共通する視点である。

　しかし，前記のとおり，我が国においては，兼職避止条項の適法性は，もっぱら懲戒事由該当性の有無の判断段階で問題とされており，包括的兼職許可条項についても，有効とされた上で限定解釈が行われている。加えて，我が国では，労働者の兼職届出義務が契約上の付随義務として観念されていないため，兼職届出・許可条項が定められない限り，使用者が労働者の兼職を把握し，利益侵害の有無を判断することは難しい状況にある。このような差異は，我が国において，包括的兼職許可条項の効力を全面的に否定することを困難化する要因となる。そのため，包括的兼職避止条項を違法と解し，違法の法律効果を無効とする立法論をあえて採用する必要性はないとも考えられる。この点についても，今後さらに検討を深めていきたい。

（こうの　なおこ）

回顧と展望

障害者雇用促進法の改正　　　　　　　　　　　　　　　　　　所　　浩代
パートタイム労働法8条違反該当性の判断と救済の方法　　　　緒方　桂子
　　──ニヤクコーポレーション事件・大分地判平25・12・10労判1090号44頁──

裁量労働制（専門型）の対象該当性　　　　　　　　　　　　　天野　晋介
　　──レガシィほか1社事件・東京高判平26・2・27労判1086号5頁──

障害者雇用促進法の改正

所　浩　代

（福岡大学）

I　はじめに

　2006年，国連にて「障害者の権利に関する条約」が採択された[1]。本条約は，すべての障害者に，あらゆる人権と基本的自由が，完全かつ平等に保障されることを宣言し（1条），締約国に，条約が保障する権利の実現に向けた各種措置をとることを求めている（4条）。条約が採択された当時，日本国内においても，欧米諸国における障害者法制改革に示唆を受け，障害者の人権保障，とくに障害に基づく差別の抑止・救済に関する法整備を求める声が高まっていた。日本政府は，この動きに応えて，2007年に本条約に署名し，閣内に「障がい者制度改革推進本部」を設けて，条約批准に向けた国内法制の改革に着手した。2011年8月には障害者基本法が改正され，2013年6月に「障害者の雇用の促進等に関する法律」（以下「促進法」）の改正と「障害を理由とする差別の解消の推進に関する法律」（以下「解消法」）の制定がなされた。そして，これらの法改革を終えた後の2014年1月20日，政府は本条約を批准している。

　本稿では，これらの法改革のうち，労働分野における障害者差別の禁止と障害者に対する措置義務（いわゆる「合理的配慮」）を定めた促進法の改正を概観し，その意義と課題を指摘する[2]。本改正では，障害者雇用率の算定方法の見直

1）「障害者の権利に関する条約（Convention on the Rights of Persons with Disabilities）」は，2006年12月13日第61回国連総会で採択され，2008年5月3日に発効した。同条約と国内法制の課題については，労旬1794号（2013年）6頁以下「［特集］障害者権利条約と障害者雇用」（執筆：浅倉むつ子・池原毅和・瀧澤仁唱・岡本裕子・峰島厚・臼井久実子・清水建夫・津川剛・加藤直樹）参照。

し（精神障害者の追加）も行われているので，これも合わせて検討する。差別禁止と障害者に対する措置義務に関する規定の施行は2016年4月1日，雇用率の算定に「精神障害者」が追加されるのは2018年4月1日以降となる。

II 改正の内容

1 障害者に対する差別の禁止と合理的配慮の義務づけ

(1) 障害者に対する差別の禁止

改正された促進法（以下「改正法」）では，次のように，事業主による障害者に対する差別が禁止されている。①「事業主は，労働者の募集及び採用について，障害者に対して，障害者でない者と均等な機会を与えなければならない。」(34条) ②「事業主は，賃金の決定，教育訓練の実施，福利厚生施設の利用その他の待遇について，労働者が障害者であることを理由として，障害者でない者と不当な差別的取扱いをしてはならない。」(35条)。これらは，事業規模にかかわらず全ての事業主に適用される。障害者に対する差別的取扱いが，「募集及び採用」と雇用後の場面に分けられて禁じられているところに特徴がある。

①②で禁止される行為については，厚労大臣が指針を定めて，事業主に適切な対処を求めることになる（36条）。指針策定に向けて2013年9月に設置された「改正障害者雇用促進法に基づく差別禁止・合理的配慮の提供の指針の在り方に関する研究会」（以下「研究会」）から，報告書（『改正障害者雇用促進法に基づく差別禁止・合理的配慮の提供の指針の在り方に関する研究会報告書』2014年6月6日，以下「報告書」）が提出されており，これによると，「募集及び採用」において禁止される差別には，「障害者であることを理由に，その対象から障害者を排除することや，その条件を障害者に対して不利なものとすること」が挙げ

---

2) 促進法の改正については，山口大輔「障害者雇用における差別の禁止及び合理的配慮の提供，精神障害者の雇用義務の法制化」立法と調査344号（2013年）36頁，長谷川珠子「障害者雇用促進法の改正〈新法解説〉」法教398号（2013年）52頁，季労243号（2013年）10頁以下「［特集］障害者雇用法制の新展開」（執筆：中川純・長谷川珠子・長谷川聡・所浩代）参照。

られている[3]。ただし,「募集に際して,一定の能力を有することを条件とすることについては,その条件が当該企業において業務遂行上特に必要なものと認められる場合には,障害者であることを理由とする差別に該当しない」とされている[4]。なお,「募集に際して一定の能力を有することを条件としている場合,当該条件を満たしているか否かの判断は過重な負担にならない範囲での合理的配慮の提供を前提に行われなければなら」ず,「業務遂行上特に必要ではないにもかかわらず,障害者を排除するために条件を付していると判断されるときには,障害を理由とする差別に当たる」とされている[5]。また,禁止される「差別的取扱い」は,「直接差別」を想定している。「間接差別」(中立的であるが実質的には障害者を排除する結果を生じさせる基準をもちいて障害者を差別すること)については,何が「間接差別」に当たるか明確ではない等の理由から,今回はその禁止を明記することは見送られた[6]。

つぎに,雇用後に関する差別的取扱いについては,「合理的な理由のない賃金格差」「障害を理由に職場でのキャリアアッププログラムを提供しないこと」等のほか,「賃金,配置,昇進,降格,教育訓練,福利厚生,職種の変更,雇用形態の変更,退職の勧奨,定年,解雇,労働契約の更新」の各項目について,「障害者であることを理由に,その対象から障害者を排除することや,その条件を障害者に対してのみ不利なものとすることが差別に該当する」と示されている[7]。

なお,報告書は,差別に当たらないものとして次の例を挙げる。「障害者を有利に取り扱うこと(積極的差別是正措置)」「合理的配慮を提供し労働能力等を適正に評価した結果として異なる取扱いを行うこと」「合理的配慮を提供することにより障害のない者と異なる取扱いを行うこと」「障害者専用求人の採用選考又は採用後において,仕事をする上での能力及び適性を判断するためや合

---

3) 報告書2頁。
4) 報告書3頁。
5) 報告書3—4頁。
6) 報告書1—2頁。
7) 報告書3頁。

理的配慮を提供するためなど雇用管理上必要な範囲で，プライバシーに配慮しつつ，障害者に障害の状況等を配慮すること」。[8]

改正法には，差別を受けた場合の私法的救済に関する定めはないが，これまでの議論のなかでは，34・35条違反にあたる行為は，民法の不法行為・公序違反・信義則違反を構成しうるとされている。採用拒否の救済として，採用の強制は予定されていない。

(2) 障害の特性に配慮した措置の提供（合理的配慮義務）

本改正では，上記の差別に係る規定に合わせて，障害者に対する措置義務の規定も設けられた。国連条約において「合理的配慮（reasonable accommodation）」と称される措置の義務づけである。この措置義務も，先ほどの差別禁止規定と同じく，雇用前（募集・採用）と雇用後の場面に分けられて定められている。

まず，募集・採用において，事業主は，障害者でない者との均等な機会の確保の支障となっている事情を改善するため，障害者からの申出により当該障害者の障害の特性に配慮した必要な措置を講じなければならない（36条の2）。つぎに，雇用後については，障害者でない労働者との均等な待遇の確保又は障害者である労働者の有する能力の有効な発揮の支障となっている事情を改善するため，労働者の障害の特性に配慮した職務の円滑な遂行に必要な施設の整備，援助を行う者の配置その他の必要な措置を講じなければならない（36条の3）。[9]ただし，どちらについても，そのような措置を図ることが，「事業主に対して過重な負担を及ぼすこととなるとき」は，これを講じなくともよい（36条の2ただし書，36条の3ただし書）。「過重な負担」か否かの判断は，これまでのところ，「事業活動への影響の程度，実現困難度，費用・負担の程度，企業の規模，企業の財務状況，公的支援の有無」を総合的に勘案し，個別に判断することが

---

8) 報告書3―4頁。
9) 解消法でも，「事業者」に，障害者が直面している社会的障壁の除去に必要で合理的な配慮を講じる努力が求められている（8条2項）。解消法の義務が「努力義務」に留められているのは，同法の「事業者」と障害者との関係は事業分野ごとに異なり，配慮も多様であるから，自発的な取組をガイドラインで促すことにしたためと説明されている。山口・前掲注2）論文47頁。

適当であると考えられている[10]。

　措置の内容については、厚労大臣が指針を定めてその内容を具体的に例示する（36条の5）。もっとも、指針で示される内容はあくまで「例」であり、実際には他の措置も視野にいれた柔軟な対応が求められる。先の報告書では、合理的配慮に当たらないものとして、「労働者の日常のために必要である眼鏡や車いす等の提供」「中途障害により、配慮をしても重要な職務遂行に支障を来すことが合理的配慮の手続の中で判断される場合に、当該職務を継続させること」（この場合は、別の職務に就かせるなどの措置を検討する必要がある）が挙げられている[11]。なお、事業主は、措置を講じるに当たって障害者の意向を十分に尊重しなければならない（36条の4第1項）[12]。また、障害者からの相談に適切に対応するために、相談体制を整備しなければならない（同条第2項）。

(3) 対 象 者

　差別禁止と措置義務の対象者は、改正法2条1号に定義される「障害者」、すなわち「身体障害、知的障害、精神障害（発達障害を含む）その他の心身の機能の障害があるため、長期にわたり職業生活に相当の制限を受け、又は職業生活を営むことが著しく困難な者」である。なお、本改正では、「障害者」の定義が見直され、「発達障害」「その他の心身の機能の障害」が定義に追記された。これにより、発達障害者や難治性疾患り患者等が、促進法の対象となり得ることが明確となった[13]。なお、差別禁止と措置義務の対象者と雇用率制度の対象者は、その範囲が異なっている。雇用率制度の対象者については、本改正において「対象障害者」という新たな定義がなされた。「対象障害者」の範囲については、Ⅱ2で後述したい。

---

10) 報告書9頁。
11) 報告書8頁。
12) 障害者の申し出に応じて、措置の提供を検討した結果、過重な負担とならないものが複数考えられる場合には、障害者との話合いの下で、（事業主が）より提供しやすいものを選択することができると考えられている。報告書5頁。
13) もっとも、促進法では、いかなる健康状態が、本定義における「心身の機能の障害」に含まれるかについて明記されていない。

(4) 紛争解決

　国連条約は，締約国に対し，障害者の労働に関する権利（他の者と平等に公正かつ良好な労働条件が提示され，安全かつ健康的な作業条件が確保される権利）が侵害された場合に，権利の実現が速やかに図られるように，救済制度の整備を求めている（27条(b)，33条2項）。これを受けて，本改正では，障害者差別と障害者に対する措置義務に関する苦情処理と紛争解決に関する手続が整備された。

　まず，本改正により，事業主には，障害者からの苦情の申出を解決するために「苦情処理機関」を設け，この苦情処理機関に苦情を委ねて問題を自主的に解決することが求められる（努力義務）（74条の4）。もっとも，ここで取り扱われる苦情は，「雇用された後」の障害者に対する差別と障害者に対する措置義務（合理的配慮）に関するものに限られ，募集・採用に関する苦情はその対象から外れている。つぎに，都道府県労働局長は，障害者に対する差別と障害者に対する措置義務に関する紛争（いずれも募集・採用を含む）について，当事者から援助を求められた場合には，助言・指導・勧告を行うことができる（74条の6）。また，これらの紛争について当事者から調停の申請があった場合には，個別紛争解決促進法の紛争調整委員会に調停を行わせることができる。ただし，募集・採用に係る紛争は，調停では取り扱わない（74条の7）。

　なお，事業主は，労働者がこれらの行政による援助や調停の利用を求めたことを理由として，当該労働者に対して解雇その他の不利益な取扱いをしてはならない（74条の6第2項，74条の7第2項）。

2　法定雇用率算定方法の見直し——精神障害者の算入

　改正前の促進法は，事業主と国及び地方公共団体の任命権者に，政令によって定まる「障害者雇用率」を上回る数の「身体障害者」及び「知的障害者」の雇入れを義務づけていた（37条～48条）[14]。

---

[14]　障害者雇用率は，労働者の総数（失業者を含む）に占める身体・知的障害者（失業者を含む）の割合を基準として，政令で定められていた（43条2項）。最新の法定雇用率は，民間事業主2.0%，国・地方公共団体等2.3%，都道府県等の教育委員会2.2%（2013年4月1日改正）。雇用率は5年毎に見直される。

本改正では，この雇入れ義務の対象に「精神障害者」を加えるために，新たに「対象障害者」という概念が追加され，事業主・国・地方公共団体に「対象障害者」を雇用する義務が課せられることになった。ここにいう「対象障害者」には，「身体障害者」[15]，「知的障害者」[16]，「精神障害者」（精神保健福祉法45条2項の規定により精神障害者保健福祉手帳の交付を受けている者のみ）が該当する（37条2項）[17]。「精神障害者」の範囲が手帳所持者に限定されたのは，既存の手帳制度を利用してその対象者を画することが，雇用率制度の一律・公平な運用という目的に適うと判断されたためである[18]。

　新たな算定方法は2018年4月から採用されるが，施行後5年間は，猶予措置として，算定値よりも低い率を政令で定めることができるとされている（附則4条）。

III　検　　討

（1）　障害者に対する差別的取扱いは，改正前の旧障害者基本法3条3項においても，「何人も，障害者に対して，障害を理由として，差別することその他

---

[15] 促進法2条2号が定義する「身体障害者」（「障害者」のうち，同法別表が掲げる障害のある者）をさす。
[16] 促進法2条4号が定義する「知的障害者」，すなわち，児童相談所，知的障害者更生相談所，精神保健福祉センター，精神保健指定医，障害者職業センターにより知的障害があると判定された者をさす（促進法施行規則1条の2）。
[17] 促進法の各施策の対象である「精神障害者」（2条6号）は，「精神障害者保健福祉手帳の交付を受けている者」「統合失調症，そううつ病（そう病及びうつ病を含む。）又はてんかんにかかっている者（前号に掲げる者に該当する者を除く。）」であって，「症状が安定し，就労が可能な状態にあるもの」と定義されている（促進法施行規則1条の4）。
[18] 促進法では，雇用率制度の対象となる事業主に障害者雇用状況の報告を義務づけており，実雇用率の低い事業主には，公共職業安定所長が「雇入れ計画作成命令」を発出する（46条）。雇入れ計画の実施が進まない事業主は，企業名の公表がなされることがある（47条）。また，雇用率未達成事業主は，「雇用納付金」を納付しなければならない（53条2項）。なお，雇用納付金の徴収は，障害者雇用に伴う経済負担の調整を目的としており，雇用義務違反に対する制裁ではない（49条参照）。雇用納付金は，法定障害者雇用数を上回る事業主に支給される「雇用調整金」の財源として利用されている（雇用納付金徴収対象ではない事業主には「報奨金」が支給される）。

の権利利益を侵害する行為をしてはならない」と禁じられていた。しかし，当規定は，雇用における障害者差別を実効的に抑止する力がなかった。また，障害者法制全体をみても，障害者の権利を保障するための救済手続が充分に確立していなかった。改正法は，この問題に正面から取り組み，雇用における機会の均等とそれを実現するための合理的配慮の提供を事業主に明確に義務づけ，法令遵守に向けた紛争解決手続を整備した。改正法は，障害者が自身の力で，障害の特性にあった労働環境の整備を個別の事業主に申し出る道筋を具体的に担保したものであり，その意義は大きい。「精神障害者」の雇用義務化についても，障害類型間の不均衡の一部が是正されたという意味で評価できる。

(2) しかし，課題も多い。第一に，差別禁止と合理的配慮の規定が適用される者の範囲が狭い。改正法の「障害者」の範囲は，医学的な観点からの「心身の機能の障害」が「現時点で存在する」ことが要件とされているため，「心身の機能障害」が現存しない者は，これらの規定の保護を受けることができない。たとえば，過去に癌や精神疾患を患った者は，病気の再発を危惧する事業主に採用を拒絶されることもあるし，病気の再発を予防するために，就労環境に配慮を要する場合もある。障害を理由とする差別や，障害に対する配慮は，現に障害がある者に限られる問題ではない。差別禁止と合理的配慮の対象者の範囲の問題は，障害に基づく差別的取扱いを促進法のなかで取り扱うべきかという点も合わせて，更に検討を加える必要がある。[19]

(3) 第二に，雇用された障害者に対する配慮措置（36条の3）は，障害者でない者との均等な待遇の確保又は障害者の能力の発揮を目的とするものであり，「過重な負担」となる場合には，その履行を免れるとされている。ここでは，次のような問題が生じうる。[20] たとえば，夜勤の免除という措置は，職場に

---

[19] 季労・前掲注2）中川論文22頁以下，長谷川珠子論文33頁以下にも，同法の保護対象の狭さが指摘されている。なお，家族に障害者がいる者も，「障害」に関連して採用を拒否される可能性がある。「障害を理由とする差別」の範囲をいかに画するかは，この点も含めて検討しなければならない。

[20] 排泄障害のある運転士に対するシフト配慮を，全運転士にシフトの配慮を行わないというルールを導入することによって中止したことが問題となった例に，阪神バス事件・神戸地尼崎支判平26・4・22（判例集未登載）がある。

よっては「事業活動への影響の程度」「実現困難度」等の点では，「過重な負担」にならないと解されることがある。しかし他方において，形式的にみると，そのような措置は，夜勤を担う障害のない者との関係においては「均等な待遇」といえない。このように，障害者の求める措置が，本人の能力を発揮するという目的からは有益な措置でも，障害者でない者との均等な待遇の確保という目的からみると，慎重な判断を要するということがある。「障害者でない者との均等な待遇の確保」と「障害者の能力の有効な発揮」への協力という2つの規範を，合理的配慮の不提供の違法性の判断において，いかに整合的に解釈するかが，今後の課題である。

（4）最後に，雇用率制度への精神障害者の追加に関しては，対象者の把握に際しての配慮が非常に重要である。精神疾患にり患している人のなかには，手帳申請をためらう人が一定数存在する。精神障害に対する配慮を求めた者に措置を図る代わりに手帳の取得を強いたり，精神的不調を理由に休業する場合に手帳の取得を強要したり，といった不適切な対応が起こらないよう，行政機関等による継続的な啓発活動が求められる。

（ところ　ひろよ）

パートタイム労働法8条違反該当性の判断と救済の方法
―― ニヤクコーポレーション事件・
大分地判平25・12・10労判1090号44頁 ――

緒 方 桂 子
（広島大学）

I 事案の概要

　Yは，石油製品等の保管及び搬出入作業，貨物自動車運送事業等を目的とする株式会社であり，Xは，Yの九州支店大分事業所の従業員である。Xは，Yにおいて，平成16年10月から平成18年3月までの間（この間に約6ヶ月間の空白期間がある）期間社員として雇用され，平成18年4月から平成25年3月までの間，準社員として，1年間を期間とする労働契約を反復更新してきた。Xの期間社員及び準社員としての主な職務は貨物自動車の運転であり，正社員の職務と同じであった。この点について当事者間に争いはない。もっとも，Yは，転勤，役職への任命等の点において，準社員は正社員と異なると主張している。

　主に正社員に適用される就業規則（以下，「正社員就業規則」という）及び準社員に適用される準社員就業規則によれば，Yの正社員の1日の所定労働時間は8時間，勤務日数は年258日であり，準社員の勤務日数は年291日，1日の所定労働時間は7時間の者と8時間の者がいたが，Xは7時間の契約であった。また，Xの賃金の基本日額は契約時期によって異なっているが，6600円，6800円あるいは6850円であった。加えて，Xら準社員は年額15万円の賞与を支給されていた。一方，正社員の平成21年4月1日以降の賞与額は年額55万円強であったから，年額40万円以上の差があった。Yは，平成24年7月1日，準社員就業規則等を変更し，準社員の所定労働時間を8時間，勤務日数を258

日，基本日額を7870円に統一した。

　正社員就業規則は，正社員について，業務の都合により配転あるいは出向を命じることがある旨定めている。他方，準社員就業規則は，準社員に対し転居を伴う配転あるいは出向を命じることはない旨定めている。正社員ドライバーの転勤・出向の実績は，全国的には，毎年2ないし3名あったが，九州管内での異動は，平成14年以降，行われていない。他方，準社員には，転勤・出向した者はいない。

　Yには，グループ長，複数のグループ長を監督するチーフ，法令に基づく運行管理者及び運行管理補助者の役職等があり，準社員賃金規程には，準社員が，チーフ，グループ長になった場合の職務手当，運行管理者等の法規管理者になった場合の法規管理者手当を定めた規程があった。なお，これらは平成24年7月1日の準社員賃金規程変更の際に削除されている。

　平成23年2月，Xは，Yにおける準社員に対する処遇はパートタイム労働法（以下，「パート法」という。）8条1項に違反すると主張し，その解決につき，同法21条に基づいて大分労働局長に援助を求めたところ，同局長は，Yに対し速やかに待遇の改善を図るよう指導を行った。しかし，Yが指導に従わなかったため，Xは，同年11月，同法22条に基づいて当該紛争に関する調停の申請を行った。申請を受けた大分紛争調整委員会は，平成24年1月，Yに対し調停案受諾の勧告をしたが，Yはこれを受諾しなかった。Xは，同年5月，大分地方裁判所に労働審判を申し立てを行い，同年8月，労働審判委員会は，同法8条違反及び不法行為に基づき，過去3年分の賞与差額相当分の支払いを命じる労働審判を行ったが，Yはこれに対し異議を申し立てた。

　Yは，平成25年3月23日，Xに対し，同月31日をもって労働契約を終了し，労働契約の更新をしないことを通知した。不更新の理由として，Xが本件紛争において様々な点につき事実と異なる主張をしていること等が挙げられていた。Xは，契約不更新通知の撤回を求めたが，Yに撤回の意思がなかったため，同月27日，撤回の要求は労働契約法にいう有期労働契約の更新の申込みである旨を通知した。

　本件は，XがYを相手取り，①Yが契約期間満了前の更新の申込みを拒絶

したことは不当であり，従前の有期労働契約と同一の労働条件で当該申込みを承諾したものとみなされたとして（労契法19条），雇用契約上の権利を有する地位にあることの確認，並びに，②YがXに対してパート法8条1項に違反する差別的取扱いを行ったとして，同項に基づき，正規労働者と同一の雇用契約上の権利を有する地位にあることの確認及び差別的取扱いによる不法行為に基づく損害賠償を請求した事案である。

本件では，このほかに，平成24年7月に変更された就業規則の適用の可否，正社員として雇用する旨の約束の有無等についても争われているが，紙幅の関係上，判旨の引用及び検討は上記②を中心に行う。

II 判　旨

1　XY間の雇用関係の実態

(1)　準社員の労働契約の更新の手続について

就業規則に，契約更新の際に面談すべきことが記載されていたとしても，Xの労働契約の更新に際して必ず面接が行われたとは認められない。また，仮に何らかの形により面接が行われたとしても，労働期間の制限があることについて従業員の理解を得られるような説明をしていたとは認められない。

準社員ドライバーの有期労働契約についての更新拒絶の件数は，大分事業所では平成19年ないし平成24年の6年間に2件あったのみであった。準社員の総数と比べると，更新拒絶された者の割合は少なかったものと認められる。実際には，ほとんどの準社員が契約を更新していた。

(2)　転勤，役職への任命等

「就業規則上，転勤・出向は，正社員にはあるが，準社員にはなく，実際にも，正社員には転勤・出向の実績はあるが，準社員には，転勤・出向した者がいなかった。しかし，正社員の転勤自体，少なく，九州管内では，平成14年以降，転勤・出向はなかった。」

平成20年3月31日までは，準社員をチーフ，グループ長や運行管理者，運行管理補助者に任命することが行われており，同年4月1日以降，準社員をこれ

らから解任することとされたが，依然として任命されている例があった。

そうすると，正社員と準社員との間には，転勤・出向の点において，大きな差があったとは認められない。また，チーフ等への任命の有無によって，正社員と準社員の間で，配置の変更の範囲が大きく異なっていたとまではいえない。なお，Yは，準社員ドライバーは，新規業務，事故トラブルへの対応など，緊急の対処が必要な業務，対外的な交渉が必要な業務には従事しないと主張するが，「正社員の中でもそのような職務に就く者は少なく，ドライバーがそのような業務に関与する頻度も明らかでないことからすると，仮に，ドライバーのうちでそのような業務に関わる者が正社員のみであったとしても，それをもって，正社員ドライバーと準社員ドライバーの職務内容の相違点として重視することはできない。」

2 更新拒絶の相当性の有無について

XY間の労働契約の実情に鑑みると，XY間の有期労働契約は労契法19条1号に該当すると認められ，仮にそうでなくとも，同条2号に該当することが認められる。そして，Yが更新拒絶の理由として挙げる事項はいずれも事実として認めることができず，またXの発言が，Yとの信頼関係を破壊するものであったとは認められないことから，YがXによる有期労働契約の更新の申込みを拒絶したことは，客観的に合理的な理由を欠き，社会通念上相当であるとは認められない。

3 通常の労働者と同視すべき短時間労働者への該当性

XY間の労働契約の実情に鑑みると，「XY間の労働契約は，反復して更新されることによって期間の定めのない労働契約と同視することが社会通念上相当と認められる期間の定めのある労働契約（パート法8条2項）に該当するものと認められる」から，Xは，通常の労働者と同視すべき短時間労働者（同1項）に該当したものと認められる。

4 賃金の決定その他の待遇についての差別的取扱いの有無

(1) 賞 与 額

Xと正社員との賞与額には40万円以上の差があることが認められ，このような「差を設けることについて合理的な理由があるとは認められず，このような差別的取扱いは，短時間労働者であることを理由として行われているものと認められる。」

(2) 週 休 日

週休日日数の差について，「準社員が勤務した場合は通常の賃金しか得られないのに対し，正社員が勤務すれば時間外の割増賃金を得ることができるから，この点において，準社員は，賃金の決定について，正社員と比較して差別的取扱いを受けているものと認められる。」このような「差を設けることについて合理的な理由があるとは認められず，このような差別的取扱いは，短時間労働者であることを理由として行われているものと認められる。」

(3) 退 職 金

正社員には退職金が支給されるのに対し，準社員には退職金が支給されず，このような差を設けることについて合理的な理由があるとは認められず，このような差別的取扱いは，短時間労働者であることを理由として行われているものと認められる。

以上について，パート法8条1項に違反するものと認められる。

5 パート法8条1項に基づく請求の成否について

(1) 正規労働者と同一の地位にあることの確認

「確認の対象である権利義務の内容は明らかではない上，パート法8条1項は差別的取扱いの禁止を定めているものであり，同項に基づいて正規労働者と同一の待遇を受ける労働契約上の権利を有する地位にあることの確認を求めることはできないと解されるから，上記の地位確認の請求はいずれも理由がない」。

(2) 損害賠償

Xはその年間賞与額が正社員に比べて40万円少ない点において差別的取扱

いを受けており，その損害は平成21年4月1日から24年3月31日までの3年間における賞与額の差の合計120万円であると認められる。

休日の割増分の差額については，平成21年4月1日から24年3月31日までについては，週休日の差の合計は91日，Xの賃金の基本日額は6850円と認められるから，被った割増分の損害の額は，15万5837円（6850円×0.25×91日）であると認められる。平成24年4月1日から同年6月30日までについても同様に計算する。

(3) 平成24年7月1日以降の賃金の差額

Xは，平成24年7月1日からパート法2条の短時間労働者に該当しなくなったものと認められるから，同法8条1項の適用の前提を欠くことになり，同項に違反したことを理由とする不法行為は成立しないものと解される。

(4) 慰謝料

以上の金銭賠償によって，その損害は回復されるものと認められるから，慰謝料は認められない。

Ⅲ　検　討

1　はじめに

本件は，パート法8条違反及び同条に基づく法的救済が求められた初めての事案である。もっともこれまで，施行前の事案でありながら同条に言及した事案として京都市女性協会嘱託職員賃金差別事件[1]がある。同事件と本件との大きな違いは，前者では比較対照すべき同一職務の正社員がいなかったのに対し，本件では「貨物自動車運転手」という職務に正社員とXら準社員が混在しており，比較対照が可能であったという点にある。そのため，本件ではパート法8条の適用及びその法的救済のあり方が直接に問われた。以下では，これらの点を中心に論じていくことにする。

なお，本件では，労契法19条に基づく有期労働契約の更新の有無に関し，

---

1) 京都地判平20・7・9労判973号52頁，大阪高判平21・7・16労旬1713号40頁。

XY間の労働契約の実情から同条1号ないし2号に該当することが認められている。しかし，本判決の認定した「実情」には複数の事実が含まれており，いかなる事実から各号該当性が認められたのか，検討の余地がある。今後同条の解釈にかかる議論を展開するうえでひとつの参考例となるものと考えられる。

2　パート法8条の要件該当性
(1)　本判決の判断枠組み

本件におけるXの職務は，正社員の職務と同一であり，そのことについて当事者間に争いがない。本判決は，それを前提としたうえで，条文に則して，①Xの締結する有期労働契約が期間の定めのない労働契約と同視することが社会通念上相当と認められること（パート法8条2項），②事業の内容及び当該業務に伴う責任の程度が同一であること，③その職務の内容及び配置が通常の労働者と同一の範囲で変更されると見込まれること（以下，「人材活用の仕組み」という。同1項）を認定している。そして，それにも関わらず合理的な理由のない差別的取扱いが，賞与，週休日，退職金に関して行われていることを認め，パート法8条違反が成立すると結論づけている。この判断枠組みは，同条の構造に則したものであり，適切である。

(2)　要件該当性の判断

(a)　本判決は，まず労働契約の期間の定めに関し，契約更新の際の状況及びこれまでの更新拒絶の件数を主な理由として，XY間の有期労働契約が無期労働契約と社会通念上同視しうると認めた。本判決が認定した，契約更新の手続が形式的であったこと，及び，実態として長期継続雇用が前提となっていたといった事実は，これまでの裁判例に照らしても，無期労働契約と同視しうるための重要な事実といえる。[2] またそれ以外に，貨物自動車運転がYの事業上恒常的な業務であったこと，Yの業務において準社員の占める割合が多いと推認されることもまた，Xの有期労働契約を無期労働契約と同一視する判断を支える事実となっている。

---

2)　東芝柳町工場事件・最判昭49・7・22民集28巻5号927頁。

(b)　次に，準社員の業務上の責任及び人材活用の仕組みについて，本判決は就業規則の規程等にとらわれることなく，実質的に判断を行っている点が着目される。まず，業務上の責任に関して，新規業務，事故トラブルへの対応等への従事が正社員と準社員との間で異なるとのYの主張について，ドライバーとしての本来の職務ではないこと，その頻度も明らかでないことから職務内容の相違点として重視することはできないとする。8条にいう職務の内容の同一性は，「中核的業務」について判断されるものであるから[3]，本判決が，正社員ドライバーの行っている本来的な業務以外の業務を補助的なものとして考慮の外に置き，あくまでもドライバーという本来の職務において両者の間で同一であると判断したことは妥当である。

　また，人材活用の仕組みに関して，Yの配転・出向についての正社員と準社員との扱いは，就業規則上，明らかに異なっている。しかし，本判決は，Yにおける配転・出向の実績や頻度など，実態に照らして両者間に差異を認めなかった。パート法8条が，「就業の実態」が通常の労働者と同じパート労働者についての差別的取扱いを禁止していることに照らせば，実態に即したこのような判断のあり方は適切である[4]。なお，本判決は全国及び九州管内における転勤・出向の実績を検討しているが，同条は「当該事業所における慣行」を判断の対象としていることから，Xの勤務するY大分事業所の実績を検討することで十分であったと考えられる。そのほか，役職等への任命についても，準社員賃金規程及び実態に照らすならば，本判決の判断は妥当といえよう。

　(c)　本件においては，賞与，週休日，退職金について差別的取扱いが存在すると認められた。このうち，週休日について差別的取扱いを認めた判断（Ⅱ4(2)）は説得的かつ妥当なものであり，今後，類似の処遇に影響を及ぼすと思われる。

　他方，賞与に関しては，算定基準などが明らかでないため確かなことはいえ

3）「短時間労働者の雇用管理の改善等に関する法律の一部を改正する法律の施行について」平19・10・1基発1001016号（髙﨑真一『パートタイム労働法』（労働調査会，平成20年）413頁所収）。

4）奥田香子「雇用・就業形態による賃金格差の違法性」労旬1713号（2010年）14頁。

ないが，仮に算定において，所定労働時間数が算定の要素とされているといった事情があれば，正社員と準社員との間の所定労働時間の差を賞与額の差に反映させることは合理的と解される余地もある。ただしその差についても合理的であることが求められ，合理的範囲を超えた部分があれば，やはり差別的取扱いとして，損害賠償の対象となりうると解される。

　ところで，一般に，正社員とパートタイム労働者の間では基本給額に大きな差がみられるのが通常であるところ，本件では基本給における差別的取扱いの有無は問題になっていない。この点，もちろん準社員の基本日額が正社員のそれよりも高額であった可能性もある。たしかに，8条の定める差別的取扱いの禁止は，短時間労働者の「雇用管理の改善」（1条）という立法趣旨を踏まえて，パートタイム労働者が通常の労働者よりも低い待遇を受けている場合に限って適用されると解される。そのため，Xの基本日額が正社員のそれよりも高額である場合，それを差別的取扱いと認定しないことに問題はない。しかし仮に，基本給額に関し，Xと合わせるべき正社員の待遇を確認できなかったために本件の争点とされなかったとすれば，YにおけるXのこれまでの勤続年数を手がかりに，同期の正社員を特定し，基本給額の差額を差別的取扱いとして認定したうえで，損害賠償請求する可能性もあっただろう。

　さらに，認定された事実からは明らかではないが，正社員には月給制，準社員には日給制が採用されている可能性がある。通常，日給制は，毎月の出勤日数の増減によって給与額が変動するため，労働者にとって月給制よりも不利になる。この部分について差別的取扱いがなかったのか，疑問が残る。

3　パート法8条に違反する場合の法的救済の方法

(1)　法的地位の確認請求の可否

　本判決はこの点に関するXの請求を認めていない（Ⅱ5(1)）。しかしこれに

---

5) もっとも，平成24年7月の準社員就業規則等の変更に伴って，基本日額が1000円程度引き上げられたことに照らせば，両者の間に基本給額においても差があったようにも思われる。
6) 髙﨑・前掲注3) 229頁。
7) 藤﨑千依「ある『準社員』の闘いの行方」労旬1810号（2014年）33頁。

ついては疑問がある。たしかに，8条は差別的取扱いをしてはならないと定めるのみであり，その法的救済の方法を明らかにしていない。しかしながら，同条に反する法律行為は私法的に無効と解すべきであるし，差別的な取扱いを定めた労働契約ないし就業規則の規定はその部分について無効あるいは労働契約規律効がないと解すべきである。そのように解さなければ，差別的取扱いの状態は解消されない。

本件に即していえば，準社員就業規則のうち，少なくとも本判決で差別的取扱いと認められた，賞与，週休日，退職金の部分にXY間の労働契約規律効は認められないと解すべきである（労契法13条）。そのように解した場合，XY間の労働契約には空白部分が発生するが，その部分は契約の合理的解釈により，Yと正社員との間の労働契約，具体的には正社員就業規則により補充されると解される。[8]そうであれば，Xについて正規労働者の労働条件と同一の労働条件の下で就労する地位の確認請求を認めることに困難はない。また，先述したように，正社員については月給制，準社員については日給制といった扱いの違いがあったり，あるいは，正社員には準社員賃金規程とは別の賃金表が適用されていたといったことがあれば，Xの地位確認請求を認める必要性はより一層高い。[9]

(2) 損害賠償

8条違反の処遇が行われた場合，不法行為を構成し損害賠償の対象となる。本判決が，正社員と準社員との間の賞与の差額分，及び，Xが正社員であったならば週休日の勤務として計算されるべき日について時間外労働手当相当額（法定外休日と認定）を損害として認定したことは妥当である。

---

[8] 菅野和夫『労働法〔第10版〕』（弘文堂，2012年）248頁，緒方桂子「労働契約の基本原則」西谷敏・根本到『労働契約と法』（旬報社，2011年）42頁。

[9] 本判決は，平成24年7月に変更された準社員就業規則等に労働契約規律効（労契法10条）を認めていることから，もはやXについて認めるべき地位がないとして，Ⅱ5(1)の結論を示した可能性もある。しかしながら，本件における個別の事情と，パート法8条違反の場合の法的救済のあり方とは別の問題である。仮に本件就業規則変更に労働契約規律効を認めるとしても，地位確認の可能性を認めたうえで，本件における確認の利益を否定すべきであったろう。

なお，本件正社員と準社員との間に基本給額につき差別的取扱いがあったならば，当然，それも損害賠償の対象となりうる。またその額は，基本的に，労働時間に比例して算定されることになるだろう。

(3) 労働条件変更（所定労働時間変更）とパート法8条1項の適用可能性

Yは，平成24年7月に準社員就業規則を変更し，Xら準社員の所定労働時間を8時間に変更した。この事実を踏まえ，判旨は，Xは「短時間労働者」（パート法2条）に該当しなくなったため，8条1項違反に基づく不法行為は成立しないとする。

しかしこの解釈には疑問がある。たしかに，所定労働時間が通常の労働者と同一となった場合，パート法の適用対象とならないのは明らかである。しかし，通常の労働者との均衡のとれた適正な労働条件の確保等を掲げる同法の趣旨（1条）[10]，及び，労働契約の基本原則である均衡処遇の原則（労契法3条2項）を根拠に不法行為の成立を認めるべきであっただろう。[11]

4 2014年パート法改正の影響

ところで，パート法は，2014年6月，第186回国会において改正された。改正法は，8条において短時間労働者の待遇の原則を規定し，また現行法8条の規定する適用要件のうちから無期労働契約要件を外したうえで同2項を削除し，これを9条とした。改正法施行後は，当該パートタイム労働者の労働契約が有期であるか無期であるかは（判旨Ⅲ2(2)(a)）は検討の対象外となる。

また，改正法8条及び9条は，有期契約労働者に対する不合理な取扱いを禁止する労契法20条と平仄を合わせたものである。このことに照らしてもこれらの条文に関し私法的効力を認めない解釈を行う本判決の見解が適切でないことは一層明らかであるといえよう。

(おがた　けいこ)

---

10)　「事業主が講ずべき短時間労働者の雇用管理の改善等に関する措置等についての指針」（平19厚生労働省告示326号）第2三参照。
11)　労契法3条2項の適用可能性について論じるものとして，緒方・前掲注8）37頁以下。

裁量労働制（専門型）の対象該当性
——レガシィほか1社事件・東京高判平26・2・27労判1086号5頁——

天　野　晋　介
（首都大学東京）

I　事案の概要

　Xは，会計事務代行業務等を目的とする株式会社Y1，ならびに，税理士法人Y2（以下，両社を「Yら」）との間で，税理士の補助業務を行うスタッフとして，平成22年1月1日に，期間の定めのない労働契約を締結した者である。
　Yらの平成22年当時の就業規則には，次の内容の規定が存在した。
① 専門業務型裁量労働制は，労使協定で定める対象労働者に適用する。
② 専門業務型裁量労働制を適用する労働者が所定労働日に勤務した場合には，労使協定で定める時間，労働したものとみなす。
③ みなし労働時間が所定労働時間を超える部分については，割増賃金を支払う。
④ 始業及び終業時刻は，始業時刻午前8時50分，終業時刻午後6時を基本とするが，業務遂行の必要に応じ，裁量労働適用者の裁量により具体的な時間配分を決定するものとする。
　また，Y1における専門業務型裁量労働制に関する協定届には，裁量労働制の対象となる業務種類として「会計事務」，業務内容として「税理士法に定める税務代理，税務書類の作成，税務相談，及びこれらの税理士業務に付随する財務書類の作成，会計帳簿の記帳代行等，財務に関する事務」と記載されていた。
　Xは，平成22年9月末日にYらを退職したのち，Xには専門業務型裁量労働制が適用されないことから，時間外労働等についての割増賃金請求の訴えを

提起した。なお，Xは，入社時点において，既に公認会計士試験に合格していたが，Yらを退職するまでの間に，公認会計士となる資格を取得するために必要な実務補修を修了しておらず，税理士となる資格を取得することもなかった。

原審判決（東京地判平25・9・26労判1086号12頁）は，①Xは税理士名簿への登録も受けておらず，税理士資格を取得していないことから，その適用対象者とならないこと，また，②税理士以外の従業員による事実上の税務書類の作成等の業務を専門業務型裁量労働制の適用対象と認め得るためには，少なくとも，その業務が税理士又は税理士法人を労務の提供先として行われるとともに，その成果が当該税理士又は税理士法人を主体とする業務として顕出されることが必要であるというべきところ，Xの業務が税理士法人であるY2の業務として行われたのか，税理士法人でないY1の業務として行われたのかが明確に特定区分されていないことから，専門業務型裁量労働制の適用を認めることはできないとし，Xが求めた時間外労働等についての割増賃金請求を認容するとともに，賃金の支払の確保等に関する法律（以下，「賃確法」）が定める14.6％の割合による遅延損害金の支払を命じた。

II 判 旨 (控訴棄却)

1 専門業務型裁量労働制の適用対象としての「税理士の業務」とは

「専門業務型裁量労働制は昭和62年……労働基準法の改正において創設された制度であるところ，創設当時における対象業務についての法律の規定としては，「当該業務の性質上その遂行の方法を大幅に当該業務に従事する労働者の裁量に委ねる必要があるため，当該業務の遂行の手段及び時間配分の決定等に関し具体的な指示をしない者として当該協定で定める業務」との包括的定義規定……のみが置かれ，……五つの専門的業務が例示列挙されていたが，……平成5年改正によって以上の仕組みが改められ，対象業務を省令によって限定列挙する仕組み，すなわち，上記5業務を省令で定めたほか，「中央労働基準審議会の議を経て労働大臣の指定する業務」を追加し，これらの中から労使協定

で対象業務を定めることとされた。このように，対象業務の規定方法が例示列挙方式から限定列挙方式に変更された趣旨は，裁量労働制が労働者が実際に労働した時間を問題としないで，労使協定によりあらかじめ定めた時間働いたものとみなし，割増賃金の支払を不必要とするというものであり，賃金面で労働者の不利益となる可能性がある制度であるため，その対象業務をできる限り明確化すべきことにあったと解される。」

「「税理士の業務」が専門業務型裁量労働制の対象とされた趣旨は，税理士が法律上の国家資格として専門性が確立していると考えられることに着目したものであり，行政解釈においては，ここでいう「税理士の業務」を法令に基づいて税理士の業務とされている業務をいい，税理士法2条1項所定の税務代理，税務書類の作成，税務相談がこれに該当すると解していること，税理士の業務に就いては，税理士法52条により，税理士又は税理士が社員となって設立する税理士法人でない者が行うことが制限されていて，税理士又は税理士法人以外のものが業として他人の求めに応じて税務代理，税務書類の作成等を行うことは許されないこと，また，税理士の業務は，公認会計士，弁護士あるいは建築士の業務等と並んで，いずれも専門性の高い国家資格を要する業務であることに……照らせば，専門業務型裁量労働制の対象となる「税理士の業務」とは，税理士法3条所定の税理士となる資格を有し，同法18条所定の税理士名簿への登録を受けた者自身を主体とする業務をいうと解するのが相当である。」

「対象業務の範囲について，「税理士の業務」概念の外延を画する要素から税理士という業務主体を外した上で，その業務を行う手段や時間配分の決定などについて使用者が具体的な指示をすることが困難な業務か否かという観点からこれを実質的に解釈することになれば，「税理士の業務」概念の外延は曖昧となり，対象業務の明確性が損なわれてしまうから，専門業務型裁量労働制がその対象業務について限定列挙方式という仕組みを採用した趣旨が没却されることになり，相当でないというべきである。」

「Xは，税理士となる資格を有せず，税理士名簿への登録も受けていなかったのであるから，その業務は専門業務型裁量労働制の対象となる「税理士の業務」ということはできない。……Yらは……時間外労働についての割増賃金

を支払う義務があることになる。」

2　法定休日労働についての割増賃金請求

　Y1の就業規則では，変形週休制が採られていないこと，Y2の就業規則では，変形週休制について言及しているものの単位となる4週間の起算日が定められていないこと，Yらにおいては，出勤日などが記載されている「レガシィカレンダー」により，土曜日又は国民の祝日のうちの特定の3日についてあらかじめ出勤日とする旨が定められていること，「に加え，労働基準法35条自体は休日を特定したり，毎週一定の曜日を休日とすることまでを要求していないものの，行政解釈においては，週休制の趣旨に鑑み，就業規則等で休日をできるだけ特定明示することが法の趣旨にかなうものとされ，そのような指導がされていることに照らせば，……就業規則の合理的な解釈として日曜日が法定休日とされていたものと認めるのが相当であり，それがXとYらとの労働契約の内容となっていたということができる。」したがって，Xが日曜日に行った「労働については，法定休日労働として割増賃金が支払われるべきである。」

3　賃確法6条1項における遅延利息とその例外

　「賃確法6条2項は，賃金の支払遅滞が「天災地変その他のやむを得ない事由で厚生労働省令で定めるものによるものである場合」に同条1項を適用しないとしていて，これを受けた賃確法施行規則6条は，厚生労働省令で定める遅延利息に係るやむを得ない事由として……支払が遅滞している賃金の全部または一部の存否に係る事項に関し，合理的な理由により，裁判所または労働委員会で争っていること（4号）……を規定している。本件では，Xの時間外労働の割増賃金支払の前提問題として，専門業務型裁量労働制がXに適用されるか否かが争点の一つとなっていて，その対象業務の解釈が争われているところ，この点に関する当事者双方の主張内容や事実関係に照らせば，YらがXの割増賃金の支払義務を争うことには合理的な理由がないとはいえないというべきである。したがって，Xの未払割増賃金に対する遅延損害金については，商事法定利率によるべきこととなる。」

Ⅲ 検 討（判旨：賛成，結論：賛成）

1 本判決の特徴と意義

本件は，専門業務型裁量労働制の適用対象である「税理士の業務」に該当するか否かについて判断された事案である。専門業務型裁量労働制について争われた裁判例はごく少数であり[1]，さらに，その適用対象について争われた裁判例はほとんど見受けられない[2]。その点から，本件は，専門業務型裁量労働制の適用対象を考える上で，重要な裁判例であるといえる。また，本件は，法定休日の特定について判断している点，さらに，賃確法施行規則6条4号の「合理的な理由」があることから，賃確法6条1項の遅延利息の適用を否定している点も特徴的である。以下，本判決について検討を行う。

2 専門業務型裁量労働制の適用対象としての「税理士の業務」とは

(1) 専門業務型裁量労働制

裁量労働制とは，業務の性質上その遂行方法を大幅に労働者の裁量にゆだねる必要があるため当該業務の遂行の手段及び時間配分の決定等に関し使用者が具体的な指示をすることが困難な業務（専門業務型），あるいは，使用者が具体的な指示をしないこととする業務（企画業務型）について，実際に働いた時間ではなく労使協定や労使委員会の決議で定められた時間によって労働時間を算定する制度である[3]。専門業務型裁量労働制の対象業務とは，①研究開発，②情報処理システムの分析または設計，③取材・編集・番組制作，④デザイナー，

1） 専門業務型裁量労働制に関する労使協定の適用範囲について争われた事案として，ドワンゴ事件・京都地判平18・5・29労判920号57頁，香川孝三「ドワンゴ事件判批」ジュリスト1334号（2007年）253頁。

2） 専門業務型裁量労働制の適用対象である「情報処理システムの分析又は設計の業務」に該当するか否かが争われた事案として，エーディーディー事件・大阪高判平24・7・27労判1062号63頁。

3） 東大労研『注釈労働基準法 下巻』[水町勇一郎執筆分]（有斐閣，2003年）661頁，池添弘邦「裁量労働のみなし制」土田道夫・山川隆一編『労働法の争点』（有斐閣，2014年）114頁。

⑤プロデューサー・ディレクター，⑥その他厚生労働大臣が労働政策審議会の議を経て指定する業務である[4]。そして，⑥のその他の厚生労働大臣が指定する業務として，弁護士，公認会計士，税理士等の14業務が定められている[5]。裁量労働制創設時は，現在のように，具体的対象業務は限定されていなかったが，平成6年4月1日から，現在の業務限定列挙方式が取られることとなった[6]。専門業務型裁量労働制を適用するためには，上記19業務に該当する必要があり，本件はこの点が争われたものである。

(2) 適用業務該当性の判断手法

それでは，専門業務型裁量労働制の適用業務に該当するか否かは，いかに判断すべきであろうか。この点，「情報処理システムの分析または設計」の業務に該当するか否かが争われたエーディーディー事件は[7]，「裁量労働制が許容されるのは，……どこから手をつけ，どのように進行させるのかにつき裁量性が認められる」か否か，換言すると労働者が業務の遂行方法・時間配分について裁量を有しているか否かによって客観的に判断すべきであるとしている[8]。一方，本件の地裁・高裁判決共に，客観的な業務に対する裁量の有無という側面ではなく，税理士資格という点に着目した判断を行っている。すなわち税理士法2条の定める税理士の業務（税務代理・税務書類の作成・税務相談）は，税理士の資格（同法3条）を有する者であり，かつ，税理士登録（同法18条）を行っている者あるいは税理士が設立する税理士法人（同法48条の2）のみが行えるものであり，それ以外の者が税理士業務を行うことは禁じられている（同法52条）。19の専門業務型裁量労働制の対象業務のうち，本件で争われた税理士以外にも弁護士，公認会計士等の国家資格を有する業務については，法律上，その業務を遂行できる者が限られている[9]。このような点からすると，専門業務型裁量労働

---

4) 労基法施行規則第24条の2の2第2項。
5) 平成9年2月14日労働省告示第7号。
6) 安西愈「新裁量労働制をめぐる問題点」季刊労働法189号（1999年）8頁。
7) エーディーディー事件・京都地判平23・10・31労判1041号49頁，千野博之「エーディーディー事件判批」季労239号（2012年）196頁。
8) 同様の立場を示すものとして，土田道夫『労働法概説〔第3版〕』（弘文堂，2014年）142頁。

制の適用業務のうち，国家資格が必要な業務については，その業務権限が法律によって制限されている以上，有資格者のみがその適用対象となり得ると考えるべきであろう。このように解すると，本件は専門業務型裁量労働制の適用対象業務の内，法律によって業務権限が制限されている国家資格業務の適用対象を検討する上で，重要な判断を行ったものであるといえよう。

(3) 本判決の評価

本件地裁・高裁判決ともに，税理士資格を有し，税理士登録を行っている税理士が専門業務型裁量労働制の適用対象者となるとしている。しかしながら，地裁・高裁判決において，異なる点がある。それは，地裁判決が，業務の遂行方法，時間配分についての裁量を客観的に有しているか否かという点に着目し，税理士でない者の専門業務型裁量労働制の適用可能性を示している点（結論：否定）である。一方，高裁判決は，業務の裁量性に着目した判断を行うことは，限定列挙方式という仕組みを採用した専門業務型裁量労働制の趣旨を没却するという観点から，税理士以外の者がその適用対象になる可能性を完全に否定している。思うに，専門業務型裁量労働制のうち，国家資格を有する業務についてその適用を認めたのは，当該業務に対して使用者が具体的な指示をすることが困難な業務である蓋然性が極めて高いことのみならず，労働時間のみなし制を適用したとしても，賃金面等の不利益を受ける危険性が少ないことが挙げられると考える。なぜなら，国家資格を有する者については，その資格の有する価値が高いことから，通常の労働者よりも相対的に高い交渉力を有すると考えられるからである。高裁判決も，同様の立場から，税理士のみに適用を認めたと考えられ，妥当な判断であるといえよう。

それでは，税理士であればどのような場合でも専門業務型裁量労働制の適用対象となるのであろうか。この点，筆者は，税理士であったとしても，業務内容を客観的に見た上で，業務遂行の方法・時間配分についての裁量を有さず，使用者が具体的な指示を行っているような場合，あるいは，賃金面等の不利益

---

9) 弁護士法，公認会計士法は，法律に別段の定めがない限り，弁護士，公認会計士以外の者が弁護士の業務，公認会計士の業務を行うことを禁止している。弁護士法72条，公認会計士法47条の2。

が著しく存在する場合は，その適用を否定すべきであると考える[10]。つまり，国家資格を有する業務については，まず，有資格者であるか否かの審査が行われ，その後，業務遂行の方法・時間配分についての裁量があるか否かを客観的に判断することとなろう。

3 法定休日の特定

労基法35条は，毎週少なくとも一回の休日を与えることを使用者に義務付けており，さらに，割増賃金令は，法定休日労働については，35％の割増率を設定している。一方，法定外休日労働については，通常の時間外労働と評価されることから，25％の割増率となっている。このように，法定休日か否かによって，割増率が異なっている以上，法定休日の特定がしばしば問題となる。労基法は，文言上休日の特定を要求していないものの，行政解釈[11]においては，週休制の趣旨に鑑みて就業規則等において休日をできるだけ特定するよう指導がなされている。そのため，法定休日については，就業規則において特定されている場合は，その規定に従うこととなる。一方で，明確に特定されていない場合に，どのように解するべきかが問題となる。この点，「週」の起算日が規定されていない場合には，日曜日が法定休日であると解するのが適当であるとする立場や，週の七日全てにおいて労働している場合は，当該暦週において後順に位置する日（土曜日）を法定休日と解するとする立場が存在する[13]。

本件は，法定休日が明確に特定されていないものの，事実関係を通じて，就業規則の合理的解釈として，法定休日を特定している点が特徴的である。出勤日等が記載されているカレンダーの存在ゆえ，本件は特定が容易な事案ではあったものの，休日の運用実態等の周辺事実から法定休日の特定を試みる手法は，法の趣旨，ならびに行政解釈の立場からしても支持できるものであると考える。

---

10) 同旨，盛誠吾「変形労働時間制・裁量労働制」季労183号（1997年）21頁。
11) 労働省労働基準局長通達昭和23・5・5基発682号，同昭和63・3・14基発150号。
12) 東大労研・前掲注3）書586頁［岩村正彦執筆］。
13) 東京地判平25・3・15判例データベース。

4 賃確法6条1項における遅延利息とその例外

賃確法6条1項は，労働者が退職した場合で，その時までに賃金の全部または一部が退職の日までに支払われていなかった場合に，14.6％の遅延利息を支払う旨，規定している。労働者の賃金未払いに対する遅延利息は，営利企業の場合は6％（商法514条），非営利法人の場合には5％（民法404条）が原則であるが，同条は，その特則として位置付けられている。一方，同条2項は，「天災地変その他のやむを得ない事由で厚生労働省令で定めるものによるものである場合」に，同条1項の適用をその事由が存在する期間については否定しており，具体的に，賃確法施行規則6条は，天災事変（1号），事業主が破産手続開始の決定を受け，又は賃確法施行令2条1項各号に掲げる事由[14]のいずれかに該当することとなったこと（2号），法令の制約により賃金の支払に充てるべき資金の確保が困難であること（3号），支払が遅滞している賃金の全部または一部の存否に係る事項に関し，合理的な理由により，裁判所又は労働委員会で争っていること（4号），その他前各号に掲げる事由に準ずる事由（5号）と規定している。本件は，賃確法施行規則6条4号の「合理的な理由」が存在するとして，賃確法6条の割合による遅延利息の適用を否定し，商事法定利率である6％の支払いを命じた。

裁判例の多くは，特に理由を示さぬまま，賃確法6条1項の適用を肯定している[15]。一方，近年では，賃確法施行規則6条4号の「合理的な理由」を柔軟に解釈することによって，賃確法6条1項の適用を否定する裁判例が見受けられる。例えば，割増賃金の支払について争われたオリエンタルモーター事件では[16]，5号が，除外事由の適用範囲を拡大していることから，4号の「合理的な理由」を極めて限定的に解することは妥当ではなく，ここでいう「合理的な理由」には，「合理的な理由がないとは言えない場合も含まれるものと解するの

---

14) 賃確法施行令2条1項は，特別清算開始の命令を受けたこと（1号），再生手続開始の決定があったこと（2号），更生手続開始の決定があったこと（3号），等と規定している。
15) 割増賃金請求事案において，賃確法6条1項の適用を認めた裁判例として，オークビルサービス事件・東京地判平15・5・27労判852号26頁，イーライフ事件・東京地判平25・2・28労判1074号47頁，商人ネット事件・東京地判平25・12・24判例データベース。
16) オリエンタルモーター（割増賃金）事件・長野地松本支判平25・5・24労判1086号57頁。

が妥当である」と判断している[17]。本件は、明確には述べていないものの、同様の立場を採る裁判例であるといえよう。

　もっとも、同条に列挙されている、天災事変等の他の事由との対比からすると、「合理的な理由」を安易に広く解するべきではないと考える。したがって、ただ単に使用者が割増賃金の支払義務の有無を争っているという事情だけでは、その該当性を否定すべきであり、例えば、判例法理などからその可否が必ずしも明確ではない場合や、法の解釈において争いがある場合、または、事業主に合理的であると信ずるに足りるだけの根拠資料がある場合等に限定して、「合理的な理由」の存否を肯定すべきであろう[18]。本件は、専門業務型裁量労働制における「税理士の業務」の解釈が争われたところ、この点が争われた事例は過去にはなく、訴訟の帰趨を予測することが困難であったといえよう。そのように解すると、法の解釈において争いがある本件が、「合理的な理由」に該当すると判断したことは妥当であるといえよう。

（あまの　しんすけ）

---

17) 同様の立場を示す裁判例として、十象舎事件・東京地判平23・9・9労判1038号53頁、東京地判平25・3・27判例データベース。
18) 和田肇「十象舎事件判批」法政論集246号（2012年）201頁。

日本学術会議報告

浅倉　むつ子
（日本学術会議会員，早稲田大学）

1　第166回総会と第167回総会

　日本学術会議の第166回総会は，2014年4月10日～12日にかけて開催された。この総会では，吉川弘之栄誉会員による「科学者の助言（Policy for Science と Science for Policy）」と題する特別講演が行われた。また，第167回臨時総会が7月11日に開催された。

　第166回総会では，通常の議事に加えて，この1年間の学術会議の活動状況に関する「外部評価」について報告がなされた。本年は日本学術会議が新体制に移行してから8年目であり，新体制移行後10年以内に行うこととされている日本学術会議の在り方についての見直し時期を2年後に控えている（これについては，総合科学技術会議意見具申「日本学術会議の在り方について」2003年7月を参照）。それだけに，外部評価では，この時期に日本学術会議のミッションが何たるかを認識し，それを果たすために必要な取組みが，以下のように示された。①日本学術会議が発出している多くの「提言」等が社会に十分に浸透するように，「陳情」ではなく，「日本の科学に貢献するための助言者」としての意識をもち，審議や意思決定のプロセスの健全性，正当性，透明性を保つこと，②会員と執行部の徹底した議論が不可欠であること，③会長選出が会員間であまりに予備知識なく行われてきたことについては，これまでにも問題として指摘されてきたが，新しい期が始まるにあたって，次期会員候補者が事前に集まり，日本学術会議のミッションについて理解を深める場を設け，そのうえで会長選出が行われる仕組みを検討すべきこと。これらの事項については，さっそく学術会議において具体化するための取り組みを始めることとなった。

　また，次期第23期に向けた会員・連携会員の選考が進められた結果，第167回総会において，次期会員候補者の名簿が了承された。ただし10月1日の辞令発令までこの名簿は公開されない。会員選考方法については重要事項であるため，改めて以下に整理して書き記しておきたい。

2　日本学術会議の会員・連携会員の選出について

　日本学術会議の会員は，発足当初は，国内科学者による選挙によって選出される

ものであり，この制度が30数年間，続いてきた。しかし選挙が激化する等の批判が強くなったために，日本学術会議法が改正され，第13期からは，学協会による推薦制度となった。これは，分野ごとに推薦人と会員候補者を選んだうえで，会員候補者の中から推薦人が会員となる人を選ぶという仕組みである。しかしこの制度に関しても，学協会の利益代表的な発想が強まり，学術的に社会に提言するという姿勢が失われたと批判されるようになり，再度の法改正を迎えた。そこで，第20期からは現行のコ・オプテーション方式となり，現会員・連携会員が，任期満了者に代わる次期の会員・連携会員を推薦し，選考委員会がその名簿に基づいて選出するという制度になったところである。

　コ・オプテーション方式が従来の制度よりも優れたものであるかどうかは，現会員・連携会員による推薦および選考が適切に行われるかどうかにかかっている。その仕組みから考えて，この制度は，資質の高い「後継者」を選ぶことには適していても，現在のメンバーが属する集団と異なる集団からの選出については必ずしも適したものとはいえず，多数者が再生産されるという保守的な傾向となりやすい。したがってこれを補うために，いわば少数派になりがちな属性に意識的に配慮して，その中から優れたメンバーを推薦することが不可欠であるとされた。具体的には，①女性研究者，②大都市以外の地域の研究者，③大学以外の研究機関に所属する者，④境界領域の新たな研究分野の者，⑤若手研究者を，とくに推薦することが重要だということである。もちろん全体を貫く唯一の選考基準は，「優れた研究又は業績がある科学者」であることはいうまでもない。

　次期に向けた会員・連携会員の選考は，以下の手順で行われた。会員・連携会員には，1人あたり最多で5名（うち会員候補者は2名）の推薦が要請され，協力学術研究団体にも情報提供をお願いした。結果的に，会員・連携会員による推薦と協力学術研究団体からの情報提供によって，被推薦者1311名，被情報提供者1090名の名簿が作られた。選考委員会は，これをもとに分科会ごとに選考手続きを進め，その結果を集約して，まず210名の会員候補者名簿が了承された，という段階である。連携会員については，手続きはまだ完了していない。

3　第1部会および法学委員会

　第22期の総括時期にはいり，数多くの提言等の文書が作成されている最中であるが，第1部（人文・社会科学分野）では，「科学と社会のよりよい関係に向けて——福島原発災害の信頼喪失をふまえて」とする「提言」の作成・公表にむけて，全力をあげて取り組んでいる。福島原発災害については，4つの事故調査委員会が設けられ，それぞれに報告書がまとめられている。すなわち，政府事故調（『政府事故調

中間・最終報告書』メディアランド株式会社，2012年7月），国会事故調（『国会事故調報告書』徳間書店，2012年9月），民間事故調（『福島原発事故独立検証委員会調査・検証報告書』ディスカヴァー・トゥエンティワン，2012年3月），東電事故調（『福島原子力事故調査報告書』2012年6月）である。それらにおいては，なぜ原発事故が起きてしまったのか，事故後の対応は適切だったか等について，多くの問題が論じられてはいるが，「科学と社会のあり方」にどのような問題があったのかについては，ほとんどふれられていない。今回，第1部がまとめようとしている「提言」は，福島原発災害の要因をさぐるためにも，今後，長く続けられるべき「科学と社会のあり方」についての大枠を示す内容にしたいと，我々は考えている。福島原発災害を受けて，日本学術会議においてこのような反省的考察がなされたということ自体が，一定の歴史的意義をもつものとなるであろう。

　第1部の各委員会に設けられている分科会も総括段階に入ってきた。2014年に入ってから開催された法学委員会が関与したシンポジウムを紹介しておきたい。2014年4月7日「同性婚・パートナー法の可能性：オランダの経験から学ぶ」（法学委員会「親密な関係に関する制度設計分科会」），6月28日「法の世界とジェンダー：司法と立法を変えることはできるのか？」（法学委員会「ジェンダー法分科会」），7月5日「第8回基礎法学総合シンポジウム〈若者〉と法」（基礎法学系学会連合），7月6日「立法システム改革と立法学の再編」（法学委員会「立法学分科会」）。また，法学委員会の分科会が発出した「提言」としては，2014年6月23日「男女共同参画社会の形成に向けた民法改正」（「ジェンダー法分科会」）がある。

　第22期の法学委員会の下に設けられてきた10の分科会のうちいくつかは次期にも継続するが，期を改めた後に新設されることになるものが多い。分科会活動は学術会議のもっとも基礎をなす活動であることから，次期にも多くの分科会が設置され，積極的な活動が行われることが望まれる。

　最後に，個人的なことにふれさせていただきたい。私は，第19期（2003年）から日本学術会議の会員として，本誌の「日本学術会議報告」を担当してきた。第19期は，改革を前にした2年の任期だったが（通常は1期3年），2005年には第20期の新生学術会議がスタートした。新体制下では，会員は2期6年という任期が設けられた。ただし第20期に会員となった者には特別ルールが適用され，比較的若い会員は第21期における再任を予定して3年任期とし，残る半数の会員は6年任期として，参議院のように半数入れ替え制が運用されることになった。私は第20期の会員に就任し，第21期に再任されたために，そこからさらに6年間をまた会員として務めることになった。計算すると，第19期から第22期まで計11年間を学術会議会員として活動してきたことになる。このように長く会員であったのは，以上のような理由か

らである。しかしようやく，私の任期も2014年9月に満了する。総会に出席するのも第167回総会が最後であった。この記事も今回を最後とさせていただきたい。

　今後の日本学術会議報告は，次期第23期に日本学術会議会員または連携会員に選出される予定の日本労働法学会の会員の方々にお願いしたい。日本労働法学会は，長い間，理事会や総会で学術会議報告の機会を設けてくださり，学術のあり方にも積極的に関心を寄せてくださる貴重な学協会の1つである。今後とも日本学術会議との連携関係をせひとも維持・強化していただけるように，改めてお願いしたい。

（あさくら　むつこ）
（2014年7月18日記）

◆日本労働法学会第127回大会記事◆

　日本労働法学会第127回大会は，2014年5月25日（日）に大阪大学において，個別報告，特別講演，ミニシンポジウムの三部構成で開催された。（以下，敬称略）

　一　個別報告
〈第1会場〉
- テーマ：「公的部門における事業・業務再編と労働者保護」
  報告者：松井良和（中央大学大学院）
  司　会：毛塚勝利（中央大学）
- テーマ：「ドイツ労使関係の変化と協約法理の現在」
  報告者：榊原嘉明（明治大学）
  司　会：毛塚勝利（中央大学）

〈第2会場〉
- テーマ：「韓国における期間制勤労契約（有期労働契約）に関する法規制とその運用をめぐる論点」
  報告者：徐侖希（早稲田大学大学院）
  司　会：島田陽一（早稲田大学）
- テーマ：「フランスにおける労働組合の代表性の機能とその正統性」
  報告者：小山敬晴（早稲田大学）
  司　会：島田陽一（早稲田大学）

〈第3会場〉
- テーマ：「兼職に関する法律問題をめぐる一考察──ドイツ法との比較法的研究──」
  報告者：河野尚子（同志社大学大学院）
  司　会：土田道夫（同志社大学）
- テーマ：「管理職労働者の法的地位」
  報告者：崔碩桓（明知大学校）
  司　会：岩村正彦（東京大学）

　二　特別講演
　テーマ：「労使関係と『社会的対話』について」

報告者：渡辺章（労委協会・筑波大学名誉教授）

三　ミニシンポジウム
〈第1会場〉
● テーマ：「高年齢者雇用の課題と方向性」
　司　会：水町勇一郎（東京大学）
　報告者：原昌登（成蹊大学）
　　　　　柳澤武（名城大学）
　　　　　櫻庭涼子（神戸大学）
　　　　　高木朋代（敬愛大学）

〈第2会場〉
● テーマ：「日韓比較労働法研究の意義と課題」
　司　会：矢野昌浩（龍谷大学）
　報告者：宋剛直（東亜大学校）
　　　　　趙翔均（全南大学校）
　　　　　脇田滋（龍谷大学）

〈第3会場〉
● テーマ：「『就労価値』論の理論課題」
　司　会：唐津博（南山大学）
　報告者：有田謙司（西南学院大学）
　　　　　長谷川聡（専修大学）
　　　　　神吉知郁子（立教大学）

四　総　会
1　2013年度決算・2014年度予算について
（1）2013年度決算について，山川隆一事務局長より報告がなされた。また，水島郁子監事より監査済みである旨が報告された。以上を受けて，総会において，同決算が承認された。

（2）2014年度予算案について，山川隆一事務局長より報告がなされた。特に，印刷費，通信費，事務委託費に関しては，本年度実施予定の理事選挙・名簿作成等に要する費用を増額し，消費増税分を調整した旨等が説明された。収支見込みについて，単年度収支では68万円の支出超過となっている旨，及び赤字幅に関しては，同じく選挙実施年に当たる2010年度においても当初予算段階で約80万円の赤字予算を編成した例があり，選挙実施年は赤字予算の傾向がある旨説明された。以上を受け

て，総会において，2014年度予算が承認された。

2　第128大会およびそれ以降の大会について

野川忍企画委員長より，今後の大会予定に関し，以下の通り報告がなされた。

◆第128回大会について◆

(1)　期　日：2014年10月19日（日）

(2)　会　場：静岡大学（静岡・大谷キャンパス。なお，社会保障法学会と同会場）

(3)　統一テーマ：「労働組合法立法史の意義と課題」（仮題）

(4)　司　会：土田道夫（同志社大学），野川忍（明治大学）

　　報告者：富永晃一（上智大学）——総則，労働組合（狭義）

　　　　　　竹内寿（早稲田大学）——団体交渉，労働協約

　　　　　　中窪裕也（一橋大学）——不当労働行為

　　　　　　野田進（九州大学）——労働委員会

　　　　　　仁田道夫（国士舘大学）——労働組合法と日本の労使関係

◆第129回大会について◆

(1)　期　日：2015年5月17日（日）

(2)　会　場：近畿大学（社会保障法学会と同じ会場）

(3)　個別報告について

既に数件について承認されており，更にエントリー希望があれば，日本労働法学会ホームページに掲載している申込書に記入のうえ，2014年7月31日（木）までに企画委員会までお送りいただきたい。

(4)　特別講演について

報告者：萬井隆令

テーマ：未定

(5)　ミニシンポジウムについて

・テーマ：「労働条件の決定・変更と労働者の同意」

　担当理事：土田道夫（同志社大学）

・テーマ：「ワークルール教育の意義と課題」（仮題）

　担当理事：道幸哲也（放送大学）

・テーマ：「男女雇用機会均等法施行30周年の検証と立法論」

　担当理事：浅倉むつ子（早稲田大学）

◆第130回大会について◆

(1)　期　日：2014年10月18日（日）

(2)　会　　場：東北大学（社会保障法学会と同会場）
　(3)　大シンポジウムについて
　大シンポジウムのテーマが現時点で決定しておらず，企画案がある場合には，2014年7月31日（木）までに企画委員会までお送り頂きたい。

　3　学会誌について
　唐津博編集委員長より，以下の報告がなされた。
　(1)　編集委員について，石田信平会員が2014年4月の任期満了により坂井岳夫会員（同志社大学）に交代したこと，富永晃一会員が2014年4月の任期満了により神吉知郁子会員（立教大学）に交代したことが報告された。
　(2)　学会誌第123号は学会前に刊行済みであることが報告された。また，2014年秋刊行予定の学会誌第124号については，個別報告6本，特別講演，ミニシンポジウム（「高年齢者雇用の課題と方向性」，「日韓比較労働法研究の意義と課題」，「『就労価値』論の理論課題」），回顧と展望，定例記事を掲載する予定であることが報告された。なお，投稿論文はない。また，2015年春刊行予定の学会誌第125号については，大シンポジウム（「労働組合立法史の意義と課題（仮題）」）が中心となる。
　大シンポジウムの質疑記録については，内容的に直接関係しない部分の削除の校正のお願いをすることがある。
　(3)　査読規程の一部改正について，日本労働法学会誌査読規程第2条第2項中「査読委員長及び編集委員長」とあるのを「査読委員会」と改め，第3条第2項中「事務局担当理事，編集委員会担当理事2名の計4名」とあるのを「事務局担当理事及び編集委員長」と改める改正が理事会において可決されたことが報告された。

　4　日本学術会議について
　浅倉むつ子理事より，日本学術会議について以下の報告がなされた。
　学術会議の第22期は，2014年9月で終了するが，現在，第23期の会員・連携会員の候補者選考委員会がスタートしている。2014年7月11日の臨時総会で新たな会員候補者が，7月幹事会では新たな連携会員候補者が承認されて，10月1日には発令がなされる予定である。活動としては，第21期～22期の総括として各種の文書が作成されている最中であるが，第1部（人文・社会科学分野）では，「科学と社会のよりよい関係に向けて──福島原発災害の信頼喪失をふまえて」とする提言の採択に全力をあげている。この提言は，科学技術の発展を自然科学に委ねたままにせず，社会の中の科学という自覚を高めて社会科学の存在意義を示すために重要な文書と位置づけられている。

5 国際労働法社会保障法学会について

山川隆一事務局長より、以下の報告がなされた。

(1) 第11回欧州地域会議（於：アイルランド（ダブリン），2014年9月17日～19日）

第1テーマ：労働権あるいは人権（Keynote Speaker: Keith Ewing）

第2テーマ：差別に対する法的・非法的救済（Keynote Speaker: Sylvaine Laulom）

第3テーマ：社会保障問題と賃労働交渉に対する国家の援助（Keynote Speaker: Keith Puttick）

第4テーマ：代替的紛争処理（Keynote Speaker: Alex Colvin）

そのほかに4つのラウンドテーブル（公益通報，経済危機と労働法改革，情報保護と職場におけるプライバシー，労働法・社会保障法研究の公表機会）が予定されている。詳細は，国際学会支部会報あるいは，国際学会のwebsiteからダブリン会議のwebsiteを参照されたい。

なお，登録料について，5月30日までは早期登録割引が適用され，会員395ユーロ，非会員485ユーロであるが，5月30日を過ぎると，会員495ユーロ，非会員605ユーロとなる。

(2) 第9回アジア地域会議（韓国・ソウル）の中止とフィリピン会議について

韓国（ソウル）で2014年6月25日～27日に開催が予定されていたアジア地域会議は，開催国より，政府の緊縮予算のあおりで予算措置がなされず，不開催に至った旨報告された。

次回の正式のアジア地域会議については早期開催を検討中であるが、この間、フィリピン大学（フィリピン・ケソン市）にて，2014年11月19日～21日にかけ，アジア各国からの参加を呼びかけた国際セミナー（「グローバル化と労働管理に関するアジア会議—労働移動・社会保障および地域統合」）が予定されている。

(3) 第21回世界会議（於：南アフリカ（ケープタウン），2015年9月15日～18日）

第1テーマ：団体交渉を超えて（General Reporter: Graciela Bensusan）

第2テーマ：労働法を基礎づける概念としての労働における平等と市民（General Reporter: Judy Fudge）

第3テーマ：社会的排除から社会保障へ（General Reporter: Kamala Sankaran）

第4テーマ：労働法と発展（General reporter: Simon Deakin）

(4) ヴェネチア大学比較労働法セミナーについて

ボルドー，リヨンにおいて開催されてきた比較労働法セミナーの後継セミナーがイタリアのヴェネチアにて開催されることとなった。

日時：2014年7月1日〜10日
場所：Ca' Foscari University of Venice
統一テーマ："Fundamental Social Rights in the Age of Globalization"

6　入退会について
　山川隆一事務局長より，退会者6名・物故者2名および以下の7名について入会の申込みがあったことが報告され，総会にて承認された（50音順，敬称略）。
　伊奈川秀和（前厚生労働省），内田光彦（弁護士），江森宗太郎（明治大学大学院），笠置裕亮（弁護士），髙木太郎（弁護士），前川宙貴（弁護士），丸山美幸（明治大学大学院）
　また，理事会において，3年以上の会費未納会員であって，2014年2月28日までに納入が無かった7名につき，第119回大会前日理事会での決定事項（学会誌116号195頁参照）に基づき，退会したものとみなすことが承認された旨，報告がなされた。

7　その他
(1) 選挙管理委員の選任
　理事改選にあたり，山川隆一事務局長より選挙管理委員について，以下の通り理事会で選出された旨報告された。
　米津孝司会員（選挙管理委員長就任予定），神吉知郁子会員，佐々木達也会員，鈴木俊晴会員，山本陽大会員
(2) 司法試験の選択科目廃止について
　和田肇代表理事より，他の学会との連携もあって，当座は労働法が司法試験の選択科目から廃止されることが回避された旨報告された。
(3) 大会における託児サービスについて
　山川事務局長より，第127回大会では，利用者3名の申込みがあったこと，費用の総額は54,400円であること，大阪大学男女共同参画推進オフィスより45,000円の助成を受けたことが報告された。また，第128回大会の託児サービスについては，開催校である静岡大学の学内に保育施設があり，学会の参加者はそこで一時保育を利用できる旨が報告された。
(4) 学会編集による出版計画の件
　和田肇代表理事より，日本評論社から労働法講座の出版について引き受けたい旨の申出があったこと，詳細は今後決定されるが，2017年春までの出版を検討していること，手続きは，「講座　21世紀の労働法」のときと同様の方法で進めることが

検討されていることが報告された。企画委員会を組織し，その委員として，和田肇代表理事，野田進理事，島田陽一理事，唐津博編集委員長，野川忍企画委員長，山川隆一事務局長による構成が提案され理事会で承認済みであることが報告された。

(5) 事務局長の再交代について

山川隆一事務局長より，第128回大会までに，荒木尚志理事（東京大学）が事務局長に復帰することが報告された。

◆日本労働法学会第128回大会案内◆

1　日時：2014年10月19日（日）
2　会場：静岡大学　静岡・大谷キャンパス（社会保障法学会と同会場）
3　大シンポジウム

統一テーマ：「労働組合法立法史の意義と課題」
司　会：土田道夫（同志社大学），野川忍（明治大学）
報告者：第一報告　富永晃一（上智大学）「労働組合法立法過程にみる労働組合の規制の変容——昭和24年労働組合法の総則・労働組合関係規定を中心に」
　　　　第二報告　竹内（奥野）寿（早稲田大学）「団体交渉過程の制度化，統一的労働条件決定システム構築の試みと挫折——昭和24年労組法改正における団体交渉，労働協約規定の検討を中心に」
　　　　第三報告　中窪裕也（一橋大学）「昭和24年労働組合法の立法過程と不当労働行為制度——アメリカ化の圧力，反作用，断裂」
　　　　第四報告　野田進（九州大学）「昭和24年労組法における労働委員会制度の完成——その生成経緯から見た現代的課題」
　　　　第五報告　仁田道夫（国士舘大学）「労使関係論からみた昭和24年労組法改正過程——アメリカ・モデルと戦後直後型労使関係の相克？」

（以上，敬称略）

日本労働法学会規約

第1章　総　　則

第1条　本会は日本労働法学会と称する。
第2条　本会の事務所は理事会の定める所に置く。（改正，昭和39・4・10第28回総会）

第2章　目的及び事業

第3条　本会は労働法の研究を目的とし，あわせて研究者相互の協力を促進し，内外の学会との連絡及び協力を図ることを目的とする。
第4条　本会は前条の目的を達成するため，左の事業を行なう。
　1．研究報告会の開催
　2．機関誌その他刊行物の発行
　3．内外の学会との連絡及び協力
　4．公開講演会の開催，その他本会の目的を達成するために必要な事業

第3章　会　　員

第5条　労働法を研究する者は本会の会員となることができる。
　本会に名誉会員を置くことができる。名誉会員は理事会の推薦にもとづき総会で決定する。
　（改正，昭和47・10・9第44回総会）
第6条　会員になろうとする者は会員2名の紹介により理事会の承諾を得なければならない。
第7条　会員は総会の定めるところにより会費を納めなければならない。会費を滞納した者は理事会において退会したものとみなすことができる。
第8条　会員は機関誌及び刊行物の実費配布をうけることができる。
　（改正，昭和40・10・12第30回総会，昭和47・10・9第44回総会）

第4章　機　　関

第9条　本会に左の役員を置く。
　1．選挙により選出された理事（選挙理事）20名及び理事会の推薦による理事（推薦理事）若干名

2．監事　2名

（改正，昭和30・5・3第10回総会，昭和34・10・12第19回総会，昭和47・10・9第44回総会）

第10条　選挙理事及び監事は左の方法により選任する。

1．理事及び監事の選挙を実施するために選挙管理委員会をおく。選挙管理委員会は理事会の指名する若干名の委員によって構成され，互選で委員長を選ぶ。

2．理事は任期残存の理事をのぞく本項第5号所定の資格を有する会員の中から10名を無記名5名連記の投票により選挙する。

3．監事は無記名2名連記の投票により選挙する。

4．第2号及び第3号の選挙は選挙管理委員会発行の所定の用紙により郵送の方法による。

5．選挙が実施される総会に対応する前年期までに入会し同期までの会費を既に納めている者は，第2号及び第3号の選挙につき選挙権及び被選挙権を有する。

6．選挙において同点者が生じた場合は抽せんによって当選者をきめる。

推薦理事は全理事の同意を得て理事会が推薦し総会の追認を受ける。

代表理事は理事会において互選し，その任期は2年とする。

（改正，昭和30・5・3第10回総会，昭和34・10・12第19回総会，昭和44・10・7第38回総会，昭和47・10・9第44回総会，昭和51・10・14第52回総会，平成22・10・17第120回総会）

第11条　理事の任期は4年とし，理事の半数は2年ごとに改選する。但し再選を妨げない。

監事の任期は4年とし，再選は1回限りとする。

補欠の理事及び監事の任期は前任者の残任期間とする。

（改正，昭和30・5・3第10回総会，平成17・10・16第110回総会，平成22・10・17第120回総会）

第12条　代表理事は本会を代表する。代表理事に故障がある場合にはその指名した他の理事が職務を代行する。

第13条　理事は理事会を組織し，会務を執行する。

第14条　監事は会計及び会務執行の状況を監査する。

第15条　理事会は委員を委嘱し会務の執行を補助させることができる。

第16条　代表理事は毎年少くとも1回会員の通常総会を招集しなければならない。

代表理事は必要があると認めるときは何時でも臨時総会を招集することができる。総会員の5分の1以上の者が会議の目的たる事項を示して請求した時は，代表理事は臨時総会を招集しなければならない。

第17条　総会の議事は出席会員の過半数をもって決する。総会に出席しない会員は書面により他の出席会員にその議決権を委任することができる。

第5章　規約の変更

第18条　本規約の変更は総会員の5分の1以上又は理事の過半数の提案により総会出席会員の3分の2以上の賛成を得なければならない。

平成22年10月17日第120回総会による規約改正附則
第1条　本改正は，平成22年10月1日より施行する。
第2条　平成22年10月に在任する理事の任期については，次の通りとする。
　一　平成21年5月に就任した理事の任期は，平成24年9月までとする。
　二　平成22年10月に就任した理事の任期は，平成26年9月までとする。
第3条　平成21年5月に在任する監事の任期は，平成24年9月までとする。

学会事務局所在地
　〒113-0033　東京都文京区本郷7-3-1　東京大学法学部
　　　　　　　荒木尚志研究室
　　　　　　　TEL：03-5841-3224
　　　　　　　FAX：03-5841-3224
　　　　　　　e-mail：rougaku@gmail.com

SUMMARY

《Special Lecture》

Industrial Relations and 'Social Dialogue'

Akira WATANABE

I Problems concerned with
  1 'Industrial Relations in Europe'
   (1) 'Industrial Relations in Europe, 2004'
   (2) 'Industrial Relations in Europe, 2012'
  2 The quality of industrial relations and European social dialogue
   (1) The legal structure of the social dialogue; its functioning and improving
   (2) The quality of industrial relations
  3 The historical background of the dialogue between management and labour

II The Social Dialogue
  1 Significance of the social dialogue and its contents
   (1) The significance
   (2) Overview of the legal system of the social dialogue
   (3) The social partners and the social dialogue committees
  2 Development, change, and getting established and diversified
   (1) Development and change
   (2) Getting established of the social dialogue and diversification of its results

III Conclusion; What Lessons?

《Symposium I》

Issues concerning 'Employment of older persons': Purpose and Outline of the Symposium

Yuichiro MIZUMACHI

1 Purpose
2 Outline of the Reports
3 Outline of the Discussion
4 Conclusion

The Legal Problems of the Employment of Older Persons

Masato HARA

I Introduction

II Problems of the Refusal of the Continuous Employment

III Problems of Working Conditions of the Continuous Employment

IV Conclusion

SUMMARY

Legal Policies on Employment of Older Persons: Towards a Construction of the Discrimination Law Model in Japan

Takeshi YANAGISAWA

A wide variety of new studies in the United States extends research on the role ADEA (Age Discrimination in Employment Act of 1967) has played in the American society almost 50 years since its enactment.

For example, Palmore asserts that ageism can be divided into "negative" and "positive" and defines ageism as prejudice or discrimination against or in favor of an age group. He also pointed out that positive ageism is becoming an important issue, which promises to become even more important, as the American society is faced with more aged people and more expensive programs for "seniors only." Eglit presents the key players within the American legal system — litigants, judges, jurors, lawyers, and witnesses — and how they have been affected by their ageism and aging itself. He argues that the age factor can work to the disadvantage of individuals caught up in the legal system, and that these problems will expand in the next two or three decades.

Much is to be gained through analyzing studies on the effects of ageism, neo-gerontology, and the impact on the American legal system. Consequently, I examine the consequences of legal policies on employment of older persons and developing prescriptive implications in Japan.

The structure of my discussion is as follows:

Ⅰ Introduction

Ⅱ ADEA and the Retirement Process: The Aspect of Legal Policy

Ⅲ Ageism and Laws: The Aspect of Stereotyping and Discrimination

Ⅳ Age Factor in Employment Laws in Japan

Ⅴ Conclusion

Laws concerning the Employment of Older Workers: an Analysis of US and EU Laws

Ryoko SAKURABA

Recently in Japan, the question as to whether age discrimination in employment should be prohibited or not has been discussed. The issues which have arisen from this in the Japanese context include: whether mandatory retirement age should be repealed or not; whether age-based promotion should be maintained; whether reductions in the wages of older employees should be considered unlawful or not.

Such discussions often look to foreign laws, especially the US Age Discrimination in Employment Act and the EU Directive (2000/78/EC), both of which prohibits age discrimination in employment. The very essence of the US and EU laws is that, stereotypical, unfavourable treatment of older workers, based on assumptions that employees' performance declines as they age, should be prohibited. For instance, setting mandatory retirement age at 60 for pilots or flight engineers has been regarded unlawful age discrimination.

However, in looking at what constitutes unlawful age discrimination in the US and the EU member states, the types of employment practices, which have been discussed in Japan, can sometimes be exempted from the scope of regulation; or, at the least, not subject to their strict application. For example, according to the EU Court of Justice, employers are still allowed to set the mandatory retirement age at 65 in order to open up job opportunities available for younger workers. The US Act only protects employees who are 40 years of age or older; and unfavourable treatment of younger people has not been addressed by the Act. Dismissals or other unfavourable treatment based on the cost of an employee's wages or their pension status, as distinct from age-based treatment, have not been interpreted to contravene the Act, even though older employees tend be affected by such practices more than younger ones.

On the basis of this analysis, the author argues that, to determine whether the practices mentioned above should be prohibited or not in the future in Japan, anti-age discrimination norms as well as other implications, that stem from the prohibitions of Japanese employment practices, should be carefully examined.

Human Resources Problems and Perspectives in Elderly Employment

Tomoyo TAKAGI

There have been many discussions on elderly employment in recent years. In one of them it was argued that society needed elderly people to continue working in order to make up for a reduction in the working population. In another discussion it was maintained that there would be so-called "2007 and 2012 problems" after the mass retirement of the baby boomers, causing a corresponding loss of knowledge and skills from the workplace. Other problems also discussed included a reduction in wages for employees working after their retirement age, and the difficulty of sustaining the willingness of such employees to continue working.

However, if we look at elderly employment from the viewpoint of human resources management, we see that the real problem lies elsewhere. At present many companies only just manage to keep their workers employed until their current retirement age and find it hard to allow all employees to continue working after the age of 60. Although the Law Concerning Stabilisation of Employment of Older Persons, revised in 2012, made it compulsory for companies to employ all those who, having reached the age of 60, wish to continue working, it does not necessarily mean that there will be a sudden increase in the number of people who declare their wishes to continue working. That is because of what I call "tacit selection", namely, a process whereby a substantial number of elderly workers, realising that there are not enough job opportunities to go round, voluntarily decline to stay on in their companies.

Society needs the employment of the elderly. However, it should be pointed out that "tacit selection" is not a system whereby managements get rid of elderly workers. On the contrary, workers themselves decide of their own accord not to continue working in order to prevent the friction that may otherwise occur in the actual selection process. Certainly, the system of "tacit selection" should not be dismissed out of hand as long as the company's principle of employment opportunity distribution is based on the employees' idea of justice.

In this connection, neither the human resources management systems in Japanese companies that are shot through with such a subtle kind of human psychology nor the Japanese Law Concerning Stabilisation of Employment of Older Persons should be criticised for the same reasons. Elderly employment in Japan is well ahead of that existing in other developed countries. And while we should not disregard anti-discrimination laws, which are, of course, mainstream in present-day international communities, neither should we abandon those systems that make good use of traditional Japanese employment policies and human

SUMMARY

resources management methods. At the same time, we must be aware that the government's recent drive to increase employment, with the slogan "productive age is now up to 70", is actually likely to destabilise the employment situation of the under-60s, which is a matter of concern and needs to be thoroughly investigated.

Labour laws have an immediate influence on human resources management in companies, just as changes in human resources management have a direct influence on the lives of workers. Accordingly, when we revise labour laws, we need to be alert and sensitive enough to foresee not only the extent to which such changes may affect our society but, more particularly, how human behaviours may change in the new systems.

《Symposium II》

Role and Promises of Comparative Studies between Japanese and Korean Labour Law: Purpose and Outline of the Symposium

Masahiro YANO

A group of Japanese professors and lawyers are attracted to Korean labour law in recent years. Korean labour law progresses far ahead of Japanese labour law in parts, though the latter has an effect on the former in historical perspective. In this symposium, Professor WAKITA Shigeru explained the remarkable points of Korean labour law. Professor SONG Kang-Jik and Professor CHO Sang-Kyun, in turn, gave their respective reports about Japanese labour law's influence on Korean labour law. After presenting the papers, these three professors had a series of discussions with Japanese and Korean participants on the regulation of non-regular employment, pay equity, dismissal for economic reasons, right to organize and to bargain and act collectively, unfair labour practice, employee representation, etc. The interactive studies between Japan and Korea have just gotten under way on this field. This symposium might give a steppingstone toward developing the comparative legal studies in consideration of societal approaches to each of these two countries.

The Impact of Japanese Labor Law on Korean Labor Law: With Respect to the Area of Individual Labor Relations Law

Kangjik SONG

In this article the author intends to introduce the impact of Japanese law of employment contract on the same law of Korea. In conclusion, the Japanese Labor Standards Act has strongly impacted on the Korean statute, case law and theory of analysis etc. The author focused, however, on some points in introducing the above-said impacts of Japanese law.

Contents are as follows:

In a statute, even though it is only an example, definitions of an employee and an employer in Japanese Labor Standards Act (1947) are identical to the definitions in the same titled act (1953) in Korea. In the case law and theory of analysis, legal nature of the tentative decision to hire, right to work, duty to secure health and safety of an employer or an owner against its employee or a worker, unfavorable change of a rule in workplace by an employer, mass dismissal in Japan further impact directly or indirectly on the case law and legal theories concerned in Korea. Finally the author introduced the Korean Labor Dispute Resolution System for employment contract.

SUMMARY

The Influence of Japanese Law on the Development of the Labor Laws in Korea: With a Focus on the Area Concerning Collective Labor Relations

Sang Kyun CHO

The Korean Statutes on Collective Labor Relations were enacted more than 60 years ago. Yet, the development on those laws have been significantly influenced by the relevant Japanese laws, as evidenced by the fact that one cannot meaningfully discuss the development of the Korean laws without discussing relevant Japanese statutes and the Japanese cases thereto.

There has been very little discussion as to why the Korean system has been deeply influenced by the Japanese laws. However, it can be assumed that Korea did not have a lot of resistance in incorporating and adopting Japanese theories and cases, for the reasons that: (1) the basic contents of the laws are very similar between the two countries; (2) that both countries recognize the three labor rights as constitutional rights; and (3) that labor unions are organized per business in both countries.

The Korean system on collective labor relations has shown a trend to move beyond the Japanese influence, while keeping the basic structure from the enactment, with significant changes such as the unification of negotiation channel pursuant to one business one negotiation principle. Despite this recent trend, the comparative analysis on the Japanese and the Korean systems is still important, as illustrated by following points. The case law theory on collective agreement has been the foundation for Korean laws on collective labor relations. Moreover, in case of multiple unions, the Japanese case law theory on the duty of neutrality to be imposed on employers has been referenced and discussed in cases involving discrimination against one union in Korea.

What is Worthy of Attention in the Korean Labor Law?

Shigeru WAKITA

Research exchanges of Japanese and Korean labor law scholars has been outstandingly developed in recent years. Especially the Comparative Research Forum has been held on a regular basis and many labor law researchers and lawyers of the two countries have joined it. A result of the Forum was published as two volumes in one book of "Comparative Research of Japanese and Korean labor law" in February 2014.

Here I identify the significance of the recent Japan-Korea Research Exchange development, and summarize future challenges. Obviously, significance of research exchange is very different according to each researcher's interest. I have observed in the past 15 years the Korean labor law development, especially with strong interest in the contingent workers' rights and employment. I have not been able to observe exhaustively problems of the Korean labor law, but here I show some Korean labor law problems worthy of notice for Japanese labor law scholars, and in particular, I refer to the problems of irregular work, dismissal and collective relationship regulation.

《Symposium III》

Issues concerning 'Values of Working': Purpose and Summary of the Symposium

Hiroshi KARATSU

'Working' means the performance of employees' obligation to work in labour contracts. By 'working', employees get wages as the economic basis for living. So, the value of 'working' for employees is firstly economic one. But, generally, it is argued that 'working' has other values, such as a reason for living, the pride of himself/herself as a human being, and a sense of solidarity. And recently, 'working' is regarded as one of the important factors to support people who social security law purports to protect and assist for their daily living.

However, in these days, working conditions are very inferior and poor. For example, abnormal longtime working hours and various harassments, including sexual harassment, are not rare but usual. Accordingly, they become one of serious present-day social problems in Japan. Many employees are suffering from 'working' now.

Therefore, at our symposium, we tried to re-examine 'values of working' from both the viewpoint of contract and that of legislative policy.

First Arita's presentation argued that 'values of working' should be based legally on the constitutional fundamental rights, i. e. the right to existence and the right to work, re-constructed by the idea of decent-work.

Second Hasegawa's presentation argued that employers should have a duty to respect and care for 'values of working' of employees grounded by the legal principle of good faith in labour contract.

Third Kanki's presentation pointed out the possibility of conflict between personal value of working and social value of working, and stressed the necessity for them to be co-ordinated.

Many questions were raised against these three presentations. Their main concerns were a distinction between personal value and social value, and their legal contents.

Nonetheless, the framework of arguments for 'values of working' presented at this symposium seems to make a new stage for the legal recognition of the interests of working for employees.

Significance and Problems of 'Values of Working'

Kenji ARITA

Today, there are situations that ask us to consider the significance of "values of working" of people, such as poor working environments, various harassments, and working poor people, and new tendency to enact laws which concern "values of working". Against this background, this article considers significance and problems of "values of working" in labour law.

Understanding that significance of "values of working" is being the basis of being positive about their lives for humans as "being for other people" ("être-pour-autrui") by social recognition of their function through workings, this article tries to reconstruct the concepts of the right to existence and the right to work to grasp legally the above understanding of significance of "values of working", and then to introduce it into normative discussions.

And this article argues that the reconstructed right to existence and right to work should be reflected in legislative policies and theories of labour contracts, and considers fundamental problems when they should be reflected in legislative policies and theories of labour contracts.

SUMMARY

Legal Theory of 'Values of Working'

Satoshi HASEGAWA

Values of working consist of two aspects, personal value and social value. Recent social change which needs realization of social inclusion or solidarity has emphasized latter value. This change has raised the needs to interpret a labour contract to indemnify social value, namely, personal value concerning the society and value for the society. The Constitution of Japan, especially the right to work (Art. 27) guarantees this needs now. In the context of a labour contract, this needs have been embodied as a legal duty for employer to give the considerations to values of working based on the principle of good faith. This duty requires employers to be subjected to a reasonable responsibility to indemnify values of working and involves some duties, for example, duty to make clear indication of working conditions in concluding and changing a labour contract, duty to make reasonable adjustments to working environment to indemnify values of working, and so on.

Various 'Values of Working' in Social Policy

Chikako KANKI

Values of working can be seen as consisting of two aspects. One is personal value, such as wages, strengthening self-confidence or dignity. The other aspect is social value, such as reducing welfare costs, making social inclusion or solidarity. Labour law is conventionally seen as protecting personal value. Facing increasing number of jobseekers in the public assistance system, however, interrelation with social security law has been changing the situation. The notion of 'autonomy' seems to have been putting pressures on working-age people back to work. Though the notion of autonomy is derived from personal value, the context in which it is used rather fit with social value. Since emphasizing social value can expand the range of the 'duty to work' enormously, we should think how to strike a balance between social and personal value in legal regulation.

《Articles》

Reorganization of the Public Sector and Protection of Workers in Germany

Yoshikazu MATSUI

In recent years, the Japanese government contracts out many public services that are not in a core. On the other hand, some government employees are threatened to change their employment status.

In Germany, privatization is also performed. However, article 613a of the Civil Code applies the to public sector, and then government employees are protected from a risk caused by privatization. Article 613a (1) provides "If a business or part of a business passes to another owner by legal transaction, then the latter succeeds to the rights and duties under the employment relationships existing at the time of transfer."

This paper examines three types of privatization and the protection of government employees by application of the Civil Code article 613a. While there are several limitations in Germany model and European model, the argument of Germany would be good reference for Japan. In the future, it

SUMMARY

is necessary to make a rule that the rights of government employees transfer to transferee in the event of reorganization of the public sector.

Implications for Japan are the following. 1) This rule would be common between public and private sector. 2) Freedom to choose the workplaces should be considered, when we create the rule.

I　Introduction

II　Types of Privatization and Legal Problems
　1　Three Types of Privatization
　2　Features of the Problem by Type of Privatization

III　Worker's Protection of the German Civil Code Article 613a and its Limit
　1　Framework of the German Civil Code Article 613a
　2　Types of Privatization and Problems in Application
　3　Function of the Civil Code Article 613a as Worker's Protection

IV　Implications for Japan

Änderung der Arbeitsbeziehungen und aktuelle Tarifrechtspolitik in Deutschland

Yoshiaki SAKAKIBARA

I　Einführung

II　Änderung der deutschen Arbeitsbeziehungen

Ⅲ　Aktuelle Tarifrechtspolitik in Deutschland

Ⅳ　Fazit

The Prohibition and Correction of Discriminatory Treatment Against the Fixed-term Employees in South Korea

Yunhee SEO

As the "Act on the Protection, etc. of Fixed-term and Part-time Employees" was enacted in December 2006, the new regulations for fixed-term employees have been introduced in South Korea. The thrust of this Act is as follows:

1. Restriction on the duration of use of fixed-term employees (article 4)
2. Prohibition and correction of discriminatory treatment against the fixed-term employees (article 8, etc.)

This Act on the protection of fixed-term employees in South Korea is ahead of the August 2012 reform of the Labor Contract Act related to fixed-term employment in Japan. And the Act in South Korea has passed more than six years already from its enforcement on July 1, 2007. It will be a useful implication for Japan to consider the status after the enforcement of the Act in South Korea. In addition, there are differences in the contents of the Act for fixed-term employment between Japan and South Korea. We can get suggestions by comparing the legislations for fixed-term employment between the two countries.

For these reasons, I focused on the issues surrounding the operation with the current legal system for fixed-term employment in South Korea.

SUMMARY

And the objective of this paper is to provide informed discussions when considering how to evaluate the Labor Contract Act recently revised in Japan. However in this paper, for lack of space, I mainly discussed the issues on prohibition and correction of discriminatory treatment against the fixed-term employees among the contents of the new regulations for fixed-term employees in South Korea. This paper's outline is as follows:

I Introduction

II The Provisions for Prohibition and Correction of Discriminatory Treatment

III The Judgment on Whether the Discriminatory Treatment is Present or Not
  1 The judgment process
  2 Application for correction with the Labor Relations Commission
  3 Applicant's comparator
  4 Subjects to prohibition in the Act
  5 Unfavorable treatment given without any justifiable reasons

IV The Effectiveness of the System for Correction of Discriminatory Treatment
  1 The background of introducing the system for correction of discriminatory treatment
  2 Small number of applications for correction of discriminatory treatment
  3 The contents and subjects of correction order

V Conclusion

Sur la fonction et la légitimité de la représentativite syndicale en France

Takaharu KOYAMA

Quant à l'organisation syndicale, en Japon, il est caractéristique d'organiser le syndicat essentiellement par les salariés de CDI au niveau de l'entreprise. Il y a donc beaucoup de problèmes que les réglementations collectives de conditions de travail ne couvre jamais dans l'entreprise sans syndicat ou aux travailleurs précaires. Au contraire, en France, alors que le pourcentage d'adhérents au syndicat est très bas, c'est par la notion de la représentativité syndicale que les réglementations collectives est effectives. Selon cette notion le syndicat agréé représentatif par l'État est représentation de tous les salariés que couvre ce statut même si l'adhérent est peu nombreux. Au bénéfice du système du syndicat représentatif et de l'extension de la convention de branche, le pourcentage de couvrage de convention collective est plus 90%.

Mais, la notion de représentativité syndicale est devenu objet de la critique à mesure que on a essayé la flexibilisation et l'individualisation de réglementer les conditions du travail au niveau de l'entreprise depuis les années de 1980. Parce que il y a différence dans l'entreprise entre le syndicat agréé représentatif par l'État et le syndicat qui est vraiment audiencé par les personnels. Pour résoudre cette problème, le gouvernement français et les partenaires sociaux a décidé que le système du syncicat représentatif a été maintenu, mais on a rénové ce système introduisant l'audience électorale lors d'appréciation de la représentativité. Puis l'audience électorale est devenu un des critères de la représentativité syndicale par la loi de 20 août 2008. Cette rénovation a objet de restaurer la légitimité et la confiance du système du syndicat représentatif.

Pour Japon qui laisse les syndicats libres, sont très intéressants le

SUMMARY

système du syndicat représentatif qui l'investi de pouvoirs puissants par la loi, et cette évolution en France, alors que le syndicat est groupement privé facultatif.

Arbeitszeitgesetzliche und arbeitsvertragliche Nebentätigkeitsgrenzen: Die Zulässigkeit der Nebentätigkeit in Deutschland

Naoko KONO

I Einleitung
  1 Das Ziel dieses Aufsatzes
  2 Die Zulässigkeit der Nebentätigkeit in Japan
    (1) Arbeitszeitgesetzliche Nebentätigkeitsgrenzen
    (2) Arbeitsvertragliche Nebentätigkeitsgrenzen

II Die Zulässigkeit der Nebentätigkeit in Deutschland
  1 Der Sinn der vergleichenden Forschung
  2 Arbeitszeitgesetzliche Nebentätigkeitsgrenzen
    (1) Rechtsfolgen bei Verstoßen gegen das ArbZG
    (2) Anzeigepflicht
  3 Gesetzliche Beschränkungen des Nebentätigkeitsrechts und arbeitsvertragsimmanente Nebentätigkeitsgrenzen
    (1) Der verfassungsrechtliche Schutz von Nebentätigkeiten
    (2) Gesetzliche Beschränkungen des Nebentätigkeitsrechts
    (3) Arbeitsvertragsimmanente Nebentätigkeitsgrenzen
    (4) Anzeigepflicht
  4 Zulässigkeit vertraglicher Nebentätigkeitsklauseln
    (1) Klauseltypen und die Typen der Streitigkeiten

(2) Nebentätigkeitsklauseln im Individualarbeitsvertrag und Tarifvertrag

(3) Nebentätigkeitsklauseln im Formulararbeitsvertrag

Ⅲ Hinweise zum japanischen Recht

1 Arbeitszeitgesetzliche Nebentätigkeitsgrenzen

2 Zulässigkeit vertraglicher Nebentätigkeitsklauseln

編集後記

◇ 本号は，2014年5月25日に大阪大学で開催された第127回大会におけるミニシンポジウム報告と個別報告を中心に構成されている。ミニシンポジウムでは，高年齢者雇用の課題と方向性，日韓比較労働法研究の意義と課題，「就労価値」論の理論課題の3つがテーマとして取り上げられた。個別報告では，ドイツにおける公的部門の事業・業務再編，ドイツにおける労使関係の変化と協約法制，韓国における期間制勤労者（有期契約労働者）に関わる法制度，フランスにおける労働組合の代表性，ドイツ法との比較による兼職をめぐる労働時間の通算制および契約上の兼職避止義務，ドイツ法とアメリカ法との比較における労働法における適用除外と特別規制に関する報告がなされた。

◇ 渡辺章会員の特別講演は，日本においては労使関係の「質」や社会的対話の観念および実践の状況について従来それ程関心を集めてこなかったという問題意識から，欧州における労使による社会的対話（social dialogue）の運営および実践状況を紹介・検討したものであり，非常に有益な内容であった。回顧と展望では，障害者雇用促進法の改正，パートタイム労働法8条違反が争われた裁判例，専門型裁量労働制の対象者該当性が争われた裁判例を取り上げた。

◇ 本号の刊行にあたっては，毎回のことながら執筆者の方々に短期間での執筆をお願いすることとなった。余裕のない刊行日程にご理解・ご協力くださった執筆者および査読者のみなさまに感謝申し上げる。また，唐津編集委員長と名古道功査読委員長からも多大なるご支援をいただいた。本号の編集については，法律文化社の小西英央氏に大変お世話になった。同様に感謝申し上げる。　　　　　　　　　　　　　　　　　　　　　　　　　　　　（大木正俊／記）

《学会誌編集委員会》
唐津博（委員長），天野晋介，大木正俊，緒方桂子，奥貫妃文，神吉知郁子，坂井岳夫，藤内和公，戸谷義治，成田史子，長谷川珠子，畑井清隆，春田吉備彦（2014年9月現在）

高年齢者雇用の課題と方向性
日韓比較労働法研究の意義と課題
「就労価値」論の理論課題

　　　　　　　　　　　　　　　　　　　　　　　　日本労働法学会誌124号

2014年10月10日　印　刷
2014年10月20日　発　行

　　　　　　　　　　　　　編 集 者
　　　　　　　　　　　　　発 行 者　日本労働法学会

印刷所　株式会社 共同印刷工業　〒615-0052 京都市右京区西院清水町156-1
　　　　　　　　　　　　　　　　　　電　話 (075)313-1010

発売元　株式会社 法律文化社　〒603-8053 京都市北区上賀茂岩ヶ垣内町71
　　　　　　　　　　　　　　　電　話 (075)791-7131
　　　　　　　　　　　　　　　Ｆ Ａ Ｘ (075)721-8400

2014 Ⓒ 日本労働法学会　Printed in Japan
装丁　白沢　正
ISBN978-4-589-03630-8